거인의 어깨

거인의 어깨 1

초판 1쇄 발행 2022년 12월 12일
초판 6쇄 발행 2024년 3월 15일

지은이 홍진채
펴낸이 김선준

편집이사 서선행
책임편집 송병규 **편집4팀** 이희산
표지·본문 디자인 유어텍스트
마케팅팀 권두리, 이진규, 신동빈
홍보팀 조아란, 장태수, 이은정, 권희, 유준상, 박미정, 박지훈
경영관리팀 송현주, 권송이

펴낸곳 ㈜콘텐츠그룹 포레스트 **출판등록** 2021년 4월 16일 제2021-000079호
주소 서울시 영등포구 여의대로 108 파크원타워1 28층
전화 02) 332-5855 **팩스** 070) 4170-4865
홈페이지 www.forestbooks.co.kr
종이 ㈜월드페이퍼 **인쇄·제본** 한영문화사

ISBN 979-11-92625-13-3 (03320)

㈜콘텐츠그룹 포레스트는 독자 여러분의 책에 관한 아이디어와 원고 투고를 기다리고 있습니다. 책 출간을 원하시는 분은 이메일 writer@forestbooks.co.kr로 간단한 개요와 취지, 연락처 등을 보내주세요. '독자의 꿈이 이뤄지는 숲, 포레스트'에서 작가의 꿈을 이루세요.

거인의 어깨

벤저민 그레이엄, 워런 버핏, 피터 린치에게 배우다

1

홍진채 지음

Shoulders of Giants

포레스트북스

미국의 독립운동가 패트릭 헨리의 〈자유가 아니면 죽음을 달라〉의 연설문에는 이런 구절이 있습니다. "내가 가는 발길을 인도할 등불은 오직 하나, 경험의 등불입니다. 미래를 판단하는 기준은 과거밖에 없습니다." 과거의 투자 세계를 지배했던 거인들의 사고와 철학을 이해하고 그에 따른 명확한 해석과 적절한 대응책을 마련하는 것만이 미래를 대비하는 최고의 투자 전략이 될 것입니다. 그간 업계에서 최고의 성과를 달성하고 작금의 가치투자 2세대를 이끌어가고 있는 홍진채 저자의 면도날 같은 분석과 청개구리처럼 톡톡 튀는 기상천외한 발상이, 여러분을 성공 투자의 세계로 인도할 것입니다. 이제 이 책이 출간되고 나면 사람들은 아마 이렇게 이야기할 겁니다. "대가의 고전을 탐독했어도 제대로 써먹지 못한 이유는 오직 이 책을 읽지 않았기 때문이다."

— 이채원(現 라이프자산운용 이사회 의장, 前 한국투자밸류자산운용 대표이사)

나는 홍진채 저자를 투자계의 과학자 혹은 철학자라 부른다. 생각의 깊이가 남다른 그의 말은 농담조차 흘려들을 게 하나도 없다. 그런 그가 자신이 깨달은 모든 진리를 쏟아부어 이런 역작을 탄생시켰으니 어찌 읽지 않을 수 있겠는가? 이 책은 투자자들이 할 수 있는 것과 할 수 없는 것, 중요한 일과 중요하지 않은 일, 잘하는 법과 더 잘하는 법을 구별할 수 있도록 돕고 있다. 한국판《현명한 투자자》라 불러도 손색이 없다.

— 최준철(VIP자산운용 대표이사)

투자자 대부분은 주식투자에 대한 잘못된 믿음과 노력으로 인해 주식시장에서 지속해서 돈을 잃게 된다. 이 책은 우리가 잘 알고 있는 투자 대가들의 투자 철학과 방법론을 통해 우리가 잘못 알고 있는 투자 상식은 무엇인지, 그리고 주식투자의 정도가 무엇인지를 아주 재미있고 명확하게 설명해주고 있다. 책을 읽다 보면 마치 투자 구루들의 인체 해부도를 보는 듯한 전율까지 느끼게 된다. 주식투자에 대한 회의와 한계를 느끼는 투자자라면 이 책을 통해 투자의 본질에 대한 깊은 통찰과 현명한 지혜를 얻길 바란다.

— 박세익(체슬리투자자문 대표이사)

투자 천재 홍진채 저자가 들려주는 거인의 어깨 너머 투자 이야기. 투자에 대한 깊은 고민과 통찰에 감탄하며 잡자마자 끝까지 단숨에 읽어버렸다. 기업분석과 가치평가의 기초부터 거장들의 핵심 사고 체계까지, 현명한 투자자가 되어가는 과정에서 한 번은 부딪히게 되는 질문들과 홍진채 저자의 대답이 흥미롭다. 이보다 더 멋진 투자서는 당분간 나오기 힘들 듯하다.

— 박성진(이언투자자문 대표)

거인들의 어깨로 오르는 길에는 계단이 없다. 잘못하면 오히려 큰 손실을 보게 될 어렵고 험한 암벽등반이다. 홍진채 저자 또한 때로 미끄러지며 힘겹게 올라가는 중이다. 이 책은 굳이 편한 산행로를 마다하고 암벽에 도전하는 후배들을 위해 저자가 박아둔 선등자의 볼트와 같다. 그것을 지지로 삼아 오를 체력만큼은 스스로 키울 수밖에 없겠지만 수십 년의 긴 등반 끝에 거인들의 어깨 위 풍경을 보게 될 그날을 기대한다.

– 김주영(안다자산운용 이사)

홍진채 저자와의 미팅은 항상 손꼽아 기다려지는 시간이다. 그의 깊은 고민과 통찰을 익히 알고 있어서다. 그런 그가 추천사를 의뢰해왔을 때, 저자의 날 원고를 볼 수 있다는 반가움과 서평을 남길 수 있다는 감사한 마음을 더해 일독했다. 방대한 분량에도 허투루 넘길 페이지가 없었다. 저자가 짚어준 거장들의 철학과 그 해석에서의 통찰은 주식시장에 발을 담그고 있는 모든 투자자에게 특별한 의미를 선사할 것이다. 주식의 긴 역사에서 깃발을 꽂고 뿌리를 내렸던 거인들의 발자취가 이 책을 통해 널리 퍼져나가길 기대한다.

– 박석중(신한투자증권 글로벌전략 애널리스트)

"투자의 세계는 정해진 하나의 정답이 없습니다", "투자는 종교가 아닙니다. 투자 원칙은 믿음의 대상이 아니라 의심과 검증의 대상입니다"라는 저자의 말에 100% 동의한다. 자산배분 투자자에게도 주식은 빠뜨릴 수 없는 핵심 자산이라 많은 책을 읽어 보았지만, 이 책만큼 쉽고 흥미롭게 어려운 주식 이야기를 풀어내는 책은 처음이다. 장밋빛 스토리텔링이 아닌 통계와 확률을 이야기하며, 주식과 투자에 대한 깊은 통찰을 보여준다. 저자의 글에 묻어나는 유머와 독자에 대한 애정은 책 읽는 시간을 더욱 즐겁게 해주었다. 주식투자에 관심이 있다면 반드시 읽어봐야 할 책이다.

– 김성일(프리즘 투자자문 최고투자책임자, 《마법의 연금 굴리기》 저자)

수많은 희비가 교차하는 욕망의 섬 여의도에서 드물게 거인의 발자취를 탐구하며 거인의 어깨에 올라 눈 맞추기 위해 꾸준히 집요하게 노력하는 훌륭한 투자자가 있다. 그가 더 젊은 날의 자신에게 밤새 들려주고 싶었을 이야기로 가득한 고전의 해설서이자 분석 기법의 친절한 귀띔으로 가득한, 투자를 시작하기에 필요충분한 출발점이 되어줄 책을 집필했다. 나만 알고 싶은 이 책을 흘려보낸다면, 당신의 투자는 이미 손해의 여정으로 접어든 것이다.

– 강민구(벤처캐피털리스트, 에스브이인베스트먼트 이사)

주식 책을 살피다 보면 대가들의 투자법을 다룬 책을 심심치 않게 접하게 된다. '거인의 어깨' 너머로 세상을 보자고 말하는 책들이다. 투자 구루의 철학을 배우려는 이들이 많기 때문에 이런 책들도 출간되고 있겠지만, 과연 이 책들이 대가들의 투자 철학의 정수를 하나하나 살피며 제대로 이해하고 쓰였는지는 알 수가 없다. 반면에 홍진채 저자는 이보다 더 정통하기어려울 정도로 구루의 투자 철학의 핵심을 간파했으며 실전 투자 경험을바탕으로 나날이 변화하는 투자 환경에서도 적용이 가능한 최적화된 투자법을 정립하여 놀라운 성과를 창출하고 있다. 이 책이 복잡한 투자 환경에서도 주식투자의 진정한 가치를 발견하려는 모든 투자자에게 신뢰할 수있는 이정표이자 길잡이가 되어줄 것으로 생각하며 일독을 권한다.

— 빈센트(업라이즈 빅데이터 이코노미스트, MFO(Multi Family Office) 총괄)

그레이엄, 버핏, 린치 등 투자의 대가를 다룬 책들은 정말 많습니다만 이책은 단연 최고입니다. 대가들은 명성에 비해 의외로 잘못 알려진 경우가많은데 이 책은 그런 편견을 깨며 그들의 투자와 행동의 이면에 무엇이 있는지를 집요하게 파고듭니다. 이 책을 통해 우리는 현대의 투자가 어떻게시작됐고, 어떻게 발전해왔는지 단숨에 경험할 수 있습니다.

— 김동주(유튜버 김단테, 업라이즈투자자문 대표)

워런 버핏은 많은 사람이 그의 간단한 투자 전략을 따라 하지 않는 이유를 "천천히 부자가 되고 싶은 사람이 없기 때문"이라고 했습니다. 모든 것이 빠르게 변하는 세상에서 사람들은 차분해지기보다는 조급해지기 쉽다는 점에서 버핏의 대답은 충분히 중요한 메시지를 줍니다. 하지만 저자는 이 책을 통해서 이렇게 질문하는 것 같습니다. 대가들의 투자법을 따라 하지 못하는 이유가 과연 그것 때문일까? 혹시, 우리에게 이미 익숙한 벤저민 그레이엄, 워런 버핏, 피터 린치의 생각과 전략을 제대로 이해하지 못하거나, 또는 잘못 이해하고 있는 것은 아닐까? 이 책은 거인들을 모르는 사람에게도 유용하지만, 잘 알고 있다고 생각하는 사람에게는 더 필요할 것 같습니다.

– 이효석(업라이즈 이사)

워런 버핏 같은 투자의 대가를 꿈꾸는 이들에게 대한민국 주식 대가가 투자의 거인들에 관한 이야기를 풀어 놓는다. 의아하다. 이렇게 두꺼운 책이 이토록 재미있을 수가 있을까? 시장에서 승자로 남고 싶다면 이 책을 따라가며 호흡해보자. 성공한 투자자가 되기 위해서는 많은 능력과 기술이 아니라 시장의 본질을 보는 안목이 중요하다는 사실을 깨닫게 될 것이다. 이 책을 통해 대가들이 주는 교훈을 21세기 한국 주식투자자의 관점에서 제대로 이해하게 된 것만으로도 유익한 아이디어를 얻을 수 있었다. 2권까지 읽고 나면 워런 버핏보다 필립 피셔가 더 많이 생각날지도 모르겠다.

– 김경민(한국아이알협의회 애널리스트, 《반도체 애널리스트의 리서치 습관》 저자)

주식투자를 잘하기 위해서는 지속가능한 투자 원칙을 정립해야 한다. 그러기 위해선 주식의 기초 개념들을 먼저 익히고, 벤저민 그레이엄, 워런 버핏, 피터 린치, 필립 피셔와 같은 투자자로서 검증된 대가들의 투자법을 배워야 한다. 이 책은 대가들의 투자법을 몇 개의 명언으로 설명하는 여느 책들과는 격이 다르다. 각기 다른 대가들의 투자법을 단편적으로 해석하는 것이 아니라, 시대를 관통하여 한 줄로 꿰는 주식투자 철학으로 집대성하여 풀어내고 있다. 마지막 페이지를 덮고 나면 다른 누군가에게 추천하고 싶은 마음이 들 수밖에 없는 책이다. 강력히 추천한다.

– 송선재(와이민, 《스스로 좋은 투자에 이르는 주식 공부》 저자)

투자를 잘하기는 어렵습니다. 하지만 만약 성공한 투자자들이 작성해 놓은 정답지를 보고 갈 수 있다면? 그 길이 한결 수월해질 것입니다. 자료가 범람하는 시대이기에 성공한 투자자들과 거장에 대한 정보도 어느 정도까지는 알 수 있지만, 거장을 제대로 공부하고 이해하기란 쉬운 일이 아닙니다. 대부분의 자료가 수박 겉핥기로 거장들의 투자법을 다루기 때문입니다. 하지만 이 책 《거인의 어깨》는 다릅니다. 거인의 투자 철학의 정수와 투자 노하우가 잘 정리되어 있고 우리가 거인에 대해 잘 못 알고 있었던 것과 몰랐던 점까지 상세히 해설되어 있습니다. 홍진채 저자와 함께 거인의 어깨에 올라타서 지금의 혼란스러운 시장을 바라보신다면, 조금은 마음의 평안을 얻으실 수 있으실 겁니다.

– 정광우(주식경제 유튜브 채널 〈86번가〉 대표)

부자들의 투자 상담을 하는 경우가 많긴 합니다만, 마음속으로는 자산이 적은 사람들이 자산을 크게 키워나가는 것을 진심으로 응원하는데, 이번에 홍진채 라쿤자산운용 대표의 《거인의 어깨》를 읽고 감히 이 책이 그것을 가능하게 해줄 수 있겠다는 생각이 들었습니다. 더불어 그가 대한민국 모든 개인투자자의 멘토가 되어도 좋겠다는 바람도 생겼습니다. 제가 대중에게 어느 정도의 인지도와 영향력이 있는지 모르겠으나, 저의 모든 명예를 걸고 이 책을 추천하겠습니다. 그냥 반드시 읽으세요. 두 번은 더 좋습니다.

– 채상욱(부동산 애널리스트, 크리에이터)

투자의 세계에 발을 들이기 전에 읽어야 할 책을 딱 한 권만 추천해야 한다면 이 책을 고르겠다. 워런 버핏과 피터 린치 등 전설적인 투자자들에게서 일반인이 배워야 할 점을 깔끔하게 정리한 것도 훌륭하고, 재무제표와 기업분석 등 투자자에게 요구되는 기초적인 지식 역시 잘 갈무리되어 있다. 투자를 하기는 해야 할 것 같은데 엄두가 나지 않는다면 일단 이 책을 읽는 것으로 시작해보자. 나에게 어떤 선택지들이 있는지 알 수 있게 될 것이다.

– 윤수영(〈트레바리〉 대표)

파운데이션을 찾아서

"주식투자로 돈을 벌 수 있을까?"

아주 단순하지만 대답하기 어려운 하나의 질문에서 이 책은 시작되었습니다. 이 질문은 일견 대답하기 쉬워 보입니다. 주변에 주식투자로 돈을 번 사람은 심심치 않게 발견할 수 있으니까요. 강세장이 되면 너도나도 투자 '고수'를 자처하며 본인의 투자 '철학'을 뽐내기 바쁩니다. 하락장이 되면 이런 사람들은 바람 앞의 등불처럼 사라지고 '똑똑해 보이는 비관론자들'이 매체를 장식합니다. 그리고 이런 장면의 한편에는 언제나, 인간의 능력으로는 주식투자에서 초과수익을 내는 게 불가능하다고 꾸짖는 근엄한 분들이 계십니다.

우리가 원하는 대답은 이런 모습이 아닙니다. 위의 질문을 바꿔보자면 '주식투자로 지속가능하게 돈을 벌 수 있는 원칙의 집합이 존재하느냐'입니다. 단순한 몇 가지 기법, 철학, 원칙, 분석 기술, 사례 등을 나열하는 것만으로는 이 질문에 대한 충분한 대답이 되지 못합니다. 어떤 답변을 가져오더라도, 어쩔 땐 맞고 어쩔 땐 틀리거든요. 일화적 증거를 넘어서 통계적 유의성, 그리고 이를 뒷받침하는 연역적인 메커니즘을 발견해야만 위 질문의 대답 '근처'에라도 갈 수 있습니다.

제 투자 인생의 초반부는 이 질문에 대답하기 위한 수년간의 긴 여정이었습니다. 당장 기업을 분석하고 거시경제의 흐름을 읽는 일보다는 '과연 이게 말이 되는가', '말이 된다면 나는 그걸 해낼 수 있는가'라는 질문에 대답하는 일이 훨씬 더 중요했습니다.

'말이 안 되는 일'에 제 열정을 쏟는 어리석은 사람이 되고 싶지 않다는 두려움이 한쪽에 있었다면, 다른 한쪽에는 세상의 흐름을 잘 읽기만 해도 돈을 벌 수 있는 '투자'라는 '지적 유희'의 세계에 대한 동경과 투자만으로 세계 최대의 부자 대열에 오른 워런 버핏에 대한 경외심이 있었습니다.

이 질문에 대답하기 위해 투자의 고전은 물론이고, 경영, 경제, 심리학 서적을 닥치는 대로 읽었고, 무엇보다 '효율적 시장가설'에 대해서도 깊이 고민했습니다. 현재의 잠정적인 결론은 벤저민 그레이엄의 다음 문구와 같습니다.

"만족스러운 투자 실적을 얻기는 생각만큼 어렵지 않으나, 우수한 실적을 얻기는 생각보다 어렵다."

주식은 참으로 마술 같은 자산입니다. 제가 아는 한, 다른 어떤 자산과도 다른 독특한 특성을 가지고 있습니다. 주식의 특유한 속성 덕분에, 투자자 본인이 어떻게 하느냐에 따라서 채권이나 부동산, 금, 혹은 기타 대안이 되는 자산 대비 위험을 덜 짊어지고도 월등히 높은 수익을 거둘 수 있습니다. 여기서 '투자자 본인이 어떻게 하느냐'는 대단히 어려운 조건이 아닙니다. 무언가 열심히 하는 것보다는 열심히 안 하는 게 오히려 '만족스러운' 실적을 올리는 데에 더 도움이 됩니다. 어렵지 않고, 누구나 할 수 있습니다. 참 신기하지요. 이 명제를 차근차근 밝혀 내는 과정이 1부 '굳이 열심히 해야 하나'입니다.

1부 3장의 제목은 '항상 괴로운 투자자'입니다. 인간은 두뇌 구조상 그 정도의 적당한 수익에 만족할 줄을 모릅니다. 이는 전작 《주식하는 마음》에서도 상세히 설명했는데요. 우리 중 많은 사람은 남들보다 더 나은 성과를 내기 위한 길에 발을 디디게 마련입니다.

"투자를 잘하기 위해서 우리는 누구로부터 무엇을 어떻게 배워야 할까?"

복잡계라는 특성상 주식투자에서는 이 질문에 답하기도 참 쉽지 않습니다. '투자를 잘한다'가 무엇인지 정의하기부터 어렵기 때문에, '잘하는 사람으로부터 배운다'라는 말 자체가 쉽사리 성립하지 않습니다. '가르쳐준다 해서 배울 수 있느냐'는 새로운 거대한 장벽이고요.

1부의 마지막 장인 4장에서는 주식투자에서 '실력'이라는 것이 과연 존재하는지 살펴봅니다. 아주 강력한 증거는 아닐 수 있겠지만, 실력이 존재한다는 증거는 통계적으로 검증 가능합니다. 2부를 여는 5장에서는 그 실력이 있는 사람은 누구인지, 그들이 과연 우리에게 가르쳐주고자 하는지, 가르쳐주고자 하는 의지가 있다면 우리는 그것을 배워서 소화할 수 있는지를 살펴봅니다. 그러한 검증 절차를 다 통과한 세 사람, 벤저민 그레이엄과 워런 버핏, 피터 린치라는 세 거장에 대해서 2부 '거인의 어깨'에서 살펴봅니다.

벤저민 그레이엄은 '가치투자의 창시자' 정도로 알려져 있지만, 실상은 그보다 훨씬 더 엄청난 사람입니다. '저평가된 주식을 발굴하는 기법'의 선구자이지만, 이는 그레이엄의 수많은 업적 중 하나일 뿐이며, 그래서 아이러니하게도 그레이엄은 투자의 세계에서 그 스스로가 가장 '저평가된 사람'입니다. 그레이엄은 주식투자를 '작전세력들의 전쟁'에서 '합리적인 탐구 과정'이자 '대중이 접근할 수 있는 소득 창출 수단'의 반열로 올려놓은 사람입니다. 가격과 가치의 관계, 분석 기법, 투자 기법, 기업과 주주의 관계 등 현시대의 우리에게는 익숙하지만 과거 언젠가는 생소한 개념이었던, 투자라는 분야 자체를 개척한 사람입니다. 6장은 그러한 벤저민 그레이엄의 핵심 사고 체계를 재정립하는 한편,

그와 관련된 여러 오해를 걷어내는 데 많은 분량을 할애합니다. 그레이엄만큼 많은 오해를 받고 있는 사람도 드물고, 그 오해를 걷어내지 않고서는 다음 장으로 넘어가는 게 무의미하거든요.

워런 버핏은 매체에서 하루가 멀다 하고 언급됩니다만, 우리는 버핏에 대해서 얼마나 제대로 알고 있을까요? '오마하의 현인', '투자의 귀재' 등의 수식어로 불리지만, 그가 어떤 생각을 가지고 어떻게 투자하는지 깊이 살펴본 사람은 많지 않습니다. 단순하고 조악한 몇 가지 기준들만 가지고 그의 투자법을 재단하는 사람들이 너무나 많습니다. 그는 그냥 한 명의 뛰어난 투자자가 아니라 사업가이자 철학자이며 행동하는 사람입니다. 물려받은 자원이 많았고 일반적인 투자자가 따라 할 수 없는 독특한 구조로 투자를 했다는 점에서 우리가 그를 마냥 따라 할 수는 없습니다만, 따라 할 수 없는 것을 제거하고 나더라도 그로부터 배울 수 있는 통찰들은 어마어마하게 많습니다. 그의 먼발치만 쫓아가더라도 평생 먹고사는 데 지장이 없음을 보여준 '후예'들이 이미 많습니다. 이 책에서는 버핏이 그레이엄의 핵심 사고 체계를 어떻게 계승하고 발전시켰는지를 집중적으로 다룹니다. 그레이엄과 버핏은 얼핏 구분할 수 없을 정도로 유사한 사고 체계를 가지고 있지만, 한편으로는 유의미하게 다른 무언가가 있습니다. 그리고 그 차이는 현재의 버핏을 있게 한 핵심 요인이 됩니다.

피터 린치는 제가 가장 좋아하는 투자자입니다. 앞의 두 사람이 감히 넘볼 수 없는 역량과 성과를 보여주어서 범접하기 힘든 느낌을 준다면, 린치는 '나도 할 수 있어'라는 희망을 불어넣어줍니다. 그가 투자를 한 환경은 한 사람의 '직장인' 펀드매니저로서 고객의 돈을 받아 주식을 사고판 것이라, 일반투자자들과 근본적으로 다르지 않습니다. 오히려 피터 린치 사고 체계는, 너무 쉽게 이야기하다 보니 가지게 되는 오해를 제거하는 데 좀 더 신경 써야 할 정도입니다. 한편 피터 린치는 하나의 주식을 바라보는 관점뿐 아니라, 전반적인 포트폴리오 관리 방법에 대해 설명하는 데 많은 분량을 할애합니다. 이 점은 쉽사리 눈에 띄지 않는데, 아마도 펀드매니저 경험이 있는 사람이어야 눈치챌 수 있는 것 같아서, 이 책에서는 그 점을 부각해서 서술해보았습니다.

이렇게 세 사람을 익힌다고 해서 대번에 훌륭한 투자자가 될 수는 없겠지요. 이 책《거인의 어깨》는 꽤 긴 여정이 될 것입니다. 다음 2권에서 우리는 기업분석과 가치평가의 핵심에 대해서 배워볼 것입니다. 그 핵심이 도출된 다음에는 자연스럽게 필립 피셔의 사고 체계가 왜 유의미한지를 깨닫게 될 것이며, 우리가 따라 할 수 있는 핵심 기술 한 가지를 익히게 될 것입니다. 거시경제와 주식시장의 풍파에도 불구하고 '어쨌거나 뭐라도 해내는' 회사와 함께하는 일이 얼마나 가치 있는 일인지 깨닫게 되기를 바랍니다.

그다음으로는, 바로 그 '거시경제와 주식시장의 풍파'를 이해하고 오히려 적극적으로 활용한 대가들에 대해서 살펴볼 것입니다. 일반적인

'건전한 투자법'에서는 거의 이단에 가까운 영역입니다만, 이 영역에서 실제 좋은 성과를 낸 대가들이 존재한다는 것은 부정할 수 없는 사실입니다. 그들이 전해준 메시지가 엄연히 존재하니, 우리는 그들로부터 새로운 무언가를 배울 수 있을지도 모릅니다. 1, 2권이 독자분들의 마음에 들었다면, 3권에서 즐겁게 그 이야기를 풀어나갈 수 있을 것 같습니다.

전작《주식하는 마음》을 출간한 지 약 2년이 지났습니다. '인생 책'이라고 이야기해주시는 분들이 있을 정도로 과분한 사랑을 받았고, 이제야 후속작을 원하는 분들께 화답할 수 있게 되었습니다.

이 책은 제가 투자의 세계에 입문한 이래, 지금껏 생존하는 데에 가장 크게 기여한 핵심 사고 체계를 정리한 내용입니다. 이 책에 서술한 대가들의 사고 체계가 감히 '나만이 알고 있는 진실'이라고 이야기할 수 없습니다. 저는 아직도 배워야 할 것이 많고, 배워나가는 중입니다. 다만 함께 배워가는 길 위에 있는 사람으로서, 각자가 이해하고 실제 경험해본 내용을 공유하는 일은 충분히 가치 있는 일이라 생각합니다.

투자는 언제나 쉽지 않았습니다. 앞으로도 갈 길이 멉니다. 그 조심스러운 걸음걸음의 한편에 이 책이 함께한다면 더할 나위 없는 영광이겠습니다.

이제 출발해볼까요.

Shoulders
of
Giants

차례

01

굳이 열심히 해야 하나

"본질적이지 않은 부분들을 제거하기 위해서는
해당 제품의 본질에 대해 깊이 이해하고
있어야 합니다."

조너선 아이브

1   주식, 이 특이한 자산

> "자본주의 시스템에서는 채권 수익률이 장기적으로
> 주식 수익률보다 높을 수도 없고 높아서도 안 된다."
> _피터 번스타인

'주식'이라는 말을 들으면 무엇이 떠오르나요? 별로 관심이 없는 분들은 '무언가 위험한 것', '아버지가 평생 하지 말라고 한 어떤 것' 정도로 알고 계실 테고, 조금 관심이 있다면 '사고팔기를 잘하면 꽤 돈을 벌 수 있는 수단' 정도로 생각할 수도 있습니다.

주식은 자본주의가 잘 작동하게 만드는 핵심 요소입니다. 기업은 '주식회사'라는 형태를 통해서 대규모 자본을 모아 회사를 꾸려나갑니다. '주식'은 '주식회사'의 소유권을 표시하는 증서입니다. '주식시장'은 그 증서를 소유하기 위한 거래가 이루어지는 장소고요.

흐음. 흥미롭긴 하지만 별로 와닿지는 않네요. 딱딱한 이야기는 제쳐두고 당장 우리에게 필요한 이야기를 해봅시다. 그래서 그게 나한테 왜 중요하다는 건가요? 내가 주식을 왜 알아야 하나요?

결론부터 말씀드리겠습니다. 주식은 전통적인 투자자산 중 역사적으로 가장 높은 수익률을 보여왔습니다. 의외로 그렇게 위험하지도 않습니다. 하지만 주식의 높은 수익률은 그다지 알려지지 않은 반면, 주식의 위험은 과장해서 널리 알려져 있습니다. 주식투자를 하느라 얼마를 날렸다는 이야기를 주변에서 심심찮게 들을 수 있지요. 진실은 이렇습니다. 우리 재산에서 일정 수준 이상은 언제나 반드시 주식에 배분해 두는 게 좋습니다. **자산배분에서 주식을 제외하는 것은 엄청나게 위험합니다.**

이제 조금 와닿나요? 도대체 이게 무슨 소리죠?

주식은 참 특이한 자산입니다. 제가 주식투자를 시작한 지 거의 20년이 되어가지만, 알면 알수록 더욱 신기합니다. 자본주의가 그 구성원에게 주는 선물인가 싶기도 하고, 사람을 홀리는 마약인 것 같기도 합니다. 길게 보면 경제는 성장해왔고, 주가지수도 대체로 상승했습니다. 주가지수만 잘 따라갔어도 주식투자자들은 대부분 돈을 벌었어야 정상입니다. 부동산이 그렇듯이 말입니다. 그러나 주식으로 큰 부를 이루었다는 사람을 주변에서 찾기는 쉽지 않습니다.

우리는 과연 주식이라는 자산에 대해서 얼마나 제대로 알고 있을까요? 매일 가격이 왔다 갔다 하는 이 종잇조각이 도대체 뭐하는 녀석인지, 나에게 무엇을 해줄 수 있는지 가장 근본적인 질문을 이 장과 다음

장에서 던져보도록 하겠습니다.

수익률 이야기부터 해볼까요. 주식은 수익률이 높습니다. 역사가 길지 않은 암호화폐 같은 자산을 제외하고 채권, 부동산, 금 등 전통적인 투자자산들과 비교해보면, 주식은 오랜 기간 가장 높은 수익률을 보여주었습니다. 믿기지 않겠지만 사실이 그렇습니다.

주식이 장기적으로 어떤 성과를 보여주었는지는 제레미 시겔 교수의《주식에 장기투자하라》라는 책이 잘 알려줍니다. 원제는 'Stocks for the Long Run', 말 그대로 '주식의 장기 성과'입니다. 활용할 수 있는 가장 광범위한 데이터를 사용하여 주식의 속성을 분석하고, 투자자가 수익을 낼 수 있는 방안을 제시합니다.

1802년부터 2012년까지 인플레이션을 감안한 미국 주식, 국채, 금, 달러의 수익률은 〈그림 1-1〉과 같습니다.

주식은 연 6.6%의 수익률을 냈고, 국채는 약 3%가량의 수익률을 냈습니다. 금은 인플레이션을 겨우 방어하는 정도였고, 현금은 당연하겠지만 가치가 하락했습니다. 인플레이션을 감안하지 않은 명목 수익률은 주식 8.1%, 장기 국채 5.1%, 단기 국채 4.2%, 금 2.1%, 달러 1.4%였습니다.[1]

그림 1-1

미국 주식, 장기 국채, 단기 국채, 금, 달러의 실질 총수익률, 1802~2012년

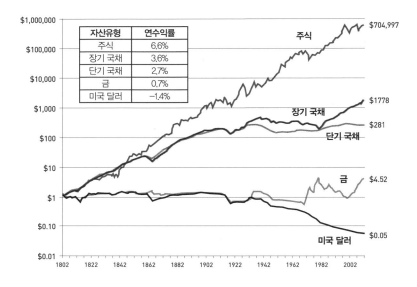

자산유형	연수익률
주식	6.6%
장기 국채	3.6%
단기 국채	2.7%
금	0.7%
미국 달러	−1.4%

출처: 제레미 시겔, 《주식에 장기투자하라》, 도표 1-1

주식의 높은 수익률도 놀랍지만, 더 주목해야 할 점은 평탄한 기울기입니다. 5년 이내의 단기적인 등락은 꽤 심하지만, 10년 이상 장기간으로 보았을 때 주식은 꾸준한 속도로 상승합니다(위 그래프는 로그 그래프이기 때문에, 직선에 가까울수록 수익률이 꾸준하다는 뜻입니다). 어떤 특정 구간에서 일시적으로 높은 수익률이 난 결과가 아니라는 거죠. 오히려 그런 모습은 채권과 금 등 다른 자산에서 더 두드러지게 나타납니다.

국채는 1900년대 이전까지 수익률이 꽤 가파르지만, 이후에는 인플레이션 대비 초과수익이 거의 없습니다. 금은 더욱 나쁩니다. 변동성이 크면서도 인플레이션 대비 초과수익은 미미합니다. 안전자산이라고 많이들 생각하는 금이지만, 실제로는 안전하지도 않고 수익률이 높지도 않습니다.

미국 주식만 그런 것 아니냐고요? 미국은 자본주의가 가장 효율적으로 잘 작동하는 나라여서 그럴 수 있겠지요. 다른 나라와 비교한 〈그림 1-2〉를 봅시다.

그림 1-2

19개국의 주식, 장기 채권, 단기 채권 실질 수익률, 1900~2012년

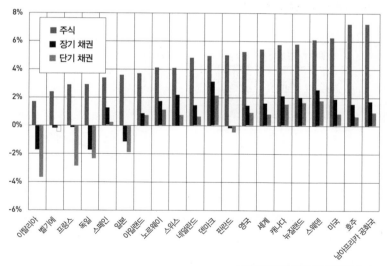

출처: 제레미 시겔, 《주식에 장기투자하라》, 도표 5-7

독일, 일본 등을 포함한 주요 국가들의 주식과 채권 수익률을 비교해보면, 역시나 주식의 수익률이 장기적으로 가장 높은 것을 알 수 있습니다. 미국이 그중에서도 높은 축에 속하긴 합니다만, 여기서 주목해야 할 사실은 모든 국가에서 공통적으로 주식이 채권 대비 높은 수익률을 낸다는 점입니다.

한국이 빠져 있네요? 우리나라의 자료를 살펴봅시다(그림 1-3).

1982년 말부터 2012년까지를 비교해보면 역시나 다른 모든 자산

그림 1-3

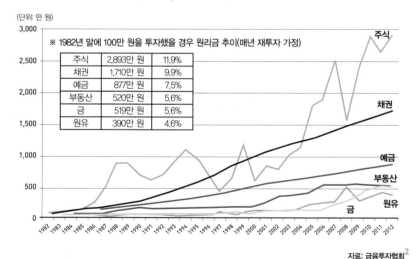

국내 투자자산별 누적수익률 비교, 1982~2012년

(단위: 만 원)

※ 1982년 말에 100만 원을 투자했을 경우 원리금 추이(매년 재투자 가정)

주식	2,893만 원	11.9%
채권	1,710만 원	9.9%
예금	877만 원	7.5%
부동산	520만 원	5.6%
금	519만 원	5.6%
원유	390만 원	4.6%

자료: 금융투자협회[2]

보다 주식이 월등한 성과를 보입니다. 연환산으로 주식 11.9%, 채권 9.9%, 예금 7.5%, 부동산 5.6%, 금 5.6%, 원유 4.6%입니다.

부동산에 대해서는 좀 더 상세하게 다룬 〈그림 1-4〉를 살펴봅시다. [3]

1986년부터 2017년까지 코스피지수는 연평균 8.9%, 전국 아파트는 4.9% 상승했습니다. 그 잘난 강남 아파트도 5.8%에 그쳤습니다. 그리고 강남 아파트와 비교하려면 주식시장에서도 삼성전자 같은 대표 주식들을 뽑아서 비교해야 할 테고, 수익률 격차는 더욱 벌어질 것입니다.

그림 1-4

코스피와 아파트 매매가격 지수 비교(가격 기준)

※ 자료: KB 주택가격지수, 삼성자산운용(1986.01~2017.12)
　　KB 주택가격지수는 가격변동률의 평균으로 고가 아파트의 영향력이 상대적으로 적게 반영되어 있음

출처: 삼성자산운용, 투자리서치센터, 2018. 02. 13[3]

부동산을 선호하는 분들은 뭔가 와닿지 않을 것입니다. "부동산은 월세를 받을 수 있잖아요!" 맞습니다! 그런데 주식도 배당이 나와요! 〈그림 1-5〉는 각 자산으로부터 얻을 수 있는 현금흐름까지 감안한 '총수익' 기준의 결과도 보여줍니다.

총수익 기준으로도 주식이 아파트보다 높은 수익률을 보여줍니다. 주식은 10.1%, 전국 아파트는 8.5%네요. 강남 아파트는 9.2%입니다.

그래도 주식에 선뜻 손이 나가지는 않는 사람이 많을 것입니다. 왜 그럴까요? "주식은 등락이 너무 심합니다!" 맞습니다! 정확한 지적입니다. 전문용어로는 '변동성이 크다'라고 합니다. 〈그림 1-5〉는 1986년

그림 1-5

코스피와 아파트 매매가격 지수 비교(총수익 기준)

※ 자료: KB부동산, 한국은행, 삼성자산운용(1986.01~2017.12)
　　부동산 총수익지수는 매매가격지수에 전세금의 예금수익률(매매가격 대비 전세가율×예금금리)을 더한 지수

출처: 삼성자산운용, 투자리서치센터, 2018.02.13[4]

에서 시작하는데, 중간중간 고점인 1989년이나 1994년, 2000년, 혹은 2007년에 주식을 샀다면 상대적인 수익률 그림은 주식이 썩 매력적이지 않은 모양일 수 있습니다.

'오늘 주식을 샀는데 그게 고점이었고, 1년 동안 반토막이 나면 어떡하냐'라는 두려움은 아주 자연스럽습니다. 가장 최근의 주식 열풍이 일었던 2021년의 고점에 주식을 샀다면 대체로 상당히 마음 아픈 기간을 보내고 있을 것입니다. '집 팔아서 주식 사라'는 조언은 함부로 하면 안 됩니다.

그리고 또 한 가지, 아주 중요한 요소가 있습니다. "부동산은 대출을 낄 수 있잖아요!" 핵심을 잘 짚으셨습니다. 저런 그래프를 들이대며 아무리 주식 수익률이 높다고 이야기해도 피부에 와닿지 않는 중요한 이유가 바로 대출 때문입니다.

부동산을 순수 자기자본으로만 사는 사람은 거의 없습니다. 대출을 껴서 산 이후 대출 금리 이상으로 부동산 가격이 상승하면 순수하게 자기자본으로 샀을 때보다 더 큰 이득을 얻을 수 있습니다. 이를 '레버리지 효과'라고 부릅니다. 물론 부동산 가격이 하락하면 더 큰 손해를 보기도 하지만, 〈그림 1-5〉에서도 알 수 있듯이 그건 꽤 드물게 일어나는 일이고 부동산은 장기간으로 보면 완만하게 상승합니다.

물론 주식도 대출을 받아서 살 수 있지만, 주식은 언제든 반토막이 날 수 있습니다. 두 배의 레버리지를 사용해서 자산을 구매했는데 자산 가격이 반토막이 나면 내 순자산의 가치는 0원이 됩니다. 채권자인 증권사는 자산가격이 일정 수준 이하로 하락하면 대출 상환 혹은 추가 담보 납입을 요청('마진 콜'이라 부릅니다)하고, 채무자가 여기에 대응하지 못하면 채권자가 자산을 강제로 매각합니다('반대매매'라고 합니다). 반대매매를 당하면 이후에 자산가격이 회복되어도 나는 빈털털이입니다.

돈을 빌려주는 입장에서도 주식투자자보다는 부동산투자자에게 돈을 빌려주는 것이 훨씬 마음이 편합니다. 변동성이 작을수록 돈을 빌려주는 사람이 마음 편히 빌려줄 수 있으므로 부동산은 레버리지를 일으키기가 쉽습니다. 같은 의미에서, 주식은 변동성이 크기 때문에 레버리지를 일으키기가 어렵습니다. 그러니 총수익률이 주식이 더 높다 하더라도, 실제 주변에서는 주식으로 돈을 번 사람보다 부동산으로 돈을 번 사람을 더 쉽게 접할 수 있습니다.

부동산과의 비교는 이 정도로 해둡시다. 여기서 하려는 이야기는 부동산과 주식 중 무엇이 더 우월하냐는 이야기가 아닙니다. **어떤 자산의 속성을 논할 때 단순히 수익률만 보아서는 안 되고, 얼마나 위험을 짊어졌느냐를 함께 보아야 한다는 점이 중요합니다.**

주식 이야기를 이어 나가 볼까요. 수익률뿐만이 아니라 위험을 함께 살펴보아야 자산의 속성에 대해서 더 잘 알 수 있다는 점까지 배웠습니다. 주식은 위험을 고려했을 때 더욱더 특이한 자산이 됩니다.

일반적으로 위험은 변동성으로 표현합니다. 변동성은 주식의 가장 큰 단점으로 꼽힙니다. 그래서 주식의 높은 수익률은 큰 위험에 대한 보상으로 해석하기도 합니다. '하이 리스크 하이 리턴'이라는 표현을 들어본 적이 있으실 겁니다. '그만한 위험을 감수했기 때문에 높은 수익률이 나온 것이다. 따라서 단순히 수익률이 높다고 무작정 뛰어들어서는 안 된다'는 뜻입니다.

그런데 이 변동성이라는 것이 **주식에서는 투자 기간이 얼마인지에 따라서 전혀 다른 모습을 보입니다.** 다음 그림은 제가 너무너무 좋아해서 여러 강연에서 거의 빠지지 않고 인용하는 그림입니다.

미국을 대표하는 지수인 S&P 500의 매년 수익률은 〈그림 1-6〉과 같습니다. 기간은 1926년부터 2022년 6월까지입니다. 배당을 감안한 총수익률입니다.

우리가 흔히 떠올리는 주식의 수익률 분포와 유사합니다. 20% 이상 수익률이 나는 해도 있지만, 거의 40% 가까이 하락하는 해도 있습니다. 전체 97회 중 26회, 약 27%가 손실 구간입니다(2022년은 6월 24일 기준).

그림 1-6

S&P 500 1년 수익률

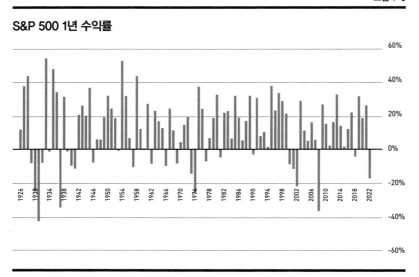

만약 5년씩 투자한다면 어떻게 될까요? 1929년에 투자를 하면 1934년에 회수하고, 1930년에 투자를 하면 1935년에 회수하는 식으로, 한번 투자에 5년씩 묵혀두었을 때의 연평균 수익률은 〈그림 1-7〉과 같습니다.

손실나는 횟수가 줄어든 게 보이시나요? 전체 92회 중 12회, 13%만이 손실입니다. 그래도 썩 마음에 들지는 않습니다. 대공황 시기나 1970년대 스태그플레이션, 혹은 2000년대 IT 버블 붕괴나 2008년 글로벌 금융위기 등의 상황에서는 5년을 묵혀놔도 마이너스 수익률이 나긴 합니다.

그림 1-7

S&P 500 5년 수익률

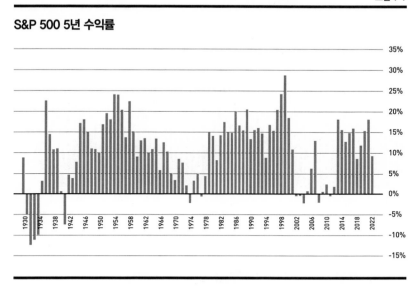

투자 기간을 30년으로 늘리면 어떤 일이 벌어질까요?(그림 1-8)

짜잔! 손실 나는 구간이 없습니다. 수익률은 약 10%~12% 수준으로 평탄해집니다. 1929년 대공황 직전에 주식을 사서 1932년의 바닥까지 자산이 5분의 1 토막이 나는 경험을 하였더라도, 30년을 버텨서 1958년이 되면 연 8.5%의 수익률이 나옵니다. 믿기지 않겠지만 사실입니다. 그리고 이 수익률은 장기간 꽤 평탄하게 유지됩니다. **소름 끼치는 결과 아닌가요? 손실 횟수는 제로인데 수익률은 연 10%라니요.**

제레미 시겔 교수는 보유 기간이 길어지면서 수익률이 평탄해지는

그림 1-8

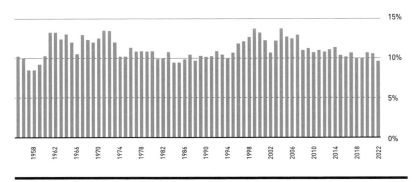

S&P 500 30년 수익률

현상을 좀 더 정교하게 분석했습니다. 〈그림 1-9〉를 봅시다.

보유 기간이 길어질수록 최고 수익률과 최저 수익률이 함께 줄어드는데, 20년을 넘어섰을 때 최저 수익률이 플러스가 됩니다. 가장 수익률이 나빴던 구간에도 플러스가 났다는 뜻입니다. 투자 기간이 30년이 되면 최저 수익률은 연 2.6%였습니다.

굉장히 흥미로운 사실은 **채권은 보유 기간을 아무리 늘리더라도 최저 수익률이 마이너스인 구간이 사라지지 않는다는 점입니다.** 30년을 투자해놓고 마이너스가 나면 기분이 많이 안 좋잖아요? **주식보다 안전하다고 믿었던 채권이 장기투자에서는 오히려 손실 가능성이 주식보다 더 큰** 아이러니한 상황이 벌어집니다.

그림 1-9

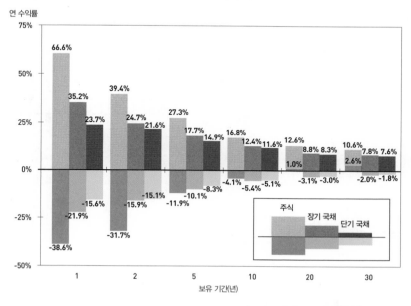

보유 기간별 최고 실질 수익률과 최저 실질 수익률
: 1802~2012년까지 보유 기간 1, 2, 5, 10, 30년 단위로 조사

출처: 제레미 시겔, 《주식에 장기투자하라》, 도표 6-1

왜 또 미국 이야기만 계속 하냐고요? 그래서 한국 자료도 준비했습니다.

〈그림 1-10〉은 코스피지수에 1년, 5년, 20년, 30년씩 투자했을 때의 각각의 수익률입니다. 마찬가지로 배당을 감안한 총수익률 수치입니다(2022년 6월 24일 기준).[5] 미국 주식보다는 못하지만 썩 나쁘지 않은 수

그림 1-10

코스피 1년 총수익률

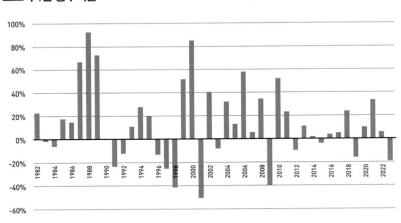

코스피 5년 총수익률

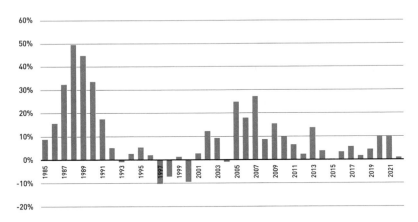

코스피 20년 총수익률

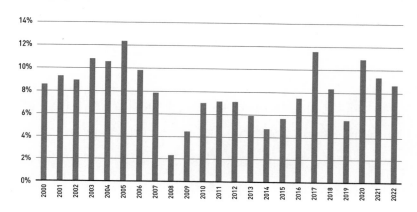

코스피 30년 총수익률

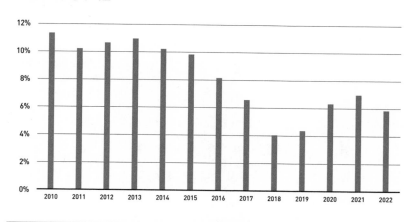

치입니다. IMF 직전인 1996년 말에 주식투자에 나섰더라도, 20년이 지난 2016년 말에는 연 7.5%의 수익률을 거두었습니다. 누적으로는 자산이 4배 넘게 증가했습니다. 최악의 사례인 1989년부터 2018년까지도 연 4.1%로, 30년 누적으로 자산이 3배 넘게 증가했습니다.

마지막으로 자료 하나만 더 보여드리겠습니다. 〈그림 1-11〉을 보시죠. 역시나 제레미 시겔 교수가 만든 자료입니다. 주식과 채권을 활용한 '효율적 투자선'입니다. 효율적 투자선은 주식과 채권을 어느 정도 비율로 섞으면 가장 위험(변동성)을 줄이면서도 높은 수익률을 달성할 수 있는지를 나타내는 선이라고 보면 됩니다.

투자 기간이 1년일 때 주식 13%, 채권 87%를 섞으면 가장 변동성이 작은 상태에서 약 4% 후반대의 수익률을 거둘 수 있습니다. 곡선에서 왼쪽으로 갈수록 변동성이 줄어들고, 위로 갈수록 수익률이 높아집니다. 우리는 대체로 저위험 고수익을 원하니까, 왼쪽 위에 있는 점을 원하겠지요. 그러나 위험과 수익률을 둘 다 잡을 수는 없으니, 우리가 선택할 수 있는 옵션, 즉 최적의 위험 대비 수익률 그래프는 우상향하게 됩니다. 높은 수익률을 원하면 더 많은 위험을 짊어지라는 뜻이지요. 곡선의 우측 끝, 검은색 네모가 위험 선호도가 가장 높은 사람이 얻을 수 있는 수익률이고, 곡선의 왼쪽 끝, 흰색 네모가 위험 선호도가 가장 낮은 사람이 얻을 수 있는 수익률입니다.

그림 1-11

효율적 투자선: 주식과 채권의 비중에 따른 위험−수익률 균형, 1802~2012년(1년)

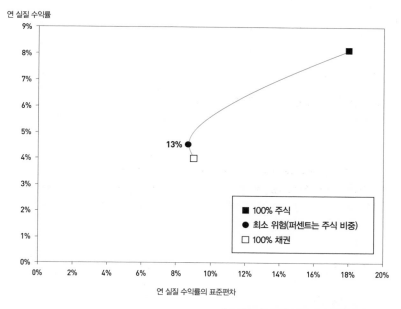

연 실질 수익률

13%

■ 100% 주식
● 최소 위험(퍼센트는 주식 비중)
□ 100% 채권

연 실질 수익률의 표준편차

출처: 제레미 시겔, 《주식에 장기투자하라》, 도표 6-4 (수정)

참고로 위험 선호도가 가장 낮은 경우, 즉 채권에 100% 배분한 경우에 오히려 위험이 증가하면서 수익률은 더 낮아지는 모습을 볼 수 있습니다. 이 현상은 자산배분과 분산투자를 이야기할 때 기초가 되는 아주 흥미로운 주제입니다. 관심이 있는 분은 윌리엄 번스타인의 《현명한 자산배분 투자자》를 읽어보시기 바랍니다.

사실 〈그림 1-11〉의 그래프는 원문 그래프에서 일부만 보여드린 겁니다. 원문에는 투자 기간 1년뿐만 아니라, 다양한 투자 기간에 대해서 최적의 주식비율이 얼마인지를 나타냈습니다. 원 그래프는 〈그림 1-12〉와 같습니다.

　자, 이제 1년보다 왼쪽의 선들을 봅시다. 투자 기간을 2년 내지 30년 수준으로 늘렸을 때의 효율적 투자선입니다. 가장 변동성이 작은 지점

그림 1-12

효율적 투자선: 주식과 채권의 비중에 따른 위험－수익률 균형, 1802~2012년

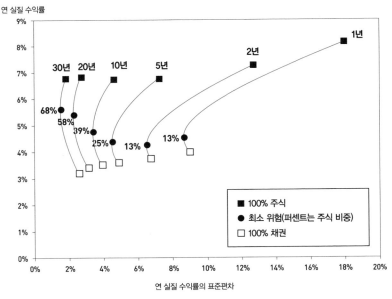

출처: 제레미 시겔, 《주식에 장기투자하라》, 도표 6-4

의 주식 배분 비율이 어떻게 되나요? 투자 기간이 5년일 때 25%, 10년일 때 39%, 30년일 때 68%까지 올라갑니다. **단지 투자 기간만 늘렸을 뿐인데, 투자 기간이 더 짧을 때에 비해서 주식 배분 비율이 더 높음에도 불구하고 변동성이 더 줄어들면서도 더 높은 수익률을 기대할 수 있습니다!**

이건 정말이지 놀라운 결과입니다. '왼쪽 위로 올라가는 효율적 투자선'은 말 그대로 기적입니다. 그런데 그런 말도 안 되는 결과를, 단지 진득하게 앉아 있기만 함으로써 누릴 수 있다고요? 네, 맞습니다. 그게 사실입니다.

너무 결과론적인 이야기 아니냐고요? 네, 그것도 맞습니다. 지나간 결과일 뿐입니다. 우리가 자료로 검증할 수 있는 모든 사실은 과거의 일입니다. 그래서 어쩌란 말이죠? '결과론적인 이야기'라는 지적은 이야기의 끝이 아닌 시작입니다. '결과론적인 이야기니까 무의미하다'가 아니라, '도대체 무엇의 결과로 이런 일이 벌어졌는가?'라는 질문을 던져야 합니다.

> **"앞으로 얼마의 시간이 흐르든 주식과 같은 자산이 다른 자산군보다**
> **압도적인 승자가 될 것으로 믿습니다.**
> **더 중요한 사실은 이쪽이 훨씬 더 안전하다는 점입니다."**
> | 워런 버핏[6] |

2 창의성과 정직함

앞장에서 주식의 장기 성과를 살펴보았습니다. 주식은 장기간에 걸쳐 다른 어떤 자산보다 높은 수익률을 보여주었습니다. 주식은 보유 기간이 길어질수록 변동성이 줄어드는 아주 특이한 자산입니다. 주식은 도대체 무엇이길래 이런 결과를 보여주었을까요? 이 질문에 대답할 수 있다면 앞으로 장기간 주식의 수익률이 어떠할지도 추측해볼 수 있을 것입니다.

주식이란 무엇인가요? 주식을 산다는 행위, 주식을 소유하고 있는 상태는 무엇을 뜻하나요? 주식은 가치가 있을까요? 가치가 없다면, 그저 매일매일 가격이 왔다 갔다 하는 종잇조각일 뿐인가요? 가치가 있다면, 가격은 왜 그렇게 매일같이 심하게 움직이나요?

46

빨리 대답부터 해보자면 이렇습니다. 주식은 기업의 자기자본에 대한 소유권입니다. 주식 소유자는 배당수령권, 잔여재산분배청구권, 의결권 등 다양한 권리를 지닙니다. 주식을 매매하는 행위는 이 권리에 가격을 매겨서 사고파는 행위입니다.

차근차근 풀어서 이야기해봅시다. 중요한 이야기입니다.

주식을 이해하려면 주식회사라는 체계를 먼저 이해해야 합니다. 회사를 만들려면 특수한 경우를 제외하고는 자본금이 필요합니다. 자본금을 모으는 방식에 따라서 회사는 유한회사, 합자회사, 주식회사 등으로 나뉩니다. 주식회사는 주주가 자본금을 출자하고, 딱 그만큼만의 손실을 감당합니다. 어떤 사람이 회사에 1억 원의 자본금을 출자했으면, 그 회사가 사업을 제대로 못 해서 손실이 나더라도 최악의 경우 출자금 1억 원을 날리고 끝날 뿐, 그 이상의 책임을 지지 않습니다.[7]

주주로부터 자본금을 모아서 주식회사가 설립되면, 그다음은 무엇을 해야 할까요? 주식회사는 설립과 동시에 이사를 선임합니다. 주주들을 대표하여 실제 경영에 관여할 사람을 고용하는 절차입니다. 그 이사들 중 대표를 대표이사라고 부릅니다. 대표이사는 회사의 경영에 대해서 가장 큰 권한을 가집니다만, 이 권한은 주주로부터 위임받은 것이기 때문에 주요 의사결정 사항에 대하여 주주들로부터 동의를 받을 의무와 회사의 성과에 대해 주주들에게 알릴 의무 등이 있습니다. 주주는

47

이사들의 행위가 마음에 안 들면 대표이사를 비롯한 이사진을 교체할 권한을 가집니다. 주주들은 일상적인 경영에 관여하지 않고, 이사의 선임 등에 투표권을 행사함으로써 회사에 영향력을 끼칩니다.

회사의 이사들, 좀 더 폭넓게는 회사의 경영진이 구성되었으면 이제는 무엇을 해야 할까요? 사업을 해야지요.

회사는 직원을 고용하고 설비를 구매하고 제품과 서비스를 만들어서 고객에게 제공합니다. 이 각각의 과정은 모두 계약으로 이루어지고, 계약을 수행하면서 '가치 교환'이 이루어집니다. 직원을 고용하는 행위는 직원의 노동력과 임금(돈)을 교환하는 행위이고, 사업 설비를 구매하는 행위는 해당 설비와 구매대금(돈)을 교환하는 행위입니다. 고객에게 무언가를 판매하는 행위는 회사의 제품 및 서비스와 판매대금(고객의 돈)을 교환하는 행위지요.

계약에는 '의무'가 따르고, 의무를 수행할 '책임'을 집니다. 직원을 고용했으면 임금을 지급해야 하고, 물건을 샀으면 대가를 지불해야 하지요. 고객에게 물건을 팔았으면 품질을 보증해야 하고요. 고객으로부터 받은 가치(판매대금)가 제품/서비스를 만드는 과정에 들어간 돈보다 많으면, 그 차이를 뭐라고 부르죠? '이익'이라고 합니다.

이익을 내는 건 상당히 어려운 일입니다. 사업을 해본 분들은 아실

그림 2-1

기업의 이해당사자

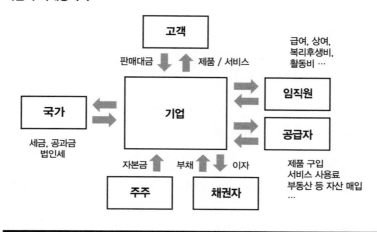

테지요. 급여를 비롯하여 각종 비용을 다 지불하고도 돈이 남아야 합니다. 돈을 빌려왔다면 채권자에게 이자도 지급해야 합니다. 그렇게 겨우겨우 이윤을 남기면 뭘 해야 하나요? 네, 세금을 내야 합니다.

기업과 주고받을 무언가가 있는 개인 혹은 집단을 '이해당사자 **stakeholder**'라 부릅니다. 그림으로 그려보자면 〈그림 2-1〉과 같습니다.

〈그림 2-1〉에 나온 수많은 이해당사자는 가치 교환이 이루어지면서 무언가를 돌려받습니다. 그 즉시 혹은 특정 기한을 정해서 무언가를 돌려받고, 돌려받지 못하면 클레임을 할 수 있습니다.

이 모든 과정이 지나간 이후에도 **여전히 아무것도 돌려받지 못한 단 하나의 이해당사자**가 있습니다. 누구인가요? 바로 '주주shareholder'입니다.

주주는 기업이 지불해야 할 의무를 모두 청산하고 나서 무언가가 남았을 때, 그 잔여분에 대한 소유권을 지닙니다. 반대로 무언가가 남기는커녕 손실이 났을 때에는 그 손실을 가장 먼저 떠안습니다. 즉 **주주는 기업의 이해당사자 중 가장 큰 위험을 떠안습니다.** 그렇기에 회사가 잘되었을 때 가장 크게 이익을 득할 수 있는 명분이 생깁니다. 다시 말해, **주주는 기업에게 가장 먼저 돈을 내고, 가장 마지막에 돈을 돌려받는 주체입니다.** 그림으로 다시 그려보겠습니다(그림 2-2).

그림 2-2

기업의 이해당사자와 주주의 관계

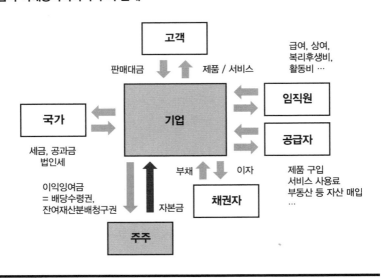

이익잉여금이라는 단어가 보이나요? 기업이 지급해야 할 '의무'가 있는 돈을 다 내고 난 후 남은 돈을 이익잉여금이라고 합니다. 이 이익잉여금에 대해서 **주주가 몫을 요구할 수 있습니다.**

어라, 설명이 조금 어색하지 않나요? 앞서서 다른 이해당사자들과는 '의무'라는 표현을 썼습니다. 주주와 기업 사이에는요? 배당'수령'권, 잔여재산분배'청구'권입니다. 기업이 배당을 지급하기로 결정했으면 그걸 받을 권리가 있다, 기업을 청산하기로 했을 때 청산 후 남는 돈을 '청구'할 수 있다는 겁니다. 무슨 뜻이죠? 속된 말로 '주는 대로 받아라'는 뜻이죠.

기업이 올해 100억 원의 이익을 냈다 해도, 그걸 당장 다 내놓으라고 할 수 없습니다. 올 한 해만 사업을 하고 끝낼 게 아니기 때문에, 다음 해를 위한 투자가 필요하다고 회사의 경영진이 주장합니다. 미래를 위해 90억 원이 필요하고, 10억 원 정도는 없어도 괜찮으니까 주주님들 가져가시라고 합니다. 그게 '배당금'이고, 주주는 이 배당을 '수령'할 권리가 있습니다. 사업을 청산하면야 남는 재산에 대해서 더 강하게 권리를 주장할 수 있지만, 언제 사업을 청산할지 어떻게 알겠습니까. 다시 이야기하지만 올 한 해만 사업을 하고 끝낼 게 아니잖아요.

물론 이건 조금 왜곡된 묘사입니다. 주주가 그렇게 속수무책으로 당하고 있지만은 않거든요. 아무리 생각해도 재투자 자금이 그 정도로 많이 필요하지 않은데, 혹은 새로이 진출하겠다고 하는 사업이 별로 유망해 보이지 않을 때 쓸데없는 짓 하지 말고 배당이나 하라고 주장할 수 있습니다. 혹은 경영진을 갈아치워버릴 수도 있고요. 정 안 되겠으면 회사를 청산시켜버릴 수도 있습니다. 이 모든 권리가 '의결권'에 포함되어 있습니다. 충분히 많은 수의 주주가 동의하면 경영진을 내보낼 수도, 회사를 없앨 수도 있습니다.

그렇다면 경영진은 어떻게 해야 할까요? 주주들의 분노를 사지 않기 위해 적당한 선을 찾아 나가겠지요. 일단 사업을 열심히 하는 건 당연하고, 배당을 하지 않고 회사에 유보시키는 자금에 대해 충분한 설명을 해야 합니다. 그 모든 활동을 통해서 주주들의 신뢰를 확보하고 경영진의 자리를 계속 유지해나갑니다.

매해 열리는 '주주총회'라는 행사가 사실은 이런 미묘한 협상과 눈치게임입니다. 어떤 기업이 주주총회에서 순이익 100억 원 중 10억 원을 배당한다고 의안을 올렸다는 건 "10억 원 줄 테니 이 정도만 받고 조용히 하시라"일 수도 있고, "100억 원을 다 배당해서 주주님들이 직접 돈을 굴리는 것보다 훨씬 괜찮은 투자안이 있는데, 거기에 90억 원이 필요해서 그만큼은 회사에 유보할 테니 허락해주세요"일 수도 있습니다.

꽤 복잡하지요? 쉽게 말해서 기업의 주주가 된다는 건 이런 뜻입니다. 누군가 대뜸 찾아와서 이렇게 제안을 합니다.

"제가 사업을 하고 싶은데 돈이 필요합니다. 돈을 주세요. 아니, 빌려주는 게 아니고 그냥 달라고요. 그 대가로 얼마를 돌려줄 수 있냐고요? 그건 사업을 해봐야 압니다. 이익을 내면 그만큼 바로바로 돌려줄 거냐고요? 아니요, 그것도 아니고요. 제가 필요 없다고 생각하는 만큼은 그때그때 조금은 돌려드릴 수 있어요. 제가 필요 없다고 할 때까지 기다려야해요. 언제까지 할 거냐고요? 제가 하기 싫어지거나, 당신이 저를 쫓아낼 때까지요."

누가 이런 황당한 제안을 하는데도 불구하고 믿고 돈을 맡기는 행위가 바로 주식을 사는 행위입니다. 말 그대로 '고양이에게 생선을 맡기는 일'입니다. 기업의 경영진은 주주들에게 거의 아무런 약속도 하지 않습니다. 장밋빛 미래를 약속하는 척할 뿐이지요.

그럼에도 불구하고 주식을 산다면, 다시 말해 기업의 주주가 된다는 건 무엇 때문일까요? 기업이 1) 정말로 돈을 많이 벌고, 2) 그렇게 번 돈을 정직하게 나에게 돌려주기를 기대하기 때문이지요. 당장 회사가 돈을 못 벌거나, 혹은 돈이 있음에도 나에게 당장 돌려주지 않는 이유는 나중에 더욱더 많이 벌어주기 위해서라고 믿을 수 있기 때문이지요.

이 두 요소를 저는 기업의 '창의성'과 '정직함'이라고 부릅니다. 좀 더 건조한 용어로는 '역량'과 '주주 중시 성향'이라고 부르지만, 저는 창의성과 정직함이라는 표현이 더 좋습니다.

기업이 사업을 잘해서 돈을 많이 벌려면 남과 같이 해서는 안 됩니다. 전문용어로 '자본비용' 이상의 '초과수익'이라고 하는데요. 은행에 예금만 해놓아도, 혹은 아무 주식이나 사도 연 10% 이자 혹은 수익률이 나온다면, 어떤 기업에 투자한 대가로 얻은 이익률이 10% 미만이면 투자자들은 별로 만족스럽지 않을 것입니다(전문용어로 '할인율'이라고 하는데, 2권의 10장에서 자세히 설명합니다). 기대치 이상의 돈을 벌어야만 자기자본의 소유자들, 즉 주식투자자들이 만족할 수 있겠지요. 기업은 계속해서 창의적으로 남과 다른 무언가를 시도해야 하고, 그게 성공했을 때 많은 돈을 법니다.

돈을 잘 버는 것만으로 끝나는 게 아니라, 그렇게 번 돈을 주주에게 언제 배분할 것이냐, 지금이냐 나중이냐라는 의사결정을 정말 주주들을 위해서 진정성 있게 해야 합니다. 경영진 혹은 특정 일부 주주들의 이해관계를 위해서 다른 주주의 이익을 희생할 수도 있거든요. 기업이 아무리 돈을 잘 벌더라도 그게 주주를 위해서 버는 돈이 아니라면 주주들이 가져갈 몫은 한 푼도 없을 수 있습니다. 100만 곱하기 0은 0입니다.

이 두 가지 요소, **창의성과 정직함에 대해서 주주가 기업을 얼마나 신뢰하느냐가 곧 주식의 가치입니다.** 단기적으로야 수많은 이유로 주가가 왔다 갔다 하더라도, 주주가 기업에 돈을 맡기고 기업이 주주에게 많은 이익을 돌려주는 선순환이 잘 작동하면 장기적으로 주가도 상승합니다.

이는 결코 쉬운 일이 아닙니다. '주가는 경제 발전에 따라 장기적으로 우상향한다'라는 표현을 흔히들 합니다만, 저는 그 표현이 진실을 일부 가리고 있다고 생각합니다. 주식의 가치는 경제 규모와 꼭 일치하지는 않습니다. 경제가 성장하더라도 주가가 오르지 않을 수 있습니다. 경제가 성장하지 않더라도 주가가 오를 수 있고요.

기업의 창의성과 정직함을 저해하는 요소는 기업의 내외부에 수없이 많이 존재합니다. 과도한 세금이나 규제, 정경유착, 독점 방조, 국영 기업의 경쟁 진입, 경영진의 부도덕함, 노사 갈등, 권위주의 등 아주 다양합니다. 이 모든 장해물을 극복하고 지금까지 '회사가 뭐라도 해온' 결과가 바로 주식의 장기 성과입니다.

에드거 로렌스 스미스는 1924년에 《장기투자 대상으로서의 주식》 이라는 책에서 왜 주식의 수익률이 대체로 채권을 능가하는지 의문을 제기하고는, '기업들이 수익을 유보하고 이 유보된 수익으로 더 많은 수익과 배당금을 창출하기 때문'이라고 지적했습니다. 1925년, 당대의 전설적 사상가 존 메이너드 케인스는 이 책을 읽고서 '수익을 유보해서 재투자함으로써 복리 효과가 발생할 수 있으며, 이는 스미스가 주장하는 가장 중요하고도 새로운 요점'이라고 평했습니다.[8] 그 주장이 옳았다는 것은 이후의 역사에서 증명되었습니다.

앨런 그린스펀이 쓴 《미국 자본주의의 역사》라는 책은 미국이라는 나라가 어떻게 현재의 위치에 있게 되었는지 자본주의의 관점에서 서술한 책입니다. 건조한 제목과 분량에서 느껴지는 압박감과는 달리 정갈하게 정리되었고 읽기 쉽게 잘 쓴 책입니다. 역시 연준 의장은 아무나 하는 게 아닌가 봅니다.

이 책에서 저자는 주식회사를 '현대 최고의 발견'이라고 지칭합니다.[9] 다수의 주주가 위험을 나누어서 짊어지고, 그 위험의 최대 한도가 제한되는 한편, 성공했을 때의 몫을 나눠 가질 수 있는 체제가 주식회사입니다. 주식회사의 등장으로 대규모 자본이 기업에 투입되어 과거에는 할 수 없었던 놀라운 일들을 이루어낼 수 있었습니다.

미국에서 사업가들은 전통적으로 가장 존경받는 직업군의 하나였습니다. "미국인은 영국인이 신사를, 프랑스인이 지식인을, 독일인이 학자를 바라보는 존경스러운 시선으로 사업가를 바라보았"습니다.[10] 사업가를 존중하고 영웅시하되, 사기를 치거나 약속을 어긴 사업가는 과감하게 퇴출시킨 결과가 현재의 미국입니다.

전설적인 투자자 피터 린치는 영웅이 누구이냐는 질문에 '사업을 시작하는 사람들'이 영웅이라고 말했습니다. 모험을 시도하고 성장하여 일자리를 창출하는 기업가들이 미국을 강하게 만드는 무명의 영웅이라고 하였습니다. 그는 또한 미국의 자본주의가 잘 작동하고 있음에도, 일반 대중은 그렇지 않다고 믿고 있다고 지적했습니다.[11]

한편 미국의 방식만이 정답이라고 할 수는 없습니다. 사회가 돈과 주식만 가지고 살아갈 수는 없지 않겠습니까. 주식회사 또한, 다른 이해당사자의 권리보다 주주의 권리를 맹목적으로 추종하다 보면 결국 그 체계 자체가 무너질 수도 있습니다.

한국은 자본주의와 주식회사 체계가 도입된 역사가 짧고, 아직도 제대로 정착되었다고 하기는 어렵습니다. 장하성 교수의 《한국 자본주의》에서는 주식회사가 단지 주주들의 이익을 위해서만 존재하는 게 아니고, 미국의 방식은 여러 자본주의 형태 중 하나일 뿐이라고 지적합니다.

글로벌 시장에서 한국의 자본주의는 어느 정도 위치에 있을까요? 투자자로서 우리는 한국의 주식회사를 믿고 투자할 수 있을까요? 혹은 다른 나라에서는 어떤 기회를 발견할 수 있을까요?

〈그림 2-3〉은 각 국가에 상장된 회사들의 ROE와 PBR을 비교한 차트입니다. ROE는 자기자본이익률을 뜻합니다. 주주로부터 받은 투자금(+그동안 회사에 유보시킨 잉여금)에 비해서 회사가 얼마나 많은 순이익을 냈느냐를 나타내는 지표입니다. ROE가 낮은 회사들은 그만큼 주주들의 돈을 허투루 쓴다는 말입니다. ROE가 높은 회사들은 주주들이 받은 돈으로 많은 이익을 뽑아낸다는 뜻이고요.

PBR은 기업의 시가총액을 자기자본으로 나눈 값입니다. 기업이 시

그림 2-3

국가별 ROE/PBR

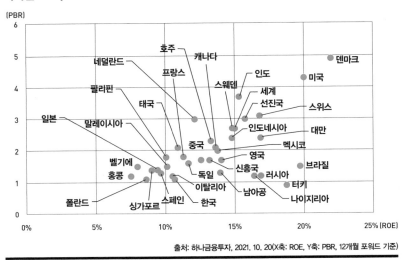

출처: 하나금융투자, 2021. 10. 20(X축: ROE, Y축: PBR, 12개월 포워드 기준)

장에서 평가받는 가치가 자기자본에 대비해서 얼마나 높은 프리미엄
을 부여받고 있는지를 보는 지표입니다.

ROE와 PBR은 대체로 비례하는 관계입니다. ROE가 높으면 '기업이'
자본을 효율적으로 관리한다는 뜻입니다. PBR이 높으면 기업의 자본
한 단위당 '시장에서' 붙이는 가격이 높다는 뜻입니다. 효율적으로 잘
관리되는 자산일수록 더 높은 가치를 부여받을 수 있겠지요? 따라서
ROE가 높은 회사는 PBR이 높습니다.

한국의 ROE는 대체로 10% 언저리를 왔다 갔다 합니다. 주주가 10억 원을 맡기면 1억 원 정도를 벌어준다는 말이지요. PBR은 1배를 약간 넘는 수준을 부여받아 왔습니다. 금융위기나 코로나 사태 등 증시가 어려울 때에는 1배 아래로 빠지기도 합니다.

2021년 10월 20일 기준, 세계 평균 ROE는 15.0%, PBR은 2.7배였습니다. 선진국 평균은 15.8%와 3.0배였고, 신흥국 평균은 13.2%와 1.7배였습니다. 한국 기업들의 자본 효율성은 세계 평균보다 훨씬 뒤처지고, 신흥국 평균에도 못 미칩니다. 그에 따라 낮은 PBR을 부여받습니다.

미국은 20.0%와 4.3배입니다. 자본주의 최강국답네요. 미국보다 더 높은 ROE를 내고, 더 높은 PBR을 부여받는 나라는 덴마크가 유일합니다.

추세선에서 멀리 떨어진, ROE가 높음에도 불구하고 낮은 PBR을 부여받는 나라는 브라질, 터키, 러시아, 나이지리아 등입니다. 이들 나라는 저평가되었다고 할 수 있겠지만, 섣부른 판단은 금물입니다. ROE가 일시적으로 높을 뿐이라거나, 기업의 순이익이 주주의 이익으로 연결될 수 있다는 신뢰를 못 받고 있다고 해석할 수도 있습니다. 혹은 아예 재무제표에 대한 신뢰성이 떨어지는 상태이거나요(향후에 그런 요소가 해소될 때 큰 폭의 재평가가 일어날 수 있다고 볼 수도 있겠습니다).

글로벌 투자의 선구자인 존 템플턴 경은 투자에 적합한 국가로서 '자본주의를 수용'하고 '정부 간섭과 인플레이션 압력이 작은' 나라를 선호했습니다. 그리고 다음과 같은 요건을 추가로 제시하였습니다.[12]

- 민주주의, 규제 완화, 지방분권, 재산권 존중(저작권 보호 포함)
- 정부 보유 지분 축소, 민간 지분 확대
- 국경 간 자본의 자유로운 이동
- 정부 규제 약화
- 적은 수의 강성 노조
- 명문 경영대학원
- 낮은 법인세율과 개인세율
- 절약과 기업가정신 문화 촉진을 위한 인센티브

지금까지 주식이란 무엇인지, 주식은 무엇 때문에 장기적으로 뛰어난 성과를 낼 수 있었는지 이야기해보았습니다.

주식은 주식회사의 자기자본에 대한 소유권입니다. 기업이 기업의 자기자본을 효과적으로 굴려서 주주에게 충분히 보상해줄 수 있을 때 주식의 가치는 점진적으로 상승합니다. 이러한 가치 상승 과정이 장기적으로 누적되면 주식의 수익률 또한 다른 자산보다 높아집니다. 보유 기간이 길어질수록 주가는 가치의 상승분을 따라가며, 단기 등락에 영향을 미치는 요소들은 서로 상쇄되어 사라집니다.

이쯤에서 이런 의문이 드실 수 있습니다.

"저는 그런 생각을 하면서 주식투자를 한 적이 없는데요? 기업의 신뢰성이니 뭐니 잘 모르겠고, 그냥 내가 산 가격보다 더 비싸게 남에게 팔 수 있으면 되는 거 아닌가요?"

네, 이제 주식투자자들이 왜 매일 고통스러운 나날을 보내는지 이야기할 차례가 되었습니다.

3 항상 괴로운 투자자

> "인간은 정확하게 알아내기 위해서가 아니라 불확실한 무력감에서
> 벗어나기 위해서 일단은 판단이라는 행위를 한다."
> _루이스 월퍼트

앞장의 서두에서 던진 여러 질문 중 하나에는 아직 답하지 않았습니다. 주식은 무의미한 종잇조각이 아니라 분명 어떤 가치를 지니는 권리를 표상합니다. 그렇게 가치가 있음에도 불구하고 왜 그렇게 가격은 매일 매분 매초 왔다 갔다 하는 것일까요? 보유 기간이 길어질수록 단기 등락에 영향을 미치는 요소가 서로 상쇄되어 사라진다고 했는데, 그 요소가 대체 뭐길래 없어지는 거죠?

앞에서 주주와 기업의 관계를 이런 식으로 설명드렸습니다. 주주가 기업으로부터 기대하는 바가 있고, 기업의 경영진은 그 기대치를 맞추면서도 본인들의 이해관계를 충족시키기 위한 미묘한 협상 게임을 합니다. 주주는 주주총회에서 이익을 어떻게 분배할 것인지에 대하여 의

견을 낼 수 있고, 기업의 행태가 마음에 안 들면 경영진을 교체하거나 최악의 경우 기업을 청산시켜버릴 수도 있습니다.

이 설명에서는 중요한 한 가지 요소가 빠져 있습니다. 실제로는 이렇게 서로 눈치를 보는 것보다 훨씬 간단한 방법이 있습니다. 그냥 팔고 떠나면 됩니다. 주식이 상장되어 있다 함은 누구든 회사의 주주가 될 수 있고, 언제든 떠날 수 있다는 뜻입니다. 투자자는 손쉽게 회사의 주주가 될 수 있고, 그렇게 수요가 늘어나니까 회사는 비공개시장에서 자금을 조달하는 것보다 더 낮은 비용으로 자금을 조달할 수 있습니다. 서로 이득을 볼 수 있는 게임입니다.

그런데 여기서 큰 문제가 있습니다. 이게 얼마짜리인지를 아무도 모른다는 것이지요. 정말로 아무도 모릅니다. 기업 내부의 경영진도, M&A 과정에서 기업을 몇 달 동안 실사하는 투자자나 자문가도 이 기업이 얼마짜리인지 확실하게 알 수 없습니다(아는 척은 할 수 있습니다만).

주식의 가치는 기업의 창의성과 정직함에 대한 믿음이라고 말씀드렸습니다. 아니, 하하! '창의성'에, '정직함'에, '믿음'이라고요? 냉정하게 숫자들을 다룰 것 같은 투자의 세계에 이런 말랑말랑한 용어라니요? 이걸 대체 어떻게 측정하고 가격을 매긴다는 말입니까?

네, 맞습니다. 진실이 그렇습니다. 주식의 가치는 그렇게 산정되는 게 맞습니다. 말랑하지 않은 용어를 쓰자면 '미래 현금흐름의 현재가 할인'이라고 합니다. 자세한 건 나중에(1권 7장과 2권 10장에서) 말씀드릴 테니 넘어가고요. 여기서 꼭 알아야 할 중요 사항이 있습니다.

주식에는 가치가 분명 존재하고, 가치를 계산해내는 나름의 방법도 존재하지만, 그 계산 과정에 들어가는 수치들이 아주 주관적입니다. 따라서 모두가 동의할 수 있는 하나의 가격이 나올 수가 없고, 각자의 생각에 따라 가격이 왔다 갔다 합니다.

가치라는 개념을 탑재하고 가치 계산을 시도하기만 해도 양반입니다. 세상에는 가치 따위 고려하지 않고 주식을 사고파는 사람들이 매우 많습니다. 가치라는 것이 파악하기 어렵기 때문에, '그런 건 중요하지 않아'라거나, '아무렇게나 해도 돼'라면서 주식을 마구 사고파는 사람들이 가격의 단기적인 움직임에 더 크게 영향을 미치곤 합니다.

앞장의 마지막에 던진 질문으로 돌아가보겠습니다. 어차피 가치라는 게 주관적이고 모호하다면, 그런 것 따위 신경 쓰지 말고 나보다 더 비싸게 사줄 사람만 잘 구하면 되는 것 아닐까요?

네, 맞습니다. 맞기도 하고 틀리기도 합니다. 나보다 더 비싸게 사줄 사람을 구하기만 하면 돈을 버는 건 당연히 맞는 말인데, 지속가능하게 그것을 할 수 있느냐는 또 전혀 다른 차원의 이야기지요. 나보다 더 멍청한 사람을 찾아내는 이 게임에 참여하고 싶으신가요? 중요한 질문들을 던져봅시다.

이길 확률이 얼마인가?

이긴 사람이 번 돈과 진 사람이 잃은 돈을 합해서 '0'이 되는 게임을 '제로섬 게임zero-sum game'이라고 합니다. 친구들끼리 모여서 포커를 친다면 판돈만큼을 누군가 벌고 잃을 테니 '제로섬 게임'이라고 할 수 있습니다. 카지노에 가서 도박을 한다면 딜러가 가져가는 몫이 빠져나가니까 '마이너스섬 게임minus-sum game'입니다. 혹은 딜러도 게임의 참여자로 생각한다면 '제로섬 게임'이라고 부를 수도 있겠지요.

주식시장은 어떤가요? 1장에서 보았듯이 장기적으로는 다함께 이기는 게임이었습니다. 모두가 30년 전에 주식시장에 투자하고 가만히 있었다면 모두가 돈을 벌었습니다. 어떻게 이게 가능하냐고요? 거듭 말씀드리지만 주식은 기업의 자기자본에 대한 소유권입니다. 기업이 사업을 열심히 해서 돈을 벌면, 그래서 과거에 10억 원이던 자기자본이 100억 원으로 늘어났다면 그 소유자들은 모두 돈을 벌 수 있겠지요(당연히 그 반대, 모두가 손해보는 일도 가능하고요).

시스템의 외부로 자금의 유출입이 있느냐에 따라서 '닫힌 시스템

closed system'과 '열린 시스템open system'으로 구분할 수 있습니다. 돈이 그 안에서만 도는 시스템은 '닫힌 시스템'이라고 합니다. '닫힌 시스템은 제로섬 게임입니다. 카지노에서 게임판에 들어온 사람(딜러와 게임 참여자)의 주머니에 들어 있는 돈의 총합은 게임이 끝나고 나갈 때 이 사람들의 주머니에 들어 있는 돈의 총합과 같습니다. 따라서 카지노는 '제로섬 게임'입니다.[13]

주식시장은 '열린 시스템'입니다. 회사가 고객으로부터 번 돈이 주주에게로 환원되는 시스템입니다. 따라서 '논제로섬 게임non-zero-sum game'입니다. 게임 참가자들이 아무것도 하지 않아도, 회사가 남기는 이익이 커지면 전체 판돈이 커집니다. 반대로 회사가 내는 이익이 줄어들면 판돈이 줄어들어 모두가 손해보는 (혹은 누군가만 이익을 보는) 게임이 됩니다.

그래서 주식투자는 '플러스섬 게임plus-sum game'인가요? 장기적으로 전체 시장지수는 상승했으니 '플러스섬 게임'이어야 정상입니다. 모두가 행복한 '윈-윈' 게임이 되어야 했습니다. 그러나 실제 결과는 전혀 그렇지 않습니다. 대체로 투자자들은 전체 시장 평균보다 못한 성과를 냅니다.

아, '전문가'들에게 '초보'들이 '먹힌' 거냐고요? 너무 앞서가지 맙시다. 이제부터 보여드릴 자료는 '전문가'라고 불리는 사람들의 성과입니다.

펀드매니저는 다른 사람의 돈을 받아서 자금을 운용하니까, '주식 운용의 전문가'라고 부르는 데 이견이 없을 것입니다. 컬럼비아대학 마이클 모부신 교수는 1991년부터 2006년까지 각 해에 S&P 500 대비 초과수익을 달성한 펀드의 비율을 조사해보았습니다(표 3-1).

대체로 절반 정도의 펀드가 시장 대비 초과수익을 냈네요. 생각보

표 3-1

S&P 500 대비 초과수익 1년 달성 비율(1991~2006)

연도	펀드 수	초과수익 달성 비율(%)
1991	889	47.7
1992	1,018	50.9
1993	1,289	72.0
1994	1,733	24.0
1995	2,325	12.6
1996	2,894	20.7
1997	3,761	7.9
1998	4,831	26.1
1999	5,873	51.4
2000	6,966	62.2
2001	8,460	49.7
2002	9,749	58.7
2003	10,780	56.7
2004	11,466	54.9
2005	11,329	67.1
2006	12,500	38.3

자료: Lipper Analytical Services & 마이클 모부신, 《통섭과 투자》[14]

다 나쁘지 않습니다. 그러나 거듭 말씀드리지만 한 해만 투자하고 말 건 아니잖아요? 뱅가드 그룹의 회장 존 보글은 펀드들의 장기 성과와 지수 수익률을 비교해보았습니다. 지수보다 낮은 성과를 낸 액티브 펀드(펀드매니저가 초과수익을 내기 위하여 적극적으로 운용하는 펀드)의 비율은 〈표 3-2〉와 같습니다.

뭔가 숫자가 이상하지요? 수치를 잘못 본 거 아닌가 하시는 분들을 위해서 다시 말씀드립니다. 이 수치는 지수보다 '높은' 성과를 낸 펀드가 아닌 '낮은' 성과를 낸 펀드의 비율입니다. 그나마 가치 펀드가 좀 더 나을 뿐, 거의 90%에 육박하는 펀드들이 시장지수를 이기지 못했습니다.

앞서의 연도별 자료와는 수치가 달라도 너무 다르지요? **어떤 펀드가 한 해는 지수보다 좋은 성과를 낼 수 있어도, 그 펀드가 장기간에 걸쳐 좋은 성과를 낼 가능성은 아주 작다는 뜻**입니다. 한두 해 좋은 성과를 냈더라도 그건 실력이 아니라 운일 가능성이 큽니다.

표 3-2

S&P 500 지수보다 낮은 성과를 낸 액티브 펀드의 비율(2001~2016)

펀드 유형	성장	핵심	가치
대형주	95%	97%	79%
중형주	97%	99%	90%
소형주	99%	95%	81%

자료: 존 보글, 《모든 주식을 소유하라》, 자료 3.3

68

개인투자자는 어떻냐고요? 당장이라도 검색엔진에 '개인투자자 평균 수익률'을 검색해보시기 바랍니다. 말을 아끼겠습니다.

개인도 돈을 못 벌고 기관도 돈을 못 벌면, 돈은 누가 버나요? 주식시장의 그 '장기 상승분'은 누가 가져갔나요? 첫 번째 답은 '하우스'입니다. 게임에 참여하려면 '참가비'를 내야죠? 거래를 할 때마다 수수료를 내고, 이익을 보면 세금을 냅니다. 한국에서는 상장주식에 대해서 소득세는 아직 부과되지 않지만, 거래를 할 때마다 거래세를 냅니다. 배당금에 대해서 배당소득세를 내고요. 펀드를 통해 간접투자를 한다면 펀드 회사에서도 보수를 받아갑니다. 내가 '평균 수준의 실력'을 가지고 시장에 참여하면 '90% 이상의 확률로 시장지수보다 뒤떨어지는 성과를 낸다'고 보면 되겠습니다.

두 번째 답은 아마도 소수의 '고수들'이겠지요. 이들의 비율이 얼마나 되는지는 알 수 없습니다. 〈표 3-2〉에서 보듯 전체의 10% 미만이라고 생각하는 게 나을 것입니다.

인간이 가진 편향 중에 '기저율 무시'라는 편향이 있습니다. 기저율 **base rate**이란 어떤 요소의 빈도가 전체에서 차지하는 기본 비율을 뜻합니다. 쉽게 말해서, '평균 수준의 실력'을 가지고 게임에 참여했을 때 어떤 결과를 기대할 수 있는가 하는 이야기입니다.

합리적으로 의사결정을 하려면, 우선 내가 남보다 뛰어난 역량이 없다고 가정했을 때 어떤 결과가 나올 것인지를 따져보아야 할 것입니다. 그런 이후에 더 실력이 뛰어나다면 어떤 결과를 낼 수 있을지, 실력을 어떻게 하면 쌓을 수 있을지, 내 실력이 얼마나 좋은지 어떻게 평가할 것인지 등등을 따져봐야겠지요.

주식투자는 기본적으로 플러스섬 게임입니다. 훌륭한 기업 혹은 전체 시장의 건전함을 믿고 길게 투자하면 웬만하면 좋은 성과를 냅니다. 별 생각 없이 대단한 노력을 기울이지 않아도 말입니다. 그러나 실제로 좋은 성과를 내는 투자자는 소수입니다.

대체 왜 '이기는 게임'이 '지는 게임'으로 바뀌는 걸까요? 우리에게는 무슨 문제가 있는 걸까요?

왜 이렇게 승률이 낮은가?

인간이 학습하고 행동하는 방식은 자본시장에서 좋은 성과를 내기에 적절하지 않습니다. 어떤 펀드매니저가 쓴《주식하는 마음》이라는 책에서 이 내용을 자세히 다루고 있는데요.[15] 여기서 짧게 조금만 언급해 보겠습니다.

학습 방식의 문제

인간이 무언가를 배우는 건 논리적인 학습의 결과가 아닙니다. 무언가 기분 좋은 일을 경험하고 나면, 다시 그 일이 벌어질 수 있는 상황이 되었을 때 그 행동을 하도록 마음이 기우는 식으로 우리 몸은 학습합니다. 햄버거를 먹고 기분이 좋았으면 다음에 햄버거와 피자 중에서 선택할 때 햄버거를 조금 더 선호하게 됩니다. 거짓말을 하고 부모님에게 혼나서 불쾌한 감정을 겪으면 다음에는 솔직하게 말하는 쪽으로 행동이 약간 바뀝니다. 교과서를 읽고 공책에 무언가를 쓰고 문제를 푸는 건 머릿속에 지식을 집어넣는 일이지, 우리의 행동 양식을 바꾸는 학습이 아닙니다.

이러한 학습 방식은 생존에 크게 기여했습니다. 독성이 있는 식물을 먹고 앓아본 경험이 있으면 다시는 그 식물을 안 먹고, 나보다 센 동물과 싸웠다가 크게 상처를 입었으면 다시 안 덤비는 게 생존에 유리하죠. 동료들이 갑자기 우르르 도망가고 있으면 묻거나 따지지 말고 일단 함께 도망가는 게 좋고, 왁자지껄하게 파티를 벌이고 있으면 함께 흥겹게 노는 게 좋습니다.

자본시장에서는 이러한 행동이 생존확률을 높이는 게 아니라 오히려 낮춥니다. 사람들이 무언가에 열광하고 있다는 건 가격이 그만큼 비싸다는 뜻입니다. 가격이 떨어질 확률이 높으니 멀리 해야 생존에 유리합니다. 사람들이 무언가를 기피하고 있다는 건 가격이 그만큼 싸다는 뜻입니다. 가격이 오를 확률이 높으니 호기심을 가지고 달려들어야 합니다.

우리 몸이 수백만 년 동안 살아남기 위해 학습해온 과정을 자본시장에서 그대로 적용해버리면, 남들이 다같이 달려들 때 함께 달려들었다가 크게 얻어맞고, 아무도 쳐다보지 않아 헐값에 널려 있는 자산을 살 기회를 방치해버립니다. 그러다가 가격이 오르고 나면 또 함께 달려들었다가 또 깨지기를 반복하지요.

행동 양식의 문제

예측이란 뇌가 자기 자신과 나누는 대화입니다. 현재 얻은 정보를 바탕으로 과거에 가장 유사했던 상황을 그려보고, 그때 경험했던 결과대로 행동합니다. 좋은 예측을 하기 위해서는 단순히 몇 개의 상황을 떠올리는 것이 아니라, 전체 샘플, 즉 기저율을 따져보고, 현재 상황이 기저율에 비해서 어떤 특이성을 지니는지 따져보아야 합니다.

이렇게 '따지는' 일은 에너지 소비가 심합니다. 더구나 자본시장에서는 좋은 예측과 나쁜 예측이 즉각 좋은 결과와 나쁜 결과로 돌아오지 않습니다. 그렇기 때문에 우리 두뇌는 가격의 등락 앞에서 이렇게 따지는 일을 선호하지 않습니다. 그보다는 손가락을 빠르게 움직이는 걸 선호하죠.

가격이 빠르게 변하고 있으니 나도 빠르게 행동해야 한다는 건 일견 자연스럽습니다. 태풍이 몰아칠 때는 빨리 피신해야지, 풍속과 기압을 따져서 태풍이 언제 사그러들지 추측하고 있으면 이미 죽었습니다.

투자자들은 언제나 '손절', '익절', '물타기', '불타기' 등을 고민합니다. 주식을 한번 사고 나서는 계속계속 무언가를 '하려고' 고민하고 있습니다. 매일매일 일어나는 매크로 변수에 대해서도 촉각을 곤두세웁니다. "나스닥 선물이 반등했으니 한국 시장에서도 주식비중을 늘려야 한다", "아니다, 오늘은 옵션 만기일이니 위험 선호도를 낮추어야 한다", "인플레이션이 심해지고 있으니 인플레 방어주를 사야 한다", "어제 발표된 CPI가 피크아웃했으니 인플레 방어주는 이제 팔아야 한다", "아니다, 예상치보다는 높게 나왔기 때문에 여전히 방어주에 주력해야 한다" 하는 말들을 일상적으로 들을 수 있습니다.

주식시장에서 우리 뇌는 우리가 항상 무언가를 '하도록' 만듭니다. 사실 주식시장은 무언가를 '하는' 것보다 무언가를 '하지 않는' 것에서 아주 많은 걸 배울 수 있습니다. 실제로 어떤 의사결정의 결과를 보기 위해서는 짧게는 몇 개월, 길게는 몇 년씩 기다려야 할 수도 있습니다. 그러나 우리의 행동 양식은 우리가 그 긴 기간 동안 아무것도 '하지 않는' 상황을 용납하지 못합니다.

이중 예측의 문제

마음을 가라앉히고 진중하게 연구하려는 사람들도 많은 함정에 빠집니다. 시장을 연구하다 보면 두 지표가 강한 상관관계를 보이는 경우를 많이 발견할 수 있습니다. 장단기 금리차(장기 채권 이자율과 단기 채권 이자율의 차이)가 어떤 모양으로 변하면 성장주가 유리하다느니, 금리가 상승하는 구간에서는 PER이 낮은 주식의 수익률이 더 좋다느니 등 다양한 관계를 발견할 수 있습니다.

앞서 말한 이 두 가지 함정에서 벗어나고자 하는 사람들이 진중하게 연구해서 얻는 게 이런 결과물들인데요. 여기서도 함정이 도사리고 있습니다. 그럴싸해 보이는 동행지표를 나열하는 걸로는 돈을 버는 데 아무런 도움이 안 됩니다.

장단기 금리차로부터 어떤 패턴을 발견했다면, 이제는 장단기 금리차가 어떻게 변할지를 예측해야 합니다. 금리 상승기에 저PER 주식이 초과수익을 냈다는 걸 발견했더라도, 향후의 금리가 어떻게 변할지를 예측해야 하는 숙제가 남습니다. 하나가 아닌 두 가지를 동시에 예측해야 하는 상황을 '이중 예측의 문제'라고 합니다.

이중 예측의 문제를 제거하고 진짜 선행지표들만을 찾아내야 의미 있는 의사결정이 됩니다. 문제는 또 남아 있습니다. 주가에 선행하는 어떤 지표를 발견했다 하더라도, 그 지표가 광범위하게 알려지고 나면 선행성이 사라져버립니다.[16] 교수들이 주식시장에 관해 쓴 책이나, 매크로 애널리스트들의 거시경제 자료들을 보면 그런 오류를 자주 찾을 수 있습니다. 이들은 대체로 경기를 예측하여 시장의 진출입을 판단하고자 합니다. 그러나 거시경제를 예측하기도 어렵거니와, 거시경제를 예측할 수 있다고 해서 그게 주식시장의 등락과 곧바로 이어지지도 않습니다.

정리하자면, 인간은 머리가 아닌 몸으로 학습하고, 머리를 쓰지 않고 몸을 쓰기를 좋아하기 때문에 시장의 함정에 빠집니다. 그리고 머리를 쓰는 사람들도 이 시장에서는 아주 많은 함정에 빠집니다. 우리는 진지하게 몸이 아닌 머리로 학습하려고 노력해야 하고, 그 노력의 결과로 발견해낸 산물들조차 대부분 폐기해버릴 수 있는 용기를 지녀야 합니다.

노력하면 이길 수 있는가?

주식시장은 진득하게 앉아 있으면 웬만해서는 지지는 않는 게임입니다. 그럼에도 불구하고 우리는 가만히 앉아 있지 못하고 무언가를 시도합니다. 아마도 평균에 만족하지 못하기 때문이겠지요. 혹은 어떻게 하면 평균만큼의 성과를 낼 수 있는지 모르거나, 평균이 얼마인지조차 모르거나요.

"그냥 가만히만 계셔도 길게 보면 연간 6~10% 정도는 벌어요"라는 말을 들으면 어떤 생각이 드나요? "에이, 그거 벌려고 주식투자를 합니까?"라는 사람이 참 많죠. 투자에 대해서 이야기하면서 가장 안타까울 때 중 하나가 이럴 때입니다.

통계에서 흔히 발생하는 오류이자, 심리에도 많은 영향을 미치는 오류가 '생존 편향'입니다. '죽은 자는 말이 없다'라고도 하지요. 우리가 현재 관찰하는 사실들은 죽어 없어지지 않은 사실들입니다. 살아남은 사실들만 모아서 공통점을 찾아보면 무언가 오류에 빠지게 됩니다.

적극적으로 투자하는 사람들이 연간 두 배씩 벌고, 가만히 앉아 있는 사람들이 연 10%를 벌고 있으면 어떤 생각이 드나요? '나도 열심히 해서 저렇게 많이 벌어야지', 혹은 '나는 저렇게는 못 하겠으니 그냥 평균 정도에 만족할래' 둘 중 하나겠지요.

둘 모두 큰 오류를 범하고 있습니다. 바로 **'노력과 성과가 비례할 것' 이라는 가정입니다.** 적극적으로 투자하려면 일단 많은 에너지를 쏟아야겠지요. 즉 노력을 많이 해야 할 것입니다. 노력해서 좋은 성과를 낸 사람은 빛이 나겠지요. 여러 사람이 주목합니다. 한편, 많은 노력을 했음에도 저조한 성과를 낸 사람은 아무 말 없이 가만히 있습니다. 따라서 적극적으로 투자해서 돈을 많이 번 사람들은 많은 노력을 했다는 공통점이 있고, 우리는 '내가 저 정도로 노력할 수 있을까?'라는 질문을 자연스레 하게 됩니다.

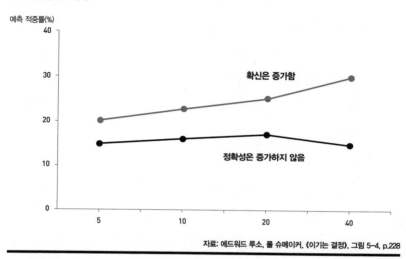

그림 3-1

경주 우승마 예측

예측 적중률(%)

확신은 증가함

정확성은 증가하지 않음

자료: 에드워드 루소, 폴 슈메이커, 《이기는 결정》, 그림 5-4, p.228

'내가 저 정도로 노력할 수 있을까?'라는 질문을 하기 전에, '노력에 성과가 비례하는 게임인가?'를 물어야 합니다.

인간의 의사결정을 다룬 교과서적인 책,《이기는 결정》에서 이런 연구 결과가 나옵니다. 경마의 결과를 예상하는 기사를 작성하는 기자들에게 정보량을 달리 해서 예측하게 해보았습니다. 그 결과 어느 정도까지는 정보량과 예측의 정확도가 비례하지만, 어느 시점 이후부터는 정보량이 늘어날수록 예측의 정확도는 오히려 떨어졌습니다.

더 심각한 문제가 있습니다. 정보량에 꾸준히 비례하는 다른 요소가 있습니다. **본인의 예측에 대한 확신의 정도는 정보량이 늘어나면서 계속 늘어났습니다.** 초반에 정확도가 증가하는 구간에서도 정확도가 증가하는 폭보다 확신의 증가폭이 더욱 컸습니다. 한편 정확도가 증가하지 않고 오히려 감소하는 구간에 진입하면, 실제 정확도와 확신의 갭이 확 벌어집니다. 투자자가 자신의 실력을 과대평가하는 정도가 점점 커진다는 뜻입니다.

안타깝게도 요즘에는 정보량이 너무나 많습니다. 기관투자자가 득하는 정보나 개인투자자가 접하는 정보나 큰 차이가 없습니다. 여전히 어느 정도 차이가 있을 수 있지만, 어차피 한 인간이 하루 안에 소화할 수 있는 정보량에는 한계가 있고, 쏟아지는 정보량은 월등하게 그 이상입니다. 앞 그래프의 임계점을 지났는지는 알 수 없지만, 실력에 대한 믿음과 실제 실력의 차이가 상당히 벌어져 있을 가능성이 큽니다.

사람이 확신에 가득차면 어떻게 하나요? 행동에 나서지요. 열심히 사고팔기를 반복합니다. 〈그림 3-2〉에서 알 수 있듯이, 투자자들이 주식을 보유하는 기간은 점점 짧아지고 있습니다.

투자 수익률과 관련된 수많은 연구 결과 중에서, 수익률과 가장 밀접한 상관관계를 보이는 지표는 다름아닌 '회전율'입니다. **회전율이 높을수록 수익률은 낮아집니다.** 간단히만 생각해봐도 이유는 명확합니

그림 3-2

미국 기업 보통주의 평균 보유 기간

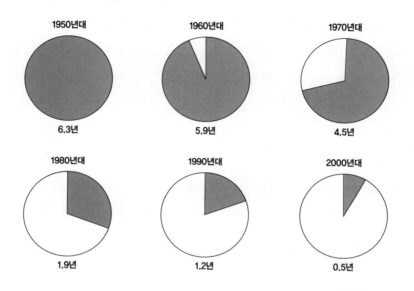

자료: 네이트 실버, 《신호와 소음》, 그림 11-1, p.489

다. 증권거래세 0.15%와 거래수수료 약 0.01%를 합하면 한 번 거래에
약 0.17%를 비용으로 지출합니다. 일주일에 한 번씩만 포트폴리오를
회전시키면 거래비용이 얼마일까요? 1년은 52주니까 8.8%입니다. 주
식을 보유했을 때 평균적으로 기대할 수 있는 수익률이 얼마였지요?
약 6~10%입니다.

가만히만 있어도 벌 수 있었던 수익이 있었는데, 무언가를 열심히
함으로써 그 이상을 날렸습니다.[17] '이기는 게임'이었던 주식투자가 많

은 정보와 확신, 열정, 노력으로 인하여 '지는 게임'으로 바뀌었습니다.

최근 우리 주변에서도 이런 결과는 여지없이 확인할 수 있습니다. NH투자증권이 제시한 자료에 따르면 2021년 1월부터 7월까지 연령대별 수익률과 회전율은 〈표 3-3〉과 같습니다.[18]

70대에서 20대로 갈수록 수익률은 낮아집니다. 회전율은 대체로 높아지는 경향을 보입니다. 모든 연령대에서 남성이 여성보다 압도적으로 회전율이 높고, 수익률이 저조합니다. 아마도 남성의 테스토스테론 분비가 높기 때문일 것으로 추측합니다. 테스토스테론은 시합에서 승리할수록 강하게 분비되고, 다음 시합에서 좀 더 공격적이고 자신감 있

표 3-3

연령대별, 성별 회전율 및 수익률(2021. 01~2021. 07)

구분	계좌비중	수익률(계좌별, 평균)			회전율(계좌별, 평균)		
		전체	남	여	전체	남	여
		1.8%	0.7%	2.9%	522%	709%	325%
10대	2.9%	3.8%	3.4%	4.4%	128%	151%	98%
20대	21.2%	0.2%	-2.2%	2.6%	555%	838%	261%
30대	24.1%	1.7%	0.6%	2.9%	527%	714%	327%
40대	24.0%	2.1%	1.6%	2.7%	534%	697%	368%
50대	18.6%	2.2%	1.6%	2.8%	541%	722%	369%
60대	7.3%	3.2%	2.5%	4.2%	505%	647%	329%
70대	1.9%	5.0%	4.4%	5.9%	409%	472%	309%

출처: NH투자증권

는 태도로 임할 수 있도록 합니다.[19] 테스토스테론은 도파민 분출을 촉진하는데, 도파민 수치가 높으면 상황에 대한 통제력이 높다(원하는 대로 결과를 이끌어낼 수 있다)고 판단합니다.[20] 10대는 다른 세대보다 회전율이 현저히 낮은데요. 부모가 증여 등을 통해 계좌를 개설해주고 우량주를 매수하고 거의 매매를 하지 않기 때문인 것으로 추측합니다.

좀 더 엄밀한 자료를 볼까요? 자본시장연구원이 2021년 6월에 발간한 자료(그림 3-3)에서 코로나19 이후 개인투자자의 수익률 추이를 다양한 각도로 살펴볼 수 있습니다.[21]

그림 3-3

코로나19 이후 개인투자자 수익률 추이

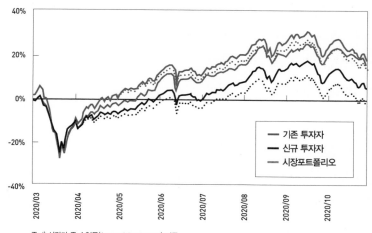

주: 1) 시간가 중 수익률(time weighted return) 기준
    2) 점선은 각각 거래비용을 차감한 기존/신규 투자자의 누적시간가 중 수익률

출처: 자본시장연구원

그림 3-4

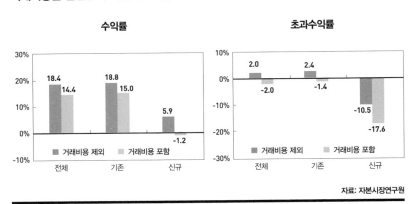

거래비용을 감안한 수익률과 초과수익률

수익률 / 초과수익률

자료: 자본시장연구원

2020년 3월 이후 신규로 계좌를 개설한 투자자들(신규 투자자)의 수익률이 이전부터 투자를 하고 있던 투자자들(기존 투자자)의 수익률 대비 현저히 떨어집니다. 그리고 기존 투자자들은 시장보다 소폭 나은 성과를 내기는 했지만, 거래비용을 차감한 이후에는 역시나 시장보다 못한 성과를 냈습니다.

3월부터 10월까지 8개월간 거래비용은 수익률에 -4.0%p 영향을 미쳤습니다. 이 차이는 시장보다 2.4%p 초과수익을 냈던 기존 투자자의 수익률을 시장 이하로 낮추기에 충분했고, 시장보다 -10.5%p 저조한 수익률을 낸 신규 투자자들을 더욱더 슬픈 상황으로 몰아갔습니다(그림 3-4).

그림 3-5

초과수익률 영향 요인

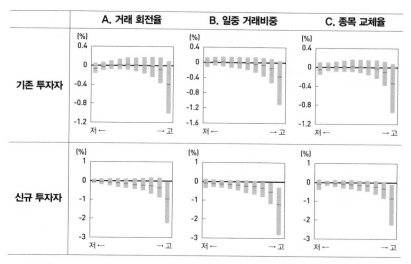

주: 거래 회전율, 일중 거래비중, 종목 교체율(= 편입률 + 제외율)을 기준으로 구분한 10개 그룹의 초과수익률 분포. 각 막대의 하단,
구분선, 상단은 각 그룹 내 하위 25%, 50%, 75% 초과수익률을 의미

출처: 자본시장연구원

마지막으로 자료 하나를 더 보도록 하지요(그림 3-5). 초과수익률에
영향을 미친 요인을 좀 더 정교하게 분해해보았습니다. 기존 투자자는
대단히 고빈도의 매매가 아닌 한은 회전율이 초과수익에 미치는 영향
은 생각보다 크지 않습니다. 종목 교체 또한 아주 잦은 교체가 아니라
면 꽤 괜찮은 성과를 보입니다. 하지만 하루 사이에 거래하는 비중이
높은 경우에는 매매 횟수가 꾸준히 수익률에 나쁜 영향을 미쳤습니다.
숙련된 투자자라도 하루 내에 사고파는 거래의 승률은 높지 않습니다.

한편 신규 투자자는 회전율이 높아질수록 일관되게 수익률에 악영향을 미쳤습니다. 종목을 교체하는 것도 수익률에 오히려 나쁜 영향을 미쳤습니다. 일중 거래는 당연하게도 최악의 결과를 냈습니다. 별 생각 없이 주식을 사고, 사자마자 바로 팔아버리고, 다른 종목으로 갈아타고, 이런 행태를 보이는 사람은 시장에서 결국 퇴출됩니다. 그리고 대부분의 '투자자'가 이렇게 하고 있습니다.

우리 두뇌의 패턴 인식 능력은 매우 뛰어납니다. 그 뛰어난 능력 때문에 우리는 알 수 없는 것을 알 수 있다고 착각하면서 열정을 쏟아붓습니다. 열정은 숭고한 단어지만, 이 주식시장이라는 곳은 열정이 독이 될 수 있는 기이한 장소입니다. 벤저민 그레이엄은《현명한 투자자》4판 서문에서 이렇게 말한 바 있습니다.

"다른 분야에서는 열정이 성공의 열쇠가 될지 몰라도, 투자에서는 열정이 거의 틀림없이 재난을 부른다."

휴… 그래서 어쩌라는 말인가요? 어차피 안 되니까 아무것도 하지 말라는 건가요?

4 여기서 그만두셔도 됩니다

초과수익을 내기는 무척 어렵습니다. 이 대목에서 많은 분이 오해를 하시는데요. '어렵다'와 '불가능하다'는 다릅니다. 어려우니 포기하라는 이야기가 아니라, 할 때 하더라도 이게 얼마나 어려운 일인지를 알고 하자는 이야기입니다.

투자의 세계에도 분명히 실력은 존재합니다. 장기간 높은 성과를 낸 투자자들은 분명히 있고, 통계적인 검증 방법을 통해서도 실력이 존재한다는 증거를 찾을 수 있습니다.

잭 슈웨거의 《시장의 마법사들》 시리즈에는 장기간 뛰어난 성과를 낸 투자자들이 많이 소개됩니다. 최근에 나온 버전[22]에는 심지어 호텔

종업원도 나옵니다. 저자는 철저한 검증 절차를 거쳐서 각 투자자의 성과가 운에서 비롯된 것이 아님을 확신하는 사람들만 소개하였습니다.

훌륭한 투자자 면면을 소개해봤자 '일화적 증거' 아니냐고요?

좋습니다. 그렇다면 '통계적 유의성'을 이야기해봅시다. 앤드류 모부신과 사무엘 아버스만의 연구에서는 귀무가설과의 비교를 통해 펀드 매니저의 실력이 실제로 존재하는지를 검증해보았습니다.[23] 귀무가설, 즉 결괏값이 순전히 운에만 좌우된다고 했을 때의 결과를 놓고, 실제 결과와 비교해서 유의미한 차이가 있으면 귀무가설을 기각합니다. 귀무가설을 기각한다 함은 결과가 운에만 좌우되지 않는다는 뜻입니다. 이런 검증 방식은 제약 산업을 비롯해서 인과관계를 정확하게 추론하기 어려운 여러 분야에서 사용됩니다. 수학적 사고에 관한 훌륭한 대중서 《틀리지 않는 법》에서 저자는 이 연구를 "정말 좋아한다"고 언급했습니다.[24]

두 연구자들은 1962년부터 2008년까지 존재한 약 5,500개의 펀드를 조사하여 연속으로 시장을 이긴 빈도를 조사하였습니다. 한 해 시장을 이기는 건 운이 크게 좌우한다 쳐도, 장기간의 성과는 실력이 차지하는 비중이 더 높을 것이고, 장기간 연속으로 시장을 이긴 펀드는 진짜 실력 있는 펀드일 가능성이 클 것이라는 가정입니다.

여기서 단순히 장기간 시장을 이긴 펀드가 존재한다는 것만을 밝혀서는 부족합니다. 비교군이 필요합니다. 매해의 성과를 100% 운이라고 가정하고, 실력이 존재하지 않을 경우의 연속 승리 횟수 분포를 예측합니다. 이 예측이 바로 귀무가설입니다. 자, 이제 실제 결괏값이 귀무가설의 예측과 다르게 나오면 실력이 존재한다는 의미지요(좋은 쪽으로든 나쁜 쪽으로든 말입니다).

그림 4-1

연속 승리 기간과 연속 승리 빈도

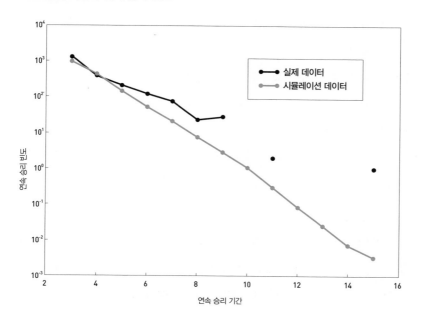

자료: Andrew Mauboussin and Samuel Arbesman, 《Differentiating Skill and Luck in Financial Markets With Streaks》

〈그림 4-1〉의 X축은 연속으로 몇 해 연속으로 시장을 이겼는가, Y축은 그만큼 시장을 이긴 빈도가 몇 회인가를 나타냅니다. 예를 들어 X축이 5, Y축이 100이라면 '5년 연속 시장을 이긴 횟수가 100번이다'라는 뜻입니다.

하단의 실선, 펀드의 운용 성과가 순전히 운에만 좌우된다고 가정했을 경우 여러 해 동안 연속으로 시장을 이기는 펀드 수가 얼마일지를 시뮬레이션한 결과가 '시뮬레이션 데이터(귀무가설)'입니다. 그리고 실제로 펀드들이 어떤 성과를 냈는지가 '실제 데이터'입니다.

어떤가요? 거의 모든 구간에서, 해당 구간 동안 연속으로 시장을 뛰어넘는 성과를 낸 펀드의 수가 시뮬레이션 예측치보다 높습니다. 5년 연속으로 시장을 이긴 횟수는 (100% 운에만 좌우된다고 할 경우) 147회여야 하는데, 실제로는 206회가 나왔습니다. 시뮬레이션에서 11년 연속 시장을 이기는 경우의 빈도는 0.3회밖에 되지 않는데, 실제로는 2회가 나왔습니다. 심지어 15년 연속으로 시장을 이긴 경우도 한 번 있었습니다. 시뮬레이션의 빈도는 0.003회입니다.[25]

투자의 세계에 실력이 존재하느냐는 질문에 우리는 '그렇다'라고 대답할 수 있습니다. 누군가는 뛰어난 실력을 보유하고 있습니다. 문제는 그 누군가가 내가 아닐 가능성이 크다는 것이지요.

물론 이 책을 집어들 정도의 여러분이라면 실력을 갖추기 위해 열심히 노력할 각오가 되어 있을 것입니다. 그러나 굳이 그 길을 반드시 걸어가야만 좋은 수익률을 낼 수 있는지, 다른 방법은 없는지 살펴보는 것도 대단히 중요합니다.

전체 펀드에서 초과수익을 달성한 펀드의 비율은 앞서 〈표 3-1〉과 〈표 3-2〉에서 보여드린 바 있습니다. 대략 90% 이상의 펀드매니저가 장기적으로 시장보다 못한 수익률을 달성합니다. 거꾸로 생각해보면, 내가 시장만큼의 수익률만 거둘 수 있다면 전체 투자자 중에서 상위 10% 이내에 들 수 있다는 뜻입니다.

이렇게 생각해봅시다. 제가 더도 말고 덜도 말고 딱 시장수익률만 올리는 전략을 택했다고 합시다. 상승장에서 저는 상위 40% 정도를 했을 겁니다. 누군가는 돈을 많이 벌었겠지만 누군가는 거래비용과 성급한 매매 때문에 상승장에서도 돈을 잃었을 것입니다. 나의 재산 순위는 살짝 상승했을 겁니다. 하락장이 되었습니다. 나는 또 상위 40% 정도를 했을 겁니다. 하락장에서 수익을 내는 기적 같은 일은 일어나지 않았고 손실을 보았지만, 나보다 더 많이 손해를 본 사람들이 우후죽순입니다. 특히, 지난 상승장에서 좋은 수익을 거두고 자신만만한 사람일수록 이번 하락장에서 손해를 크게 봤을 가능성이 큽니다. 나의 재산 순위는 또 살짝 상승했습니다.

자, 상승장이든 하락장이든 나의 재산 순위는 야금야금 상승합니다. 아마도 상위 10% 정도에 다다를 때까지 순위가 계속 올라갈 것입니다. 사람들은 여전히 급하게 돈을 벌고 싶어 하니까요. 알 수 없는 것을 안다고 착각하고 계속계속 성급한 거래를 하다가 결국 돈을 잃습니다. 하락장에서 나의 명목 재산이 줄어들 수는 있지만 재산 순위는 낮아지지 않습니다.

부유함이란 상대적인 개념입니다. 사람은 재산의 절대 금액보다는 주변 사람과의 비교에서 행복 혹은 좌절을 더 강하게 느낍니다. **시장 수익률만큼을 얻는 전략은 상승장이든 하락장이든 멘탈을 지켜주면서 재산 순위를 계속 꾸준히 상승시켜줍니다.**

심지어 거의 아무런 노력을 들이지 않고요. 여러분이 할 일은 그저, 여유재산이 생겼을 때 기존에 생각했던 비율대로 자산의 비중을 맞춰주는 것밖에 없습니다. 자본주의가 잘 작동하는지 확인하는 것도 중요하긴 한데, 어차피 자본주의가 망하고 사유재산이 인정되지 않으면 어떤 자산을 들고 있든 의미 없기는 마찬가지입니다.

문제는 지루하다는 점이지요. 상승장의 수익률은 만족스럽지 않고, 하락장에서 손해를 안 보는 것도 아닙니다. 시간이 지나도 나의 투자 능력이 딱히 발전하는 것 같지도 않습니다. 상승장에서는 잘난 척하는 사람들 때문에 괴롭고, 하락장에서는 손실난 계좌 때문에 괴롭습니다.

이게 맞나요, 정말?

맞서 싸워야 할 적은 시장이 아니라 내 마음 속의 조급함입니다. 매일매일의 조바심과 질투를 이기고 가야 할 길을 묵묵히 가다 보면, 눈에 띄지 않게 조금씩 조금씩 순위가 상승하여 1년, 2년, 10년이 지나 한층 여유로워진 내 모습을 발견할 수 있습니다.

초과수익을 내고자 했을 때의 삶은 높은 확률로 피폐하고, 초과수익을 포기했을 때의 삶은 높은 확률로 풍요롭습니다. 참으로 역설적입니다. 이순신 장군의 명대사를 이렇게 바꾸어볼까요. "남을 이기고자 하는 자는 패배할 것이요, 모두와 함께 가고자 하는 자는 이길 것이다."

그래서 어떻게 하면 시장수익률만큼의 수익률을 낼 수 있냐고요? 시장 전체를 추종하는 인덱스 펀드나 ETF를 보유하시면 됩니다.

전체 시장은 어디를 말하냐고요? 가능한 한 가장 큰 시장을 의미합니다. 현재 전 세계 여러 나라에는 주식시장이 열려 있고, 다소간의 차이는 있지만 '주식'이라는 이름의 자산들이 거래되고 있습니다. 어떤 나라의 주식이 매해 승자가 될지는 모르고, 자본주의가 잘 작동하는 한 주식은 다른 자산보다 높은 성과를 낼 것입니다.

200조 원 이상을 운용하는 피셔 인베스트먼츠의 창업자 켄 피셔는 글로벌한 시각을 가지고 전 세계 주식시장을 편입하는 지수를 추종해야 한다고 주장했습니다.[26] 글로벌 벤치마크는 MSCI에서 제공하는 'ACWI'가 있고, 이를 추종하는 ETF가 몇 가지[27] 있습니다. 또한《모든 주식을 소유하라》의 저자 존 보글이 창업한 '뱅가드'에서 운용하는 'Vanguard Total World Stock'이라는 ETF(티커:VT)[28]는 자체적으로 종목군을 구성하여 전 세계 9,000개 이상의 주식에 투자합니다.

VT의 성과를 한번 볼까요? 〈표 4-1〉을 보면 최초 설정일인 2008년 6월 24일부터 2022년 5월 31일까지 누적 152.43% 수익률을 냈습니다. 최근 1년은 -7.26%, 3년은 39.90%, 10년은 171.16%였습니다. 누적수익률을 연으로 환산하면 6.87%입니다. 아시다시피 2008년 6월은 금융위기가 터지기 직전이었죠. 그리고 2020년에 코로나 사태도 있었고, 2022년에 금리 인상으로 인한 주가 급락도 있었습니다. 그 모든 걸 감안하고도 연 7%에 가까운 성과입니다. 직접 투자를 해서 이 이상의 성과를 내지 못한 분들이라면 심각하게 고민해볼 필요가 있습니다.

표 4-1

VT의 성과

	1년	3년	5년	10년	2008.06.24 시작 이후
VT(시장가격)	-7.26%	39.90%	54.33%	171.16%	152.43%
VT(순자산가치)	-7.21%	39.91%	54.52%	171.56%	152.72%
벤치마크	-7.16%	40.07%	54.88%	173.59%	-

출처: https://investor.vanguard.com/etf/profile/performance/vt

물론 직접 주식투자를 할 때의 장점이 있습니다. 그만큼 세상 돌아가는 일에 더 관심이 생기고 많은 공부가 됩니다. 사람이란 어떤 존재인지 좀 더 잘 알게 되기도 합니다. 어쩌면 가끔은 뛰어난 수익을 낼 수도 있고, 나만의 길을 찾아낼지도 모릅니다.

여기서 또 한 가지 생각해보아야 할 점이 있습니다. '패시브 투자(전체 지수를 추종하는 수동적인 투자)'와 '액티브 투자(직접 종목을 선정하는 적극적인 투자)'는 양자택일이 아닙니다. 재산의 일부는 패시브하게 운용하고, 일부는 액티브하게 운용할 수 있습니다.

앞으로도 계속 살펴보겠지만, 투자의 세계는 단 하나의 정답이 없습니다. 무언가 괜찮아 보이는 아이디어가 있으면 거기에 자산의 일부를 배분하면 그만입니다. '그래서 내 재산의 몇 퍼센트를 배분하고 싶은가?'가 우리가 던져야 할 질문입니다.

전 세계 시장을 추종하는 패시브 투자는 대부분의 사람이 해볼 만한 가치가 있습니다. 직접투자를 하는 사람들에게도 패시브 투자는 해볼 만한 일입니다. 직접투자에서 실수하여 손실이 발생하더라도, 패시브 투자에서 어느 정도 만회해줄 수 있습니다. 장기적으로 결국 이기는 방안인 패시브 투자에 자산이 일부 배분되어 있다면, 오히려 액티브 투자는 더 편안한 마음으로 여유롭게, 좋은 기회만 골라서 투자할 수 있습니다.

자, 여러분은 이제 아주 적은 노력을 들이고도 상위 10%로 생을 마감할 수 있는 길을 찾았습니다. 이 점을 이해하셨다면 더 이상 다음 장으로 나아가지 않아도 괜찮습니다. 저 밖에 나의 자아실현, 취미생활, 사랑하는 사람과의 행복한 시간이 있습니다. 굳이 주식투자에 큰 에너지를 투입하지 않아도 됩니다. 어차피 승률이 낮은 게임입니다. 부디 행복한 여생을 보내시기 바랍니다. 아디오스.

"새로운 방식으로 부유해진 이웃을 보고 자극받았을 때, 변화를 부추기는
사람들의 유혹을 뿌리치기란 거의 불가능하다. 계속되는 무질서로 슬픔이
밀려와도 그 시작을 즐기는 것이다. 이것은 마치 성마른 사람이 옴이
올랐을 때, 그 통증을 참을 수 없을 때까지 계속 손톱으로 긁는 것과 같다."
| 토머스 홉스 |

"저질러서는 안 될 죄악은 단 하나뿐인 듯하다. 바로 조급함이다. 낙원에서
내쫓긴 것도, 낙원으로 돌아갈 수 없는 것도 모두 조급함 때문이다."
| 프란츠 카프카 |

"오랜 세월을 거쳐 사람들은 언제나 똑같이 시장에 탐욕과
두려움, 무지, 희망의 결과로서 행동하고 대응한다."
| 제시 리버모어 |

"진정으로 남들과 다른 사람은 다수에게 반대하는 사람이 아니라
스스로 생각하는 사람이다."
| 피터 틸 |

"최종 목표 따위는 중요하지 않다. 중요한 것은 목표를 향한 움직임이다."
| 에두아르트 베른슈타인 |

투자자의 서재

제레미 시겔, 《주식에 장기투자하라》

이번 파트에서 가장 많이 인용한 책입니다. 주식이라는 자산의 속성이 어떠한지를 공부하기에 이만한 책이 없습니다. 저는 이 책에서 장기 성과에 관한 내용을 주로 인용하였지만, 이 외에도 다양한 자산군과의 비교, 매크로 환경 변화에 따른 주식의 수익률, 각종 제도와 금융위기의 영향, 초과수익의 원천과 액티브 투자까지 방대한 내용을 다루고 있습니다. 판 올림이 되면서 계속 새로운 내용이 추가됩니다. 저는 2판(1998년 출간, 2001년 번역)을 처음 읽었고, 5판(2014년 출간, 2015년 번역)으로 한 번 더 읽었습니다. 주식투자를 진지하게 생각해보는 사람이라면 꼭 읽어보아야 할 책입니다.

앨런 그린스펀, 《미국 자본주의의 역사》

미국이란 나라의 역사를 자본주의의 관점에서 서술한 책입니다. 미국의 역사를 이해하기에도 좋고, 자본주의가 사회에 미치는 영향에 대해 고민해보기에도 좋습니다. '자본의 창조적 파괴'를 핵심 키워드로 삼아, 이 영향력이 좋은 쪽으로 작동했을 때의 모습과 나쁜 쪽으로 작동했을 때의 모습을 골고루 보여줍니다. 약간 주주 자본주의 쪽으로 치우친 서술 아니냐는 생각이 드신다면, 장하성 교수의 《한국 자본주의의 역사》를 함께 읽으면 좀 더 다양한 시각을 접할 수 있습니다.

존 보글, 《모든 주식을 소유하라》

사실 이 책 한 권으로 이번 파트와 동일한 결론을 얻을 수 있습니다. 제목에서도 이야기하듯이, 시장 전체를 벤치마크하는 인덱스 펀드에 투자하는 것으로 재테크는 끝을 내고, 좀 더 중요한 일에 내 삶을 태울 수 있습니다. 참고로 제가 'ETF'를 선호하는 것으로 오해하는 분들이 많은데요. 저는 전체 시장을 추종하는 투자 전략의 장점을 강조하고 그 전략을 실천하는 방안으로 몇몇 ETF 상품을 언급할 뿐이지, ETF를 전반적으로 선호하지는 않습니다. 각종 스타일형/테마형 ETF의 위험에 대해서 다루고 싶은 욕심도 있었으나 책의 주제를 벗어나는지라 다루지 않았는데, 존 보글의 이 책에서 ETF를 비판하는 대목을 흥미롭게 읽을 수 있습니다.

윌리엄 번스타인, 《현명한 자산배분 투자자》

자산배분의 핵심적인 내용을 정갈하게 다루는 책입니다. 여러 자산군의 특징, 위험–수익 구조에 대한 이해, 분산의 중요성 등 자본주의 시장을 살아감에 있어서 모르면 큰일날 수 있는 내용들이 가득 담겨 있습니다. 중반 이후에 수학공식이 나오는 부분부터 갑자기 난이도가 올라가기는 합니다만, 대략의 줄기만 이해해도 큰 문제는 없습니다. 마지막에 첨부된 역자의 별도 연구 자료는 이 책의 백미입니다. 그대로만 잘 실천해도 재테크 고민의 많은 부분을 덜어낼 수 있습니다. 이 책이 너무 어렵게 느껴진다면 영주 닐슨 교수의 《그들이 알려주지 않는 투자의 법칙》으로 시작하는 것도 좋습니다. 금융시장을 구성하는 요소들, 우리가 선택할 수 있는 자산들이 무엇인지 훨씬 낮은 눈높이로 차근차근 설명해줍니다.

홍진채, 《주식하는 마음》

펀드매니저인 저자가 쓴, 주식투자를 할 때 기본적으로 갖추어야 할 마음가짐과 생각하는 방법을 다룹니다. 이번 파트의 3장에서 《주식하는 마음》의 일부를 엿볼 수 있었는데요. 투자의 세계에 존재하는 각종 격언들에 대해서 단편적으로 받아들이면 큰일 난다며 하나하나 비판하고, 정말 중요한 질문들이 무엇인지를 알려줍니다. 기존의 관념을 신랄하게 깨부수는 바람에 주식을 열심히 하고자 하는 마음을 싹 접게 만든다는 평도 많았습니다.

02

거인의 어깨

"내가 다른 사람들보다
세상을 조금 더 많이 볼 수 있었던 것은
거인들의 어깨 위에 서 있었기 때문이다."

아이작 뉴턴

5 어서 오게, 인간

> "나도 몰라요. 그런 세계는 없습니다.
> 그런 상상을 하시다니 정말 터무니없군요."
> _에드윈 A. 애벗, 《플랫 랜드》 중에서

결국 그 길을 넘어오셨군요. 뭐 좋습니다. 1부는 사실 서론이었습니다. 칼을 뽑았으면 무라도 썰어야죠. 기껏 주식 공부를 하겠다고 찾아왔는데 입구에서 돌려보내면 좀 서운하지 않겠습니까.

자, 이제 어떻게 할까요? 망망대해에 처음 나온 선원의 마음이 이럴 것 같습니다. 나는 패기와 열정, 설렘으로 가득 차 있지만 당장 눈앞의 해류가 무엇인지, 저 멀리 구름의 움직임이 어떤 의미인지 아무것도 해석할 수 없습니다. 눈앞에 수많은 정보가 오가고 있고 시세가 변하는데, 누구의 말을 듣고 따라야 할지 감이 잡히지 않습니다.

투자는 어떤 종류의 활동이라고 생각하나요? 보통 하는 상상은 이렇습니다. 모니터가 가득한 사무실에 앉아서 시세판을 들여다보면서, 열심히 전화를 돌리고 회의를 하고, 남들이 모르는 정보를 얻어서 기민하게 샤샤샥 사고팔기를 반복하는, 뭐 그런 일이죠.

실제로 그런 분주한 사무실도 있지만, 대부분의 투자회사는 한산한 분위기입니다. 사람들은 각자 곰곰히 뭔가를 생각하거나 읽고 있고, 가끔 투자 아이디어를 논의합니다(때때로 한숨이 푹푹 나오고요. 하하…). 그마저도 자리에 앉아 있는 사람들의 모습이고, 사실 대부분 자리에 없습니다. 밖에서 뭘 하고 있냐고요? 투자 대상 기업과 미팅하거나, 다른 회사의 매니저들과 만나서 아이디어를 나누죠(대체로 신세한탄으로 이어집니다만, 하하하…).

투자를 하시는 분들은 '재료'라는 표현을 들어보았을 것입니다. 증시에는 '호재', '악재'라는 게 있죠. 호재, 즉 좋은 소식이 나오면 주가가 오르고, 악재, 즉 나쁜 소식이 나오면 주가가 떨어지곤 합니다. 주식을 살 때에는 '앞으로 어떤 호재가 있는데? 어떤 악재가 있는데?' 등을 묻습니다.

그런데 사실 호재와 악재는 돈을 버는 데 그렇게 중요한 요소가 아닙니다. 일단 그걸 예측하기도 어렵거니와, 막상 기다리던 호재가 나왔는데도 주가가 하락하고, 악재가 나왔는데도 주가가 상승하는 일이 비일비재합니다.[29] 혹자는 '역발상 기법'이라며 이걸 역으로 이용해서 호재가 터졌을 때 팔고 악재가 터졌을 때 사기도 합니다. 그래도 돈을 못 벌기는 마찬가지입니다.

투자의 세계는 예측 가능한 패턴을 찾아내기가 대단히 어렵습니다. 무언가 패턴이 보일 것 같으면 그보다 좀 더 앞서서 움직이려는 사람들이 나오고, 그런 사람들 때문에 패턴이 사라져버립니다. 이건 호모 사피엔스가 수십만 년 동안 세상을 탐구해온 방식과는 잘 맞지 않습니다.

어떤 인풋을 넣으면 어떤 아웃풋이 나오고, 결과가 있으면 원인이 있는 세상이 우리가 아는 세상입니다. 재료에 따라 주식을 사고팔고, 실패한 매매는 줄이고 성공한 매매의 패턴을 계속 반복해나가면 성공할 수 있지 않겠습니까? 맞긴 한데, 틀렸습니다. 무엇이 성공한 매매이고, 무엇이 실패한 매매인지부터 정의하기가 상당히 곤혹스럽습니다. 오늘 주식을 사서 내일 올라야 성공인가요? 1년 후에 오르면 성공인가요? 오늘 샀는데 내일 하락했으면 실패인가요? 1년 후에 오를 거면 왜 지금 사나요? 바닥까지 기다렸다가 사면 될 것 아닌가요?

아주 상식적이고 자연스러운 질문이지만, 투자의 세계에서는 이런 식의 질문이 대체로 거의 무의미합니다. 우선 그 사실을 인식하는 게 중요합니다. 경험이 많이 쌓인 사람이라도 '재료 매매'라는 행동 양식을 벗어나지 못한 사람이 너무나 많습니다. 잠깐의 좋은 성과에 자신감이 가득하다가 나쁜 성과를 내면 또 우울해하기를 반복합니다. 운동처럼 매일 꾸준히 내가 노력하는 만큼 발전해나가는 게 눈에 보이면 얼마

나 좋겠습니까만, 이 세계는 내 능력이 얼마나 좋은지를 측정하는 일조차 쉽지 않습니다.[30]

중요한 건 재료가 아니라 투자자의 머릿속에서 무엇을 상상하는가입니다. 훌륭한 요리사가 훌륭한 요리를 만들었을 때, "어떤 재료 쓰셨어요?"라고 묻는다면 그 요리사는 어떻게 느낄까요? 물론 재료가 없이는 아무것도 만들 수 없겠지만, 재료만 있다고 그 요리가 뚝딱 나오는 게 아니죠. 중요한 건 재료를 어떻게 다듬고, 어떤 환경에서 어떤 형태와 순서로 조리하느냐, 고객의 선호는 무엇이며 현재 얼마나 배고픈가 등을 모두 종합하여 훌륭한 하나의 요리가 나오는 것 아니겠습니까. 재료를 물어보는 건 당연히 필요한 과정이겠지만, 재료'만' 물어보는 건 문제가 있습니다.

워런 버핏이 주식을 사기 시작했다는 뉴스가 들리면 우리도 따라 사야 합니까? 전 세계 최고의 투자자라 하더라도, 그의 행태를 그대로 따라 해봤자 내가 돈을 버는 데에는 별로 도움이 안 됩니다. 일단 실시간으로 매매를 추종하는 것도 불가능하거니와,[31] 버핏이 투자 의사결정을 하는 데 사용한 정보와 동일한 정보를 내가 취득할 수 있으리라는 보장도 없습니다.

중요한 건 사고 체계입니다. 돈을 버는, 즉 초과수익을 낼 수 있는 '패턴'은 생각보다 아주 희귀합니다. 기업은 무엇이고 주식은 무엇이며 투자자는 어떤 식으로 행동하는지에 대해서 아주 다양한 경험과 깊이 있는 통찰을 통해서 유의미한 패턴을 찾아내고, 어떤 이유로 그 패턴이 작동했으며 어떤 이유로 앞으로도 작동할 거라 믿는지, 작동하지 못하는 조건은 무엇인지, 그 작동에 필요한 인풋은 어떤 종류이며 나는 그 인풋을 확보하고 있는지, 패턴이 작동하지 않기 시작했을 때 그것을 어떻게 파악할 수 있는지 등을 숙고해야 합니다.

그러한 사고 체계를 갖추고 계속 다듬어나가는 것이 지속가능한 성과를 위한 핵심 과제입니다. 우리가 대가들을 공부하는 이유는 그의 매매를 추종하기 위함이 아니라, 그의 사고 체계로부터 무언가를 배워서 나만의 사고 체계를 만들어나가기 위함입니다.

《더 레슨》을 쓴 펀드매니저 스콧 채프먼은 "거의 모든 직업적 활동에서 젊은이가 발전하기 위해 사용하는 전통적인 방법은 바로 자신의 활동 분야에서 이미 성공을 증명한 사람들로부터 배우는 것"이라고 하였습니다.[32] 거장의 발자취를 따라서 차근차근 실력을 키워보는 건 훌륭한 접근법입니다. 그런데 그 길이 의외로 쉽지 않습니다. 오히려 꽤 많은 함정이 도사리고 있습니다.

무엇이 문제일까요?

누가 뛰어난 투자자인지 알기 어렵습니다

본인 스스로 '대가'라고 칭하는 사람, 언론이 띄워주는 사람, 얼핏 '자타 공인'인 것처럼 보이는 사람 등등 훌륭하신 분들은 너무나 많습니다. 옛날처럼 화려한 언변만으로 무장한 게 아니라, 겸손해 보이는 모습과 소위 '계좌 인증' 등으로 신뢰도를 훌쩍 더해가지요. 그들이 실력이 없는 사람이라면 이미 걸러지지 않았겠냐고요? 아아, 천만의 말씀입니다.

이 문장을 반드시 기억해두세요. 익숙하지 않은 표현이겠지만, 그냥 외우세요.

투자의 세계에서 단기 성과는 무작위성에 크게 영향을 받습니다.

투자 실력을 키우는 데 있어 가장 큰 문제는 내가 오늘 한 행위의 결과가 내일의 성과와는 거의 관련이 없다는 점입니다. 오늘 내가 한 의사결정이 옳은 결정이었는지는 대체로 3개월에서 6개월, 혹은 수년이 지나야 드러납니다. 그러나 '수익률'이라는 숫자는 매일 매분 매초 나타납니다. 우리는 실제로 좋은 의사결정을 하였더라도 당장의 부진한 성과 때문에 포지션을 바꾸기를 서슴지 않습니다. 반대로 실제로 나쁜 의사결정을 하였더라도 단기간의 좋은 성과에 도취되어 더 위험한 포지션을 취합니다.

학습에는 피드백이 아주 중요한 역할을 합니다. 백 미터 달리기를 할 때에는 코치가 잘못된 자세, 호흡법 등을 지적해서 고쳐주겠지요. 피드백을 받아서 내가 실력이 나아졌다는 것을 그때그때 기록으로 확인할 수 있습니다. 체스 등의 경기에서도 마찬가지고요.

투자는 그렇지 않습니다. 다른 사람의 조언을 따르든 따르지 않든 당장의 수익률은 큰 차이가 없습니다. 그러나 우리의 뇌는 '내러티브'를 만들기 좋아하기 때문에, 오늘의 조언과 내일의 성과를 바로 연결짓습니다. 누군가의 조언을 따랐을 때 잠깐 좋은 성과가 나오면 그 사람 혹은 원칙을 믿고 추종하고, 당장 성과가 안 좋으면 믿음을 폐기해버립니다. 이렇게 시간이 흐르다 보면 머릿속에 지식은 잔뜩 쌓이고 나름의 경험도 쌓이지만, 실제로 늘어가는 건 실력이 아니라 아집입니다.

좋은 투자법을 알려주겠다고 하는 사람은 대체로 세 부류입니다. 1) 단기간에 좋은 성과를 낸 사람. 그나마 낫습니다. 뭐라도 실제로 해본 경험이 있으니까요. 스스로 잘한다고 착각하다가 상황이 나빠지면 스르륵 사라집니다. 2) 언변이 훌륭한 사람. 실제 성과가 나쁘거나, 혹은 아예 성과 자체가 존재하지 않는 사람입니다. 어떻게든 자기를 교묘하게 포장해서 그럴싸한 말로 사람을 홀립니다. 앞의 부류보다 수명이 깁니다. 꽤 오랫동안 매체에 등장해서 전문가인 양 행세합니다. 사실 언론매체에서도 이런 사람들을 필요로 하거든요. 언제나 시장 상황은 바뀌고 있고, 그럴듯한 이야기로 상황을 설명해줄 사람이 있어야 합니다. 너무 진정성 있는 사람은 매체에서 오래 살아남기 어렵습니다. 3) 사기꾼. 다른 의도를 가지고 당신을 이용하고자 하는 사람입니다. 길게 설명하지 않겠습니다.

아니, 그럼 멀쩡한 사람들은 어디에 있나요? 1부에서 말씀드렸다시피, **훌륭한 투자자는 그 수가 적습니다.** 장기간 초과수익을 내는 사람의 빈도는 전체의 10% 미만으로 낮습니다. 누군가 훌륭한 능력을 가지고 있더라도 그 재능을 발휘할 기회를 사회로부터 얻지 못하는 경우가 상당히 많습니다. 펀드매니저라는 직업도 하나의 직업이다 보니 사내정치라든가 여러 요인의 영향을 받습니다. 개인투자자는 성과 측정이 엄밀하지 않을 때가 많아 대중의 신뢰를 얻기가 어렵습니다. 훌륭한 투자자가 매체의 주목을 받았다 하더라도, 멋모르는 초심자 입장에서는 앞서 언급했던 사람들과 진짜 좋은 성과를 낸 투자자를 구분하기 어렵습니다. 전자의 사람들을 접하는 빈도가 압도적으로 많기도 하고요.

그 희귀한 '훌륭한 투자자'를 어떻게든 찾아냈다 하더라도, 문제가 끝나지 않았습니다.

그 사람이 당신에게 굳이 노하우를 알려줄 이유가 없습니다

그 투자자가 사용하는 투자법이 작동할 수 있는 범위가 굉장히 제한적이라면 남들에게 알려줘 봤자 의미가 없거나, 그걸 알려줌으로써 투자법이 작동하지 않게 될 수 있습니다. 세상에는 알려지지 않은 재야의 고수들도 많고, 작은 영역에서 꾸준히 작동하는 퀀트 모델도 있습니다. 이런 투자법들은 광범위하게 적용하기 어렵거나 많은 사람이 사용할수록 초과수익의 폭이 줄어들기 때문에, 남에게 알려주기가 상당히 부담스럽습니다.

이런 제약이 적은 투자법이라 하더라도, 투자법을 알려준다는 건 상당히 많은 에너지를 필요로 합니다. 투자법을 알려주겠다는 사람을 두고 이렇게 비꼬는 사람들이 있습니다. "진짜 그렇게 돈을 잘 벌면 자기가 그 비법으로 잘 벌면 되지 왜 남에게 알려줘?" 앞서 말씀드린 것처럼 이 말은 일부 진실을 포함합니다. 국소 영역에서 작동하는 투자법들은 꽤 있으니까요. 실제로 투자법을 알려주겠다는 사람은 그다지 건전하지 못한 경우가 월등히 많기 때문에, 저런 비판적인 시각을 견지하는 것이 사는 데 유리할 것입니다.

다른 사람에게 알려줘도 상관없는 투자법을 발견했고 실제로 그 방법으로 돈을 잘 벌고 있는 사람이라 하더라도, 대중들의 반응이 저런 식이라면 의욕이 상당히 꺾입니다. 그리고 좋은 투자법이라 해도 단기간의 성과와는 무관할 때가 많습니다. 기껏 투자법을 알려주어도 단기간 성과가 나쁘면 돌아오는 불신과 조롱을 감수해야 하는데, 그 또한 상당한 마음의 준비가 필요합니다.

때문에 소수 존재하는 훌륭한 투자자들은 대중 앞에 나서는 것을 상당히 꺼립니다. 만에 하나 진짜로 훌륭한 사람이 큰맘 먹고 본인의 노하우를 알려주겠다고 결정했다 하더라도, 또 문제가 남습니다.

그 투자법을 복제할 수 없는 경우가 대부분입니다

대가들은 각각 고유하게 사용할 수 있는 자원이 있습니다. 각자의 경험으로부터 얻은 통찰이나 사고방식은 모두 다릅니다. 훌륭한 운동선수를 묘사할 때에는 흔히 '피지컬'이라고 부르는, 그 선수의 신체 능력을 함께 묘사합니다. 그런데 훌륭한 투자자를 묘사할 때에는 그 '피지컬'을 생략하는 경우가 많습니다.

'피지컬'을 생략하면, 마치 그가 이야기하는 '훌륭한 투자 원칙' 몇 가지를 받아적고 그대로 따라 하면 같은 수익률을 낼 수 있을 것 같은 착각을 줍니다. 그 투자자가 어떤 가용자원(지적 능력, 조력자, 투입 시간, 경험 등)을 어떤 맥락에서 활용하였는지를 확인해야 합니다. 또한, 대가의 몇 마디 말이나 기록을 가지고 내가 그 의미를 추론하고 나의 의사결정에 적용하는 것도 그 자체로 상당한 지적 역량과 경험을 필요로 합니다.

우리가 스승을 선택하기 위한 최종 관문은 '내가 배울 수 있어야' 한다는 점입니다. 아주 똑똑하거나 자원이 많은 사람이라면 다른 얘기겠지만, 그런 분들이야 이미 알아서 잘하고 계시겠지요. 평범한 두뇌와 평범한 지식, 평범한 인맥을 가진 저같은 사람도 사용할 수 있는 방법 이어야 합니다.

제가 투자를 처음 시작했던 2003년에는 제 주변에 주식투자를 하는 사람은 저밖에 없었습니다. 재야의 고수는 고사하고, 증권계좌를 가지고 있는 사람조차 찾기가 어려웠습니다. 제가 할 수 있는 일이라고는 온라인 투자모임에서 여러 글을 읽고, 거기서 추천받은 책들을 주구장창 읽는 게 다였습니다.

운 좋게도 당시는 세계적으로 훌륭한 투자자들의 책이 한국에 봇물 터지듯 소개되는 중이었습니다. 덕분에 훌륭한 '스승님'들을 많이 만날 수 있었고, 그들로부터 배운 덕에 저는 지금까지 살아남을 수 있었습니다. 제가 읽은 책들을 모조리 다 읽어보라고 말씀드리고 싶긴 하지만, 그건 별로 좋은 방법이 아니겠지요.

이제 다시 원점에서, 우리는 어떤 '스승님'들로부터 배울 수 있을지 알아볼까요? 스승을 고른다는 개념이 어색하긴 하지만, 그게 독서의 매력 아니겠습니까. 앞에서 제시한 세 가지 조건을 하나씩 적용해봅시다. 우선 1차 허들, 장기간 훌륭한 성과를 낸 사람들을 찾아봅시다. 프레더릭 반하버비크의 《초과수익 바이블》이라는 책에서는 10년 이상 높은 성과를 올린 '대가들'의 목록을 찾을 수 있습니다(표 5-1).

표 5-1

10년 이상 투자한 대가들의 연복리 수익률 추정치

이름	수익률(운용 햇수)	이름	수익률(운용 햇수)
리처드 데니스 *3	120%(19)	브루스 카쉬	23%(25)
마이클 마커스	120%(10)	스탠 펄미터	23%(18)
제프리 우드리프	118%(10)	H. 사이들러 *3	22.8%(23)
브루스 코브너	87%(10)	프란시스코 가르시아 파라메스	22.52%(14)
랜디 맥케이	80%(10)	제리 파커 *3	22.2%(23)
빅터 스페란데오	72%(19)	셸리 데이비스	22%(45)
에드 세이코타	60%(30)	마틴 테일러	22%(11)
윌리엄 에크하르트 *3	60%(13)	S. 에이브러햄 *3	21.7%(19)
길 블레이크	45%(12)	톰 클로거스	21%(26)
조엘 그린블랫 *2	45%(19)	벤저민 그레이엄 *1	21%(20)
윌리엄 오닐	40%(25)	앤서티 볼턴	20.3%(27)
짐 루벤	40%(10)	루 심프슨	20.3%(24)
짐 로저스 *4	38%(11)	월터 슐로스 *1	20%(49)
스탠리 드러켄밀러	37%(12)	R. C. 페리	20.8%(20)
로버트 윌슨	34%(20)	프렘 왓사 *2	20%(15)
제임스 시몬스	34%(24)	톰 냅 *1	20%(16)
릭 게린 *2	33%(19)	에드워드 소프	19.8%(29)
제프 비닉	32%(12)	B. S. 셔먼	19.6%(20)
루이스 베이컨	31%(15)	데이비드 아인혼	19.4%(17)
데이비드 본더먼	>30%(20)	스티브 클라크 *2	19.4%(11)
리처드 드리하우스	30%(12)	G. 마이켈리스	18.4%(15)
톰 생크스 *3	29.7%(22)	빌 루안 *1	18%(14)
피터 린치	29.2%(13)	글렌 그린버그	18%(25)
조지 소로스	29%(34)	잭 드레퓌스	17.7%(12)
에디 램퍼트	29%(16)	대니얼 러브	17.6(15)
폴 튜더 존스	26%(19)	마틴 휘트먼	17.2%(21)
스콧 램지	25.7%(11)	A. 밴던버그	16.6%(33)
폴 라바 *3	25.5%(23)	세스 클라먼	16.5%(25)

마틴 츠바이크	25%(19)	티 로우 프라이스	16%(38)
줄리언 로버트슨 *4	25%(20)	톰 루소	15.8%(24)
마이클 스타인하트	24.7%(28)	피터 컨딜	15.2%(33)
찰리 멍거 *2	24%(12)	존 템플턴	15%(38)
조 비딕	24%(10)	존 네프	14.8%(31)
리즈 슈발 *3	23.1%(23)	필립 캐럿	13%(55)
워런 버핏 *2	23%(54)		

주: *1 정량분석가, *2 정량–정성분석가, *3 추세 추종 트레이너, *4 거시경제 투자

출처: 프레데릭 반하버비크, 《초과수익 바이블》, 서문

검증된 훌륭한 성과를 낸 사람은 상당히 많습니다. 수익률 순으로 정렬해보면 워런 버핏조차 목록의 중간쯤에 위치합니다. 흥미롭게도 단기 트레이딩을 하는 것으로 알려진 사람들의 수익률이 상당히 높습니다. 물론 이 목록 외에도 훌륭한 분들은 많이 있겠지요. 그러나 세간이 공인하는 기준을 가지고 검증한 목록을 찾는 것이 그렇게 쉽지는 않습니다.

최소한 이 정도의 사람들은 '훌륭한 투자자'라고 불러도 되겠지요. 이들을 훌륭한 투자자라고 부르지 않겠다면, 효율적 시장가설에 의거, 아무리 훌륭한 초과수익을 냈더라도 순전히 운이 좋았을 뿐이라고 주장하겠다는 뜻이니 더 이상 이 책을 읽지 않으셔도 됩니다.

이렇게 첫 번째 허들은 통과했다 치고, 두 번째 허들을 생각해봅시다. 이 목록에 있는 사람들 대부분은 본인의 투자법을 대놓고 알려준

적이 없습니다. 심지어 워런 버핏도 책을 쓴 적은 없습니다. 잭 슈웨거가 쓴 《시장의 마법사들》 시리즈에서 이 목록에 있는 투자자들 다수를 인터뷰한 바 있습니다. 그러나 그들 스타일의 단면과 일부 투자 사례를 알 수 있을 뿐, 전체 의사결정 체계를 파악하기에는 턱없이 부족합니다. 제임스 사이먼스나 에드워드 소프 같은 퀀트 투자자들이 그들의 알고리즘을 공개할 리도 만무하고요.

두 번째 허들까지 통과한 투자자, 즉 실제 훌륭한 성과를 냈으면서도 후학들이 참고하기에 풍부한 자료를 남긴 사람들은 손에 꼽을 정도입니다. 앞으로 소개할 투자자들이 바로 그들입니다. 벤저민 그레이엄, 워런 버핏, 피터 린치, 필립 피셔, 조지 소로스, 앙드레 코스톨라니[33] 등이 바로 그들입니다.

이제 우리는 세 번째 허들을 고려해야 합니다. 저들이 무언가를 알려준다고 한들, 내가 그걸 배울 역량이 될까요?

벤저민 그레이엄은 컬럼비아대학을 차석 졸업하고, 졸업과 동시에 철학, 수학, 영문학, 법학과에서 강의를 해달라는 제안을 받을 정도로 수재였습니다. '파이 베타 카파'라는 미국 최우등생 모임에도 소속되었습니다. 다양한 헤지펀드 기법의 선구자이기도 했고, 대량의 지분을 확보해서 기업과 싸움을 벌이기도 했습니다.

워런 버핏은 아버지가 4선 하원의원이었고, 정치를 하기 전에는 주식중개인이었습니다. 버핏은 아버지로부터 쉽게 주식을 접할 수 있었고, 어렸을 때부터 다양한 사업을 하면서 돈을 버는 경험을 쌓았습니다. 현재도 펀드매니저라기보다는 '보험업 기반의 지주회사 경영자'라고 부르는 게 더욱 적절합니다. 파트너십 시절을 비롯하여 현재까지도 그는 다양한 방법으로 보통 사람이 사용할 수 없는 레버리지를 사용하였습니다. 그레이엄과 마찬가지로 비상한 두뇌의 소유자이기도 하고요.

피터 린치는 전 세계에서 가장 큰 펀드를 운용하면서 피델리티라는 거대한 회사의 자원을 마음껏 사용할 수 있었습니다. 힘겨운 어린 시절을 보내긴 했지만 지적 능력이나 인맥 등 물려받은 자원이 보통 사람보다는 월등했습니다.

이야기가 너무 비관적으로 흘러갔나요? 우리가 대가의 원칙을 배우는 데 있어서도 주의할 점이 많다는 이야기일 뿐입니다. 거듭 말씀드리지만 '어렵다'와 '불가능하다'는 다릅니다. 어차피 모든 사람은 다릅니다. 내가 저 사람을 완전히 복제하는 것이 불가능하다고 해서 배울 점이 없다는 뜻은 전혀 아니지요.

이 세 사람은 각자 다른 길을 걸었으면서도 지적으로 상당히 유사한 사고 체계를 공유합니다. 그레이엄은 버핏이 스스로 제자가 되기를 자처한 사람입니다. 버핏은 누구나 알다시피 세계 최고의 투자자고요.

버핏은 피터 린치의 책을 재미있게 읽고는 본인의 연차 보고서에 피터 린치의 글을 인용하기도 했습니다.

세 사람은 각자 다른 환경에서 자랐고, 사용할 수 있는 자원도 서로 너무나 달랐습니다. 그러나 그들 간의 투자법에는 유사성이 있고, 검증된 훌륭한 성과를 냈습니다. 우리가 참고할 수 있는 문헌도 워낙 많기 때문에, 전반적인 사고 체계를 재정립해볼 수도 있습니다.

그러므로 이 세 사람의 사고 체계를 살펴보는 것이 처음 시작하는 투자자로서 당연한 출발점이 되어야 합니다.

켄 피셔는 버핏의 투자법을 잘 정리한 한 책에서 이렇게 이야기했습니다. "버핏처럼 되기 위하여 이 책을 활용해서는 안 된다. 당신은 워런 버핏이 될 수 없다. 만약 당신이 워런 버핏이 되려고 시도한다면 고통을 받을 것이다. 버핏의 아이디어를 이해한 다음 그 아이디어를 받아들여 당신의 투자법과 합칠 수 있도록 이 책을 활용하라."[34]

애드윈 애벗의 소설 《플랫 랜드》의 주인공은 2차원 세계에 사는 '사각형'입니다. 어느 날 주인공은 3차원의 존재인 '구'를 마주합니다. '구'는 '사각형'에게 3차원의 개념을 알려주려고 열심히 시도하지만 '사각형'은 그 세계를 도저히 이해할 수 없습니다. 그러나 소설 후반부에 '사각형'은 3차원 세계를 이해하고, 나아가 4차원 세계가 존재할 수 있다는 것도 추론해냅니다. 오히려 '구'가 당황하면서 그런 세계는 존재하지 않는다고 하는 장면은 소설의 백미입니다.[35]

누구나 처음에는 다른 사람으로부터 배우지만, 결국은 각자의 길을 걸어가지 않겠습니까. 우리 모두는 각자의 원칙을 쌓아나가야 합니다. 투자가 무엇인지에 대해서 깊이 고민하고, 나만의 경험과 의사결정 체계를 쌓아나가는 것이 우리가 가야 할 길이라면, 대가들의 발자취는 분명 아주 밝은 등불이 될 수 있습니다. 나의 길을 열심히 걷다 보면 어느새 내가 걷는 길이 거인의 어깨 위로 이어져 있음을 깨닫는 날이 올 수도 있지 않겠습니까. 이제 한 걸음씩 가볼까요?

아참, 빠뜨릴 뻔했네요. 2권의 3부부터는 기업분석과 의사결정의 전반적인 프로세스와 주의사항 등을 다룹니다. 기업 재무에 대한 아주 기초적인 내용은 알고 있다고 가정하고 넘어갈 것입니다. 그러니 재무제표를 전혀 읽을 줄 모르는 분은 재무제표의 기초를 알려주는 책을 아무거나 하나 사서 미리 읽어두시기 바랍니다. 이제, 출발합니다.

6 그레이엄, 여전히 너무나 저평가된

벤저민 그레이엄부터 시작해봅시다. 세계 최고의 투자자로 불리는 워런 버핏이 스승으로 모시는 사람이 바로 벤저민 그레이엄입니다. 버핏뿐만 아니라 월터 슐로스, 빌 루안, 빌 애크먼, 세스 클라만 등 글로벌탑 레벨 투자자들이 그로부터 영감을 받았습니다. 뛰어난 투자자에서 그치는 게 아니라, CFA 제도 도입, 책 출간 등으로 건전한 투자 방법론을 퍼뜨리는 데 크게 기여하였습니다. '거인' 중에서도 반드시 첫 번째로 이야기해야만 하는 사람입니다.

1894년생인 그레이엄은 1914년 NHL_{Newburger, Henderson & Loeb}이라는 회사의 주식중개인으로 사회에 첫 발을 디딥니다. 이곳에서 그는 애널리스트로 일하면서 명성을 쌓고, 지인들의 신탁 계좌를 관리하기 시작

합니다. 1923년 재력가 해리스Harris 형제의 자금을 받아 '그레이엄 코퍼레이션'을 창업합니다만, 2년 반 만에 청산합니다. 이후 1926년에 '벤저민 그레이엄 조인트 어카운트'를 설립하여 펀드를 운영합니다. 1936년에 이 회사는 '그레이엄-뉴먼 코퍼레이션'과 '뉴먼 앤드 그레이엄'으로 분할됩니다.[36] 30년간 회사를 운영한 후, 1956년에 회사를 청산하고 1976년 사망할 때까지 강의와 저술, 그리고 취미 생활에 집중합니다. 그는《증권분석》과《현명한 투자자》라는 혁신적인 두 권의 책을 각각 1934년과 1949년에 펴냈습니다.

성과를 보자

투자자로서 그가 거둔 성과는 어떠할까요? 벤저민 그레이엄의 수익률을 검색해보면 '20년간 연 20%가량의 수익률을 올렸다', '당시 비교지수는 연 12% 수준이었고, 그레이엄은 연 10%p 정도의 초과수익을 거두었다' 정도의 설명이 있습니다. 아마 〈표 5-1〉에서 본《초과수익 바이블》에서 인용하는 수치도 이 수치일 겁니다.

이 수익률의 출처는 어디일까요? 그가 쓴 책《현명한 투자자》의 후기에 이런 문장이 나옵니다. "수백만 달러인 우리 운용자산의 연 수익률은 평균 20% 수준이었으므로, 고객들이 매우 만족했다."[37] 그냥 본인이 본인 입으로 수익률을 이야기한 게 다인가요? 좀 더 찾다 보면 시장

수익률 대비 2.5%p의 초과수익을 거두었다는 이야기도 있으니,[38] 도대체 뭐가 맞는지 혼란스럽습니다.

우리가 공부하고자 하는 첫 번째 '거인'인데, 이렇게 두루뭉술하게 넘어갈 수는 없습니다. 그렇지만 그가 활동하던 시대는 현재와 같은 펀드 제도가 정착하기 전이어서, '수익률이 이만큼이었다'라고 딱 떨어지는 자료를 찾기가 어렵습니다. 그래서 직접 만들어보았습니다. 여기저기 흩어져 있는 자료를 모아보면 그레이엄의 수익률은 〈표 6-1〉과 같습니다(엄밀한 수치는 아니지만 대략의 흐름을 파악하는 데는 무리가 없습니다. 이 자료를 만드는 과정은 부록에 실어놓았습니다).

표 6-1

벤저민 그레이엄의 투자 수익률

기간	그레이엄	S&P 500 총수익률	초과수익
조인트 어카운트(1926~1935)	6.1%	5.8%	0.2%p
대공황 이전(1926~1928)	35.7%	30.2%	5.5%p
대공황 시기(1929~1932)	-26.0%	-22.8%	-3.2%p
대공황 극복기(1933~1935)	33.9%	30.9%	3.0%p
그레이엄-뉴먼 코퍼레이션(1936~1956)	16.5%	12.3%	4.1%p
1936~1941 산술평균	11.8%	-0.6%[39]	12.4%p
1942~1945 산술평균	26.3%	26.0%	0.3%p
1945~1956 연환산	15.7%	18.4%	-2.7%p
전체 시기(1926-1956)	13.1%	10.2%	2.8%p

*각 시기의 수익률은 연환산 기하평균 수익률. 1936~1941, 1942~1945 시기는 산술평균 수익률

벤저민 그레이엄이 활동한 약 30년간의 수익률은 연 13% 수준으로, 비교지수 10% 대비 3%p 정도의 초과수익을 거두었습니다. 어떤가요? 켄 피셔[40]처럼 엄청나게 많은 자금을 운용한 것도 아닌데 이 정도의 수익률이라니, 그다지 감흥이 없습니다. 그리고 본인이 이야기한 20%라는 수치와도 꽤 차이가 있는데, 20%의 근거는 뭘까요?

이 수익률에는 함정이 있습니다. 미국의 회사형 펀드는 우리가 흔히 아는 신탁형 펀드와 다른 구조입니다. 주주들의 자금을 모아서 법인을 세우고 그 법인의 자금으로 그냥 주식을 운용하는 겁니다. 신탁형 펀드는 펀드 운용자(집합투자업자, 흔히 자산운용사라고 합니다)와 펀드(집합투자기구)를 엄격하게 구분합니다. 한국에서는 대부분이 신탁형 펀드입니다. 신탁형 펀드에서는 운용자와 펀드가 구분되기 때문에, 운용자가 가져간 보수를 명확하게 구분할 수 있습니다. 회사형 펀드에서는 운용자가 가져가는 급여와 성과보수가 모두 회사의 운영비로 처리되기 때문에, 보수 차감 전 수익률과 차감 후 수익률을 명확히 구분하기 어렵습니다.

예를 들어 '그레이엄-뉴먼 코퍼레이션' 1953년 주주서한을 보면, 펀드 순자산은 629만 달러(주당 1,257.85달러)에서 727만 달러(주당 1,453.55달러)로 늘어났습니다. 이에 따라 수익률은 15.6%입니다. 그런데 그 사이에 나가는 비용이 상당히 많습니다. 경영진 급여 7만 2,000달러를 포함한 이런저런 회사 유지비가 13만 5,000달러(기초 순자산의 2.1%)입니다. 수익에 대한 성과보상으로 가져간 돈이 19만 5,000달러(기초 순자산의 3.1%)입니다. 주식운용에서 나온 투자 수익은 131만 달러로 기초 순자산 대비 20.8%였습니다만, 각종 비용과 성과보상으로 5.2%p가 차감되고 15.6%가 남았습니다. 물론 '고객이 가져간 수익률'이라는 측면에서 보수 차감 후 수익률이 중요하긴 한데요. 순수하게 그레이엄의 투자 실력을 보고자 한다면 15.6%가 아닌 20.8%를 보아야 되겠습니다.

그레이엄의 펀드는 펀드매니저가 수익률 6% 초과분의 20%를 성과보수로 가져가는 구조였습니다. 요즘보다 꽤 높은 비용구조인데,[41] 이조차도 당시의 관행에 비춰보면 '어이없이 낮은' 비율이었다고 합니다.[42] 그 당시의 월스트리트는 뭐랄까, 지금도 별로지만 그때는 더 나빴달까요. 손실은 부담하지 않으면서 이익은 왕창 나누는 모럴 해저드의 온상 같은 곳이었습니다.

질문을 하나 드리겠습니다. 1930년대, 1940년대에 활동한 다른 펀드매니저를 아십니까? 피터 린치는 1977년에 운용을 시작했습니다. 랄프 웬저는 1970년이고요. 조지 소로스는 1969년, 에드워드 소프도 1969년입니다. 현재까지 널리 알려진 펀드매니저 중에 벤저민 그레이엄을 제외하고 가장 오래된 사람은 1954년에 운용을 시작한 존 템플턴입니다. 투자자문사를 포함한다면 1931년에 회사를 차린 필립 피셔가 있고요. 워런 버핏의 또 다른 영웅인 필립 캐럿이 펀드를 시작한 시기는 1928년입니다. 개인투자자까지 넓혀보면 그레이엄보다 이른 시기

122

에 활동한 유명한 투자자는 제시 리버모어(1877~1940) 정도입니다.

　그레이엄이 활동한 시기는 말하자면 신화의 시대에서 역사의 시대로 전환되는 과정이었다고도 볼 수 있습니다. 제시 리버모어의 시대는 대니얼 드루, 제이 굴드, 제임스 피스크 등 영화에서나 볼 법한 주가조작 세력들이 판치던 시기였습니다. 주식중개인이 '전문가'랍시고 고객의 주식 매매를 대행해주긴 했지만, 현대의 방식으로 검증 가능한 기록을 남긴 건 아니었습니다. 그러다가 합자회사(파트너십)의 형태로 여러 고객의 자금을 한 바구니에 모아서 운용해주는 형태가 생겨났고, 이 구조를 '펀드'라고 부르기 시작했습니다.[43]

　펀드에서는 어떤 주식을 사고파는지, 어디에 어떤 비용이 나가는지가 불투명했습니다. 수익 구조는 고객에게 현저히 불리했고요. 당연히 펀드의 장기 수익률은 형편없었겠지요. 수많은 펀드매니저가 고객에게 '약을 팔다가' 사라져갈 때, 벤저민 그레이엄은 그 비용들을 감당하고도 고객에게 지수 이상의 수익률을 가져다준 것입니다. 그것도 대공황을 포함한 30년 동안이나요. 사실 우리가 이렇게 수익률을 추정할 수 있다는 것 자체가 기적같은 일입니다. 벤저민 그레이엄은 신화 시대에서 역사 시대로 넘어오는 과정에서 독보적인 성과를 내면서 **살아남았기 때문에** 이런 기록을 후대에 전달할 수 있었습니다.[44] 투자를 업으로 삼는 모든 사람의 시조라고 보아야 할 것입니다.

저명한 기자인 로저 로웬스타인은 그레이엄에 대해서 이렇게 평했습니다. "주식시장이라는 불가사의하고 험악한 도시에서 처음으로 믿을 만한 지도를 제공한 이가 바로 그레이엄이었다. 그는 주식 선정에 방법론적 토대를 깔아주었다. 그 이전까지 주식 선정은 도박에 가까운 사이비 과학이었다."[45] 《슈퍼머니》의 저자 애덤 스미스는 이렇게도 이야기했습니다. "그 이전에는 전문 직업이 존재하지 않았으며, 그 이후에 사람들은 그것을 금융 분석이라고 불렀다."[46]

그렇다고는 해도, 현재를 살고 있는 우리가 열을 올려가며 그레이엄으로부터 무언가를 배워야 할 필요가 있을까요? 커리어 후반부에 그의 수익률은 썩 좋지 않았습니다.[47] 1950년 1월부터 1956년 1월까지 6년 중 5년을 지수보다 못한 성과를 냈습니다. 급기야 1956년에는 펀드를 청산해버리지요. 그렇다면 그의 방법론은 1930년대에나 통하던 낡은 기법일까요? 벤저민 그레이엄은 변화에 적응하지 못한 시조새일까요? 공룡 화석은 박물관에서 구경할 대상이지, 우리에게 원칙을 가르쳐줄 스승은 아닌 것 같은데 말입니다.

이를 반증하는 한 가지 결정적인 사례가 있습니다. 바로 '가이코GEICO'입니다. 공무원 대상으로 자동차보험을 판매하는 이 회사에 그레이엄은 너무나 큰 매력을 느낀 나머지 펀드 재산의 4분의 1을 털어서 회사 지분의 50%를 인수합니다. 그러나 규제 때문에 보험사 보유 지분이 10%를 초과할 수 없었으므로, 펀드 1주당 가이코 1.08주를 펀드 주주들에게 현물로 배당하였습니다.[48] 그러면서 그레이엄은 고객들에게도 가이코를 계속 보유할 것을 권했고, 스스로도 죽는 날까지 가이코를 보유했습니다.

가이코 1.08주의 시장가치는 당시 27달러였는데, 이를 펀드 청산 시점인 1956년 8월 20일까지 그대로 보유하고 있었다면 506달러가 됩니다. 현물 배당을 하지 않고 1949년 1월 말부터 청산 시점까지 가이코를 계속 가지고 있었다면 펀드의 가치는 6.17배로 늘어납니다.[49]

이를 반영하면 1945~1956년간의 수익률은 연 23.2%로, 비교지수 18.4%를 뛰어넘습니다. '그레이엄-뉴먼 코퍼레이션' 시절인 1936~1956년은 20.5%, '그레이엄 조인트 어카운트' 시절을 포함한 1926~1956년은 15.7%가 됩니다. 여기에 아까 계산한 대로 약 5%p 정도의 비용을 환입한다면 30년간 약 21% 수익률, 지수 10% 대비 11%p 초과수익을 달성하였습니다. 엄청난 성과입니다. 30년이라는 장기간에 걸쳐 20% 이상의 절대수익, 지수 대비 10%p 이상의 상대수익을 냈다면, 스승으로 삼기에 충분합니다.

배울 수 있는가

그레이엄의 탁월한 면모는 그 자신이 훌륭한 투자자였을 뿐 아니라, 다른 사람에게 투자를 잘하는 방법을 알려주기 위해 각고의 노력을 다했다는 점입니다. 이는 버핏을 비롯하여 누구도 범접할 수 없는 업적입니다. 그레이엄의 노력이 없었다면 애초에 이 책이 나올 수도 없었습니다.

그의 유지를 이어받은 다른 투자자들의 성과는 어떠할까요? 워런 버핏은 1984년에 '그레이엄 도드 마을의 위대한 투자자들The Superinvestors of Graham-and-Doddsville'이라는 글을 썼습니다. 초과수익의 가능성, 그리고 그레이엄의 가르침이 얼마나 큰 의미가 있는지를 입증하는 글입니다.

기본 논지는 4장에서 소개한 귀무가설과 유사합니다. 누군가 초과수익을 냈더라도 이를 단순히 운이 좋아서라고 치부하는 사람들은 언제나 있습니다. 2억 2,500만 마리의 오랑우탄이 동전을 던져 앞면인지 뒷면인지 맞히는 게임을 20번 연속으로 하면, 20번 연속으로 동전을 맞힌 '기적의 오랑우탄'이 215마리가 나옵니다. 즉 결과가 순전히 운에만 좌우된다 하더라도 샘플이 충분히 많으면 수백 건의 특이한 케이스를 발견할 수 있다는 뜻입니다(2억 2,500만은 당시 미국 인구입니다).

버핏이 지적하는 사항은 이렇습니다. 2억 2,500만 마리의 오랑우탄이 게임을 해서 20번 연속으로 맞힌 오랑우탄이 215마리 나오는 건 놀라운 일이 아닙니다. 그런데 그중 40마리가 오마하라는 특정한 지역 동물원 소속이라면 이건 뭔가 이상한 일입니다. 심지어 그 원숭이들을 한 명의 사육사가 관리하고 있다면, 정말로 뭔가가 있다고 생각해야지요.

표 6-2

그레이엄 도드 마을의 위대한 투자자들의 수익률

투자자	기간	수익률	비교지수	초과 수익률	비교지수 종류
월터 슐로스	1956~1984	16.1%	8.4%	7.7%p	S&P 500
톰 냅(트위디 브라운)	1968~1983	16.0%	7.0%	9.0%p	S&P 500 TR
워런 버핏(버핏 파트너십)	1957~1969	23.8%	7.4%	16.4%p	DOW
빌 루안(세콰이어 펀드)	1970~1984	18.2%	10.0%	8.2%p	S&P 500 TR
찰스 멍거	1962~1975	13.7%	5.0%	8.7%p	DOW
릭 게린(퍼시픽 파트너스)	1965~1983	23.6%	7.8%	15.8%p	S&P 500
스탠 펄미터 (펄미터 인베스트먼츠)	1965~1983	19.0%	7.0%	12.0%p	DOW

출처: https://www8.gsb.columbia.edu/articles/columbia-business/superinvestors

10년 넘는 기간 동안 초과수익을 내기는 엄청나게 어렵다고 앞서 여러 번 말씀드린 바 있습니다. 그런데 그레이엄의 '사고 체계'를 공유하는 사람 중에서는 그 정도 성과를 달성한 사람을 어렵지 않게 발견할 수 있습니다. 그들의 수익률은 〈표 6-2〉와 같습니다.

월터 슐로스, 톰 냅, 워런 버핏은 그레이엄-뉴먼 코퍼레이션의 직원이었습니다. 이 회사에는 직원이 딱 네 명 있었습니다. 그중 성과를 추적할 수 있는 세 명의 수익률이 위 표와 같습니다. 빌 루안은 컬럼비아 대학에서 그레이엄의 수업을 들었습니다. 버핏은 본인의 투자조합을 해산하면서 고객들에게 빌 루안에게 돈을 맡기라고 추천하기도 하였습니다. 찰리 멍거는 워런 버핏의 파트너입니다. 그레이엄이 투자회사를 정리한 후 거주하던 곳 근처에 살면서 그레이엄과 교류한 사이입니다. 릭 게린은 찰리 멍거의 친구입니다. 스탠 펄미터는 워런 버핏과 같은 건물의 사무실을 쓰던 사람이었습니다.

결과를 보고 사람을 추려내지 말고 사람을 추려낸 다음에 결과를 봐야 결과의 타당성이 큽니다. 이 사람들은 버핏 주변에서 그레이엄의 투자에 관한 사고 체계를 공유하는 사람들이었습니다.[50] 그들 가운데에 초과수익을 내는 사람의 빈도가 전체 평균보다 아주 높게 나온다면, 여기에는 '무언가가 있다'라고 생각해보아야 하지 않을까요?[51]

그레이엄은 높은 수익률을 달성했습니다. 대공황 시기에 활동했던 투자자 중에서 우리가 '수익률'을 계산해볼 수 있는 유일한 사람이며, 우리가 그 계산을 시도라도 해볼 수 있는 이유는 그가 압도적인 수익률로 고객에게 돈을 벌어다 주었기 때문입니다. 한편 그레이엄은 그 자신이 훌륭한 투자자이면서 동시에 다른 사람도 따라 할 수 있는 투자 체계를 갖추어서 전파하였습니다.

그레이엄이 거인의 어깨로 가는 시작점이 되는 것에는 의문의 여지가 없어 보입니다. 자, 그럼 우리는 이제 어떻게, 어디서 그 가르침을 배워야 할까요?

이쯤에서 슬슬 페이지를 빠르게 넘기려는 충동을 느끼는 분들이 꽤 있으실 겁니다. '아, 그레이엄? 가치투자 얘기하려고? 저PER, 저PBR 사면 된다고? 알지 알아.' 이런 생각이 드시는 분들, 죄송합니다만 그동안 헛공부하셨습니다. 그레이엄의 정수는 그런 단순한 숫자놀음에 있지 않습니다.

글렌 아널드는 《가치투자의 거장들》에서 그레이엄의 투자에 대해 이렇게 언급한 바 있습니다. "나는 오늘날 대단한 가치투자로 통하는 단순하고 왜곡되며 조악한 '분석'을 말하려는 것이 아니다. 경제지에서 자주 홍보되는 현재의 기형적이고 유치한 방법은 높은 배당금의 주식을 매수하거나 저PER 주식을 매수하는 것보다 더 큰 지적 근거가 없다. 그레이엄의 가치투자는 그보다 훨씬 더 정교했다."[52] 그리고 이렇게도 말합니다. "터무니없이 단순한 기준을 사용하는 월가나 그 밖의 다른 곳에 있는 가치 펀드는 하이테크에서 최신 유행을 따르는 사람들만큼이나 그레이엄의 생각에서 멀어져 있다."[53]

그레이엄이 투자에 있어서 '가치'라는 개념을 매우 중요시한 건 사실입니다. 그러나 투자에 '가치' 개념을 도입한 것과 현재 우리가 '가치투자'라고 부르는 것과는 상당한 거리가 있습니다. 마치 애덤 스미스가 《국부론》에서 실제로 펼쳤던 주장과 현재의 시장방임주의자들이 애덤 스미스의 '보이지 않는 손'을 인용하면서 하는 주장이 상당히 동떨어져 있듯이요.[54]

자, 그럼 그레이엄의 '사고 체계'를 알아보려면 어떻게 해야 할까요? 당연히 그가 쓴 책을 직접 읽어봐야겠지요. 그는 1934년에 《증권분석》을 썼습니다. 이 책은 기업분석과 재무분석 교과서에 가깝습니다. 접근하기가 쉽지 않습니다. 그레이엄은 1949년, 《증권분석》의 핵심만 추려서 대중들이 알기 쉽게 새로운 책을 씁니다. 그게 바로 《현명한 투자자》입니다. 《증권분석》까지 읽어볼 필요는 없지만, 《현명한 투자자》는 반드시 읽어야 합니다. 이 책에 쏟아진 찬사는 셀 수 없이 많지만, 하나만 꼽아보겠습니다.

"마치 신을 발견한 것 같았다."
| 워런 버핏[55] |

그러나 현시점에서 《현명한 투자자》 또한 딱딱하고 어렵긴 마찬가지입니다. 어지간한 지적 역량이 있는 사람이 아니고서야, 채권부터 시작하는 장황한 이야기와 거의 100년은 지난 것 같은 사례들에 숨이 막힐 것입니다. 아무래도 가이드가 있으면 좀 더 읽기가 수월할 듯합니다. 그 가이드는 역시나 그의 수제자인 워런 버핏이 되겠습니다.

버크셔 해서웨이의 주주총회에서 버핏은 그레이엄이 남긴 말들과 《현명한 투자자》를 수없이 언급합니다. 버핏은 《현명한 투자자》에 대하여 "내가 지금까지 한 모든 투자에서 이 책을 산 투자가 최고였습니다"라고 찬사를 보낸 바 있습니다.[56] 그는 주주총회의 수많은 질문에 대답할 때, 긴 말 필요없고 그냥 이 책을 읽어보라고 권하곤 합니다. 특히 8장과 20장을 강조합니다. 여기에는 무슨 내용이 있을까요?

버핏은 1995년 연차총회에서 이렇게 언급합니다. "《현명한 투자자》에서 그레이엄은 중요한 개념 세 가지를 설명했습니다. **주식은 기업의 일부로 보아야 하고, 시장을 보는 적절한 관점을 유지해야 하며, 적정 안전마진을 확보해야 한다**는 것입니다."[57] 이 내용은 1997에도, 2013년에도 반복해서 나옵니다. 그레이엄과 그의 책에 대해서 마르고 닳도록 언급하는 버핏이 토씨 하나 안 틀리고 이 말을 반복한다면, 아마도 이 내용이 그레이엄 투자 체계의 정수일 가능성이 크지요. 하나씩 살펴봅시다.

레슨 1. 주식은 사업에 대한 소유권

코로나19가 한창이던 2020년에 버핏은 이렇게 이야기합니다. "우리는 주식이 기업의 일부라고 항상 생각합니다. 그러나 사람들이 주식을 대하는 태도는 다릅니다. 주식은 분 단위로 가격이 형성되며 언제든 매매할 수 있어서 사람들은 매 순간 평가가 필요하다고 생각합니다. 하지만 그것은 정말 어리석은 생각입니다. 1949년 벤저민 그레이엄이 내게 가르쳐주었습니다. **주식은 차트에 따라 가격이 오르내리는 종이 쪼가리가 아니라 기업의 일부라고 말이지요.**"[58]

주식은 사업에 대한 소유권입니다. 2장을 꼼꼼히 읽은 독자라면 이 개념이 어색하지 않을 것입니다. 주식을 소유한다 함은 사업자에게 그냥 돈을 갖다 바치고, 모든 이해당사자 중에서 가장 나중에 돌려받겠다는 선언입니다. 기업의 자기자본을 잘게 쪼갠 증권이 주식이고, 따라서 주식은 미래에 늘어날 자기자본만큼의 가치를 지닙니다. 자기자본이 많이 늘어나려면 경영진이 사업을 잘해야 하니까 경영진의 역량이 중요하고, 또한 그 역량을 나를 위해서 쓰지 않으면 회사가 아무리 돈을 벌어봤자 내 것이 아니기 때문에 경영진의 정직함이 중요합니다. 이러한 두 요소가 주식의 가치를 형성합니다.

그레이엄 '사고 체계'의 핵심은 '가치 기반 사고value mindset'입니다. 주식은 사업을 대변하고, 사업은 고유의 가치를 지닙니다. 내가 사업을 하는 사람이라면 내 사업을 얼마의 가격이면 만족스럽게 매각할 수 있을지, 타인의 사업을 인수한다면 얼마의 가격에 만족스럽게 인수할 수 있을지에 대한 기준을 가지고 있을 것입니다.

어찌 보면 당연하고 뻔한 이야기일 수 있는 이 개념이 왜 벤저민 그레이엄의 가르침 중 가장 첫 번째로 등장할까요?

혁신적인 아이디어는 언제나 '안티테제'를 가집니다. 기존에 광범위하게 받아들여지고 있던 어떤 '관념'에 반기를 듭니다. '주식은 사업에 대한 소유권'이라는 개념이 저항하고자 했던 관념은 무엇이었을까요?

그 관념은 바로 주식을 '무가치한 도박 도구'로 보는 시각입니다.

그레이엄이 《증권분석》을 처음 펴낸 때는 1934년이었습니다. 이 시기는 어떤 시기였을까요? 우리가 흔히 '페드Fed'라고 부르는 '연방준비제도'가 설립된 게 겨우 1913년입니다. 1914년부터 1918년은 제1차 세계대전이 있었고, 미국은 대호황을 누렸습니다. 19세기의 철도에서 20세기의 자동차로 산업의 주역이 넘어갔고, 하이테크였던 냉장고와 세탁기 등 전자제품의 소비도 급증했습니다. 1920년대의 대호황과 그 뒤를 이은 대공황, 그 여파에서 조금씩 회복되고 있던 때가 바로 1934년이었습니다.

분위기가 어떠했을지 조금 짐작이 가시나요? 매일 들려오는 전쟁 근황, 곡물 가격 변동, 신기술 도입 등에 따라서 주가가 극심하게 움직였습니다(꽤 익숙하지 않나요? 우리는 '지금'이 '유례없는' '격변기'라고 생각하지만, 늘 자기 눈 앞에 있는 변화가 가장 커 보이는 법입니다).

주식가격과 기업가치 사이의 관계가 최초로 조명받은 것은 1924년이 되어서였습니다. 에드거 스미스는 《장기투자 대상으로서의 주식》에서 "자사의 주가를 올리고 싶은 경영자들에게 기업의 가치를 높이는 것보다 더 좋은 방법은 없다"고 했습니다.[59] 이 시기에 주식을 거래하는 사람들의 관심사는 큰손들이 어떤 주식을 사고 있는지, 남보다 더 빨리 어떤 정보를 획득할 수 없는지 등이었습니다. 그런 분위기에서 벤저민 그레이엄은 주식의 이면에 있는 '기업'을 보라고 외쳤던 것이지요.

주식에 아무런 가치가 없다고 가정해봅시다. 그렇다면 주식의 가격은 그저 사는 쪽이 급하게 사면 오르고, 파는 쪽이 급하게 팔면 떨어질 뿐입니다. 이때 투자자들은 어떻게 해야 돈을 벌 수 있을까요? 가격의 움직임 자체, 그 가격을 이끄는 수급 주체들, 누가 무슨 생각으로 사고 파는지 등을 잘 관찰해야겠지요. 힘있는 세력에 빨리 붙어서 나보다 더 늦게 따라오는 사람에게 더 비싼 값에 내 물량을 떠넘기면 이기는 게임입니다(이런 방법으로 돈을 버는 게 불가능하다고 할 수는 없겠습니다만, 5장에서 말씀드렸다시피 그 기법을 복제하기가 어렵습니다).

주식이 어떠한 가치를 지니는 물건이라고 생각하면, 가격 변동은 내가 그 물건을 싸게 사거나 비싸게 팔 수 있는 기회일 뿐입니다. 1만 원짜리 티셔츠를 5,000원에 팔고 있다면, 기분 좋게 사서 입을 수 있겠지요. 만약 다음 날 옷가게에 갔는데 같은 티셔츠를 4,000원에 팔고 있다면 어떻게 하시겠습니까? 기분이 썩 좋진 않겠지만, 원하면 하나를 더 살 수도 있겠지요. 혹은 그 티셔츠가 2만 원에 팔리고 있다면요? 더 살 마음은 싹 사라질 겁니다. 어쩌면 어제 산 티셔츠를 되팔 생각도 해볼 수 있겠지요.

'가치 기반 사고'를 갖추지 못한 투자자는 어떻게 행동할까요? 1만 원짜리 티셔츠를 5,000원에 샀다가도, 다음 날 이 티셔츠가 4,000원에 팔리고 있는 걸 보고 기겁해서 다시 집으로 뛰어가서 어제 산 티셔츠를 4,000원에 팔아버립니다. 반대로 오늘 2만 원에 팔리고 있다면 필요하지도 않은 티셔츠를 하나를 더 사버리기도 합니다. 그러고는 내일 티셔츠 가격이 어떻게 될지 전전긍긍합니다.

가치 기반 사고를 하지 않는 투자자는 가격이 오르든 내리든 언제나 불안합니다. 시세 변화를 면밀히 살피고 재빠르게 대응하려고 합니다. 그게 참 쉽지 않아서, 삶이 피폐해집니다. 〈그림 6-1〉과 같은 나날을 보냅니다.

가치를 염두에 두고 의사결정을 하면 〈그림 6-2〉와 같은 삶을 살 수 있습니다. 시장의 가격 변동에 평온해집니다. 매일매일 거시경제에서 새로운 이슈가 터지고, 내 주식의 가격도 출렁이지만, 우리는 그 주식

그림 6-1

가치 기반 사고가 없는 투자자

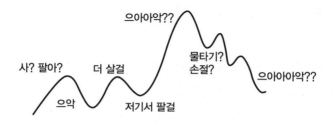

그림 6-2

가치 기반 사고를 하는 투자자

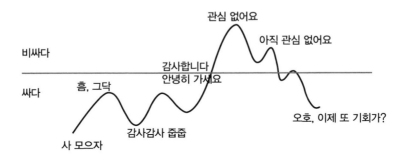

의 이면에 기업이 있고, 기업의 직원들이 오늘도 열심히 일을 하고 있음을 믿을 수 있습니다. 가격은 그저 가격일 뿐이지요.

이런 상황을 버핏은 그의 방식으로 재치 있게 표현합니다. "어떤 자산의 가격이 최근 상승했다는 이유로 그 자산을 사서는 절대 안 됩니다. (중략) 경기는 점수판만 쳐다보는 선수들이 아니라 시합에 집중하는 선수들이 승리합니다. **주가를 보지 않고서도 주말을 즐겁게 보낼 수 있다면 평일에도 그렇게 해보십시오.**"[60]

《현명한 투자자》 8장에서 그레이엄은 초과수익의 원천 두 가지를 '시점 선택timing'과 '가격 선택pricing'이라고 합니다. '시점 선택'이란 오를 타이밍이 되었다 싶을 때 샀다가 하락할 시기가 되었다 싶을 때 파는 방법입니다. '가격 선택'이란 적정가격보다 낮다 싶으면 매수하고, 높다 싶으면 매도하는 방법입니다. 그레이엄은 '시점 선택'은 매우 어렵다고 합니다. 그러나 "현명한 투자자는 가격 선택만으로도 만족스러운 실적을 얻을 수 있다고 확신한다"고 합니다.

타이밍에 연연하는 것은 전문가의 영역이고, 심지어 그 전문가도 타이밍을 제대로 맞히지 못합니다. 그러므로 우리는 시점 선택에 공을 들이지 말고 적정한 가격대를 파악하는 데 에너지를 쏟는 것이 좋습니다.

《현명한 투자자》의 마지막 장인 20장에서 그레이엄은 "가장 사업처럼 하는 투자가 가장 현명한 투자"라고 요약하며 책을 마무리했는데요. 그레이엄은 건전한 사업 원칙을 가지고 성공한 사업가들이 주식시장에서는 그 원칙을 무시하는 사례가 놀라울 정도로 많다고 합니다.

그가 제시하는 사업의 첫 번째 원칙은 자신이 다루는 상품의 가치를 제대로 아는 것입니다. 사업은 이윤을 남기는 일입니다. 내 물건을 만드는 원가가 얼마인지를 알고, 얼마에 팔 수 있을지를 알아야 이윤을 남길 수 있지요. 마찬가지로 주식을 사고팔 때에도 얼마의 가격에 사는 것이 이익이고, 얼마의 가격에 팔아야 손해를 보지 않는지에 대한 자신만의 기준이 있어야 합니다.

그레이엄의 두 번째 사업 원칙은 대리인에게 일을 맡길 수 있는 조건입니다. 대리인의 실적을 충분히 이해하고 감독할 수 있으며, 대리인이 유능하고 정직하다고 믿을 근거가 확실해야 합니다. 사업은 위임의 연속입니다. 사람을 뽑아서 일을 맡길 때에는 우선 내가 그 일에 대해서 어느 정도는 알고 있어야 합니다. 그래야 그 사람이 업무를 하는 방식이나 내놓은 성과에 대해서 나름의 판단을 할 수 있습니다. 투자를 하는 것은 경영진을 뽑아서 내 돈을 굴리라고 맡기는 일입니다. 내가 그 사업이 어떻게 굴러가는지 이해하지도 못하면서 내 돈을 맡기면, 이 경영진이 내놓은 성과를 제대로 분석할 수 없겠죠. 그렇다면 이 사람이 일을 제대로 하는 사람인지, 앞으로도 계속 믿고 맡겨도 될 사람인지 판단할 수 없을 것입니다.

이는 제가 앞서 이야기한, 주식의 본성을 고찰한 결과 나오는 아주 자연스럽고 필연적인 결론입니다. 그러므로 주식이라는 자산을 다룰 때에 '주식은 사업의 일부'라는 개념을 무시한다면, 이는 마치 포커판에서 패를 보지 않고 베팅을 하는 것과 같습니다. 그렇지만 예나 지금이나 주식을 '매일 가격이 변하는 종이 쪼가리'로 취급하고 매매하는 투자자들이 너무나 많습니다. '주식은 사업의 일부'라는 개념은 뻔하고 당연한 이야기가 맞습니다. 중요한 건 그렇게나 뻔하고 당연한 사실을 **너무나 당연한 듯 무시해서 수많은 사람이 낭패를 본다**는 점입니다.

레슨 2. 미스터 마켓

'가장 사업처럼 하는 투자가 가장 현명한 투자다', '내가 다루는 물건이 얼마짜리인지를 알아야 이윤을 남길 수 있고, 사람을 믿고 쓸 수도 있다.' 좋은 이야기입니다. 그래서 이 물건이 얼마짜리인지를 어떻게 알 수 있죠? 그리고 얼마짜리인지를 알 수 있다면, 가격은 왜 그리 심하게 오르락내리락하나요?

이 두 질문에 모두 답이 될 수 있는 한 가지 답변을 드리겠습니다. 자주 떠올릴 문장이니, 이 문장도 그냥 외워버리는 게 좋을 겁니다.

주식은 분명히 가치를 지닙니다. 그러나 그 가치가 얼마인지 모두가 동의할 수 있는 하나의 값으로 계산해낼 수는 없습니다.

시장에는 아주 다양한 사람들이 모입니다. 주식에 가치가 아예 존재하지 않는다고 생각하는 사람도 있고, 가치가 존재한다고 믿는 사람들 간에도 그 가치가 얼마인지에 대해서는 제각각 생각이 다릅니다. 사람들은 의사결정을 할 때 다른 사람의 결정에 상당히 많은 영향을 받습니다. 가격이 오르면 뭔가 좋은 일이 있나 보다 하고 달려들고, 가격이 떨어지면 내가 모르는 무서운 일이 벌어지고 있나 보다 하고 도망치기 바쁩니다. 주식에 가치가 있다손 치더라도, 그게 딱 얼마짜리다라고 누군가 정해주는 게 아니다 보니 가격은 매분 매초 크게 흔들립니다.

버핏은 그레이엄의 두 번째 가르침으로 '시장을 보는 적절한 관점'을 꼽았습니다. 주식시장을 나보다 엄청나게 똑똑한 무서운 무언가로 생각한다면, 그리고 내가 매일같이 싸워서 이겨야 할 대상으로 생각한다면, 이보다 피곤한 일이 없습니다. 우리가 하려는 것은 훌륭한 사업체를 소유하여 그 사업의 과실을 나눠 갖는 일입니다. 시장이란 내가 어떤 사업체를 인수하거나 매각할 일이 있을 때 잠깐 들르는 곳이라고 생각하는 게 좋습니다.

《현명한 투자자》8장 말미에는 이런 우화가 나옵니다. 우리 옆집에는 '미스터 마켓Mr. Market'이라는 사람이 살고 있습니다. 이 사람은 늘 우리 집에 찾아와서 거래를 제안합니다. 그런데 이 사람은 약간 조울증 증세가 있습니다. 어떤 날은 말도 안 되게 비싼 가격을 제시하면서 제가 가지고 있는 주식을 사가겠다고 안달복달합니다. 또 어떤 날은 같은 주식을 그대로 가지고 와서 제발 헐값에라도 가져가 달라고 애원합니다. 좀 안타깝긴 한데, 이 사람에게도 장점이 있습니다. 내가 아무리 제안을 거절해도 상처받지 않고 다음 날이면 또 우리 집을 찾아옵니다. 나는 내 마음에 드는 가격을 미스터 마켓이 제시할 때만 거래에 응할 수 있습니다.

전통적인 관점에서 위험이란 가격의 변동폭, 즉 변동성으로 측정합니다. 일간 변동성이 5%인 자산은 1%인 자산보다 더 위험하다고 가르칩니다. 일상생활에서 우리는 어떤 의미로 '위험하다'는 말을 쓰나요?

내가 무언가 손해를 볼 가능성이 있을 때 위험하다고 합니다.

물론 변동성이 높으면 손해를 볼 가능성도 커지긴 합니다. 그러나 이런 관점은 미래의 주가 변동은 오로지 과거의 주가 변동에만 달려 있다는 가정에 기반합니다. 투자자 간에 기업을 파악하는 능력의 차이가 없고, 과거의 변동성이 미래의 변동성과 동일하다면 변동성이 곧 위험입니다.

그레이엄의 관점에서 위험이란 사업에 대해서 충분한 분석을 하지 않아서 그 사업이 얼마짜리인지 자신만의 판단이 없는 상태에서 투자를 행할 때 발생합니다. 각 투자자는 사업에 대해서 판단하는 능력이 다릅니다. 판단 능력이 부족할수록 타인의 판단, 즉 가격 변동에 휘둘리게 되고 잘못된 선택을 할 가능성이 커집니다.

그림 6-3

교과서에서 이야기하는 위험과 그레이엄이 이야기하는 위험

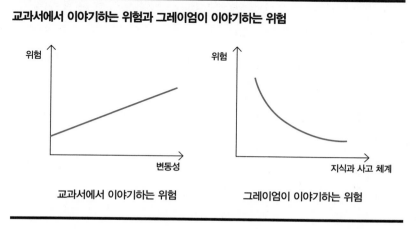

교과서에서 이야기하는 위험　　　그레이엄이 이야기하는 위험

버핏의 1997년 발언을 볼까요. "변동성은 위험이 아닙니다. 주식시장의 일간 변동성이 0.5%든, 0.25%든, 아니면 5%든 우리는 상관하지 않습니다. 사실은 변동성이 커질수록 시장에서 발생하는 실수도 증가할 터이므로 우리가 버는 돈도 더 많아질 것입니다. 진정한 투자자에게는 변동성이 커다란 이점이 됩니다. (중략) 재무학과 교수들은 변동성이 곧 위험이라고 믿습니다. 이들은 위험을 측정하고 싶지만 방법을 몰라서 변동성이 위험이라고 말합니다."[61]

변동성은 모든 투자자가 동일하게 겪는 현상이며 투자자가 통제할 수 없는 요소입니다. 지식과 사고 체계는 각 투자자마다, 상황마다 다릅니다. 어느 정도는 통제할 수 있고, 노력으로 쌓을 수 있는 요소입니다. 학계에서 변동성을 위험이라고 이야기하는 것도 어느 정도 수긍은 갑니다. 학문을 하려면 모든 투자자에게 공통으로 적용할 수 있는 보편타당한 원칙을 발견해야겠지요. 그들의 관점에서 그레이엄의 위험 개념을 받아들인다는 건 '각 투자자가 열심히 하면 승률을 높일 수 있다' 라는 주장이기 때문에 논문으로 써내기가 대단히 곤란합니다. 어쨌거나 그건 교수님들의 사정일 뿐이고, 그들의 논리에서 나온 투자 이론을 투자자들이 채택할 필요는 없습니다. 우리는 노력해서 무언가 바꿀 수 있지 않을까 하는 희망을 품고 여기까지 온 거 아니겠습니까.

시장은 내가 거래를 하고 싶을 때 잠깐 들르는 곳이고, 시장에 들렀을 때 우리가 파악해야 할 건 시장이 제시하는 가격일 뿐입니다. 어제

142

대비, 한 달 전 대비, 내 매수 단가 대비 미스터 마켓이 제시하는 가격이 어떠한지는 고려 사항이 아닙니다. 내가 받아들일 수 있는 '마음 편한 가격', 그리고 받아들일 수 없는 '불편한 가격'이 얼마인지를 파악하는 능력이 가장 중요합니다.

레슨 3. 안전마진

그렇다면 열심히 열심히 기업을 분석한다고 해서 위험이 0에 수렴할까요? 내가 이길 확률이 100%에 가까워질까요? 그렇지 않다는 사실을 그레이엄도 잘 알고 있었습니다.

아무리 많은 정보를 습득한다 하더라도 미래를 확실하게 예측할 수는 없습니다. 아무리 정교한 툴로 가치를 계산한다 하더라도, 그 공식에 들어가는 변수가 미래의 불확실성을 전제로 한 주관적인 값이라면 그 결괏값은 객관적일 수 없습니다(구체적인 가치평가 방법은 2권 10장에서 자세히 다룹니다).

가치를 정확하게 계산해낼 수 없다는 이야기에 실망한 분들이 많을 겁니다. 어쩌겠습니까, 세상이 그런 것을. 그레이엄의 세 번째 가르침, '안전마진'은 세상의 불확실성에 대처하는 방법입니다.

《현명한 투자자》 20장은 아예 제목부터 "투자의 핵심 개념 '안전마진'"입니다. 그레이엄은 이렇게 이야기합니다. "건전한 투자의 비밀을 한마디로 요약한다면, 그것은 '안전마진'이라는 좌우명이다. 안전마진은 지금까지 논의한 모든 투자 전략을 직간접적으로 이어주는 핵심 개념이다."[62]

보통은 안전마진에 대해서 '가능한 싸게 사라'는 뜻이라고 해석합니다. 1만 원짜리를 5,000원에 사면 50% 싸게 사는 것이고, 4,000원에 사면 60% 싸게 사는 것입니다. 싸게 살수록 내가 손해볼 가능성은 작아지고 잠재적인 이익의 폭은 커지겠지요. 그림으로 그리면 〈그림 6-4〉와 같습니다.

그런데 이렇게만 보면 너무 단순해 보입니다. 무작정 싸게 사려고만

그림 6-4

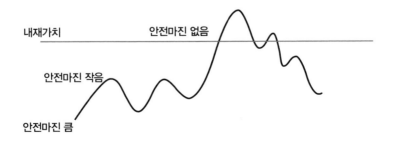

안전마진에 대한 일차적 해석

한다면, 가격이 얼마가 되든 더 싸게 살 기회를 노려야 합니다. 언제쯤 방아쇠를 당겨야 하는지에 대해서 그다지 알려주는 게 없습니다. 30% 싸게 사면 좋은 건가요? 40%는요? 50%는요? 60% 싸게 사면 정말 안전한가요?

그리고 이런 관점으로 접근하면 가격이 오를 때에는 주식을 더 살 수 없습니다. 어제 5,000원이었는데 오늘 5,100원이 되었다면 어제보다 오늘 안전마진이 더 줄어들었기 때문에 더 사기가 굉장히 꺼끄러워집니다. 그러다가 좋은 기회를 많이 놓칩니다.

더욱 중요한 문제는 '내가 틀렸을 가능성'을 고려하지 않는다는 점입니다. 싸게 사려고만 하다 보면 기회는 점점 줄어듭니다. 그러다가 정말로 말도 안 되게 싼 가격을 발견하면 여기에 많은 돈을 투입합니다. 그런데 보통은 싼 건 싼 이유가 있지요. 만약에 내가 계산한 1만 원이라는 가치가 잘못되었다면요? 사실 5,000원이 적당한 가격인데 내가 뭔가를 잘못 생각해서 1만 원이라고 생각한 거라면요?

우리가 안전마진을 확보해야 하는 이유는 미래의 불확실성, 즉 내 예측이 틀릴 가능성 때문인데, 내가 틀릴 가능성을 고려하지 않은 원칙이 의사결정의 핵심으로 들어가는 건 매우 어색합니다.

단순히 '싸게 산다'라는 〈그림 6-4〉의 관점은 지나치게 한정적인 정보를 제공합니다. 이 관점에서의 안전마진은 기대수익률과 동일합니다. '내재가치 대비 50%의 안전마진'은 '기대수익률 100%'와 동일한 의미지요. 그럼 그냥 '기대수익률이 높은 주식을 사라'는 거잖아요? 그레이엄의 투자 원칙이 그렇게 단순할 리가 없습니다.

자동차의 안전벨트를 생각해봅시다. 안전벨트는 왜 매죠? 벨트를 매면 목적지에 더 빨리 도착할 수 있나요? 사고가 났을 때 덜 다치려고 매지 않습니까? 미래가 기대한 대로 흘러갈 때, 즉 사고 없이 무사히 목적지에 도착했을 때 안전벨트는 거추장스러울 뿐입니다. 그러나 예상치 못한 변수, 즉 사고가 발생했을 때 안전벨트를 매지 않았다면 그 결과는 치명적입니다.

안전마진은 원래 공학 용어입니다. 공학에서의 안전마진은 '안전을 보장하는 마진폭'을 의미합니다. 엔지니어들은 평상시에 예상할 수 있는 정도보다 더 이례적인 사태, 예상치 못한 하중 부하와 악조건 등에서 견딜 수 있도록 시스템을 설계합니다. 철저히 위험 관리를 목표로 한 개념입니다.

그레이엄이 묘사한 안전마진도 이와 같습니다. 채권에 투자할 경우 회사가 이자보다 훨씬 많은 이익을 냈다면 향후 회사의 실적이 악화되더라도 손실 가능성은 작습니다. 이자를 겨우 낼 수 있을 정도의 이익을 내고 있다면 실적이 조금만 악화되어도 이자 지급에 문제가 생기겠지요. 이런 경우에 '마진이 없다'고 표현합니다.

　　주식의 안전마진도 이 개념을 차용합니다. 기업이 내는 초과수익이 배당으로 지급되거나, 회사에 누적되어 재투자 이익이 다시 기업가치를 상승시킬 수 있다면 안전마진이 있습니다. 기업이 초과수익을 낼 수 없거나 채권 이자만도 못한 이익수익비율(순이익/주가)을 보여준다면 향후에 이익이 상당히 많이 늘어야 가격을 정당화할 수 있고, 전망이 약간이라도 어긋나면 투자자는 손실을 봅니다.

　　안전마진은 기대수익률뿐만 아니라 '실수에 대한 여유공간'을 포괄하는 개념입니다.[63] 〈그림 6-5〉를 볼까요. 어떤 기업에 대해서 공부를 했다면 미래의 다양한 경로를 그려볼 수 있습니다. 현재 잘되고 있는 본업이 계속 유지될 수도, 망가질 수도 있습니다. 준비하고 있는 신사업이

그림 6-5

시나리오별 적정가격과 안전마진

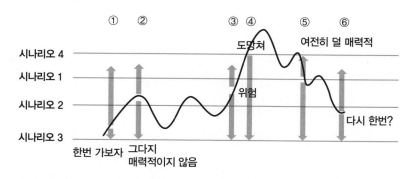

147

대박이 날 수도, 쫄딱 망할 수도 있습니다. 유가나 원재료 등 대외 변수의 변화로 인하여 수익성이 훼손될 수도, 더 좋아질 수도 있습니다.

분석한 기업에 대해서 〈그림 6-5〉처럼 네 가지 시나리오를 썼다고 해봅시다. 각각의 시나리오에 따른 적정가격이 각 가로선입니다. 시나리오 1은 적당히 괜찮은 경우, 시나리오 2는 뭔가가 조금 잘못되었을 경우, 시나리오 3은 일어날 수 있는 범위 내에서 가장 나쁜 시나리오, 시나리오 4는 같은 의미에서 가장 좋은 시나리오입니다.

①에서는 최악의 경우가 발생하더라도 손해의 폭은 그다지 크지 않고, 적당히 괜찮은 경우만 되더라도 수익률이 상당합니다. 매력적인 가격대니까 주식을 사면 됩니다.
②에서는 여전히 상승 여력이 남아 있고, 시나리오 2가 발생했을 때의 손해보다는 시나리오 1에서의 이익이 더 많긴 합니다. 그러나 시나리오 3이 터졌을 때에는 좀 곤란합니다. 취향에 따라 비중을 줄일 수도, 유지할 수도 있습니다. 더 사기에는 애매한 구간이지요.
③에서는 이제 시나리오 1과 2를 비교해보아도 썩 매력적이지 않습니다. 시나리오 4(최상의 경우)가 터져야 괜찮은 수익을 기대할 수 있는데, 그때의 수익률이 시나리오 3(최악의 경우)의 손해율과 비슷합니다. 아무리 좋게 보더라도 매력적이지 않으므로 비중을 줄여야 합니다.

④까지 왔다면 가치 측면에서는 더 기대할 게 없습니다. 다 파는 게 정석입니다. '그래도 세상일은 모르니까'라는 생각이 든다거나, 혹은 '가끔은 도박하는 기분을 내고 싶다'면 아주 최소한의 수량을 남겨놓을 수는 있겠지만요.[64]

⑤는 주가가 고점을 찍고 하락하긴 했지만, 여전히 덜 매력적입니다. ③번 구간과 별로 다를 바 없는데, 사람이란 고점 대비 하락했다는 이유만으로 군침을 흘리곤 합니다. 이럴 때 섣불리 매수하지 않도록 조심해야 합니다.

⑥ 정도는 되어야 다시 한번 진입해볼까 고려할 단계가 되었습니다. 보통 이 단계까지 오면 ①번 구간 대비 시간이 많이 지났기 때문에, 시나리오별 가치평가를 다시 해봐야 합니다. 다시 평가해봐도 매력적으로 보인다면 자신 있게 사면 됩니다.

그레이엄은 사람들의 예측 능력은 한계가 있으므로, 정확한 값이 아니라 범위로 가치를 평가하라고 했습니다. 《증권분석》의 저자인 그레이엄과 도드는 "정확한 체중을 몰라도 비만인지 아닌지 정도는 판단할 수 있다"고 했습니다.[65]

그레이엄의 제자 버핏은 이렇게도 이야기했습니다. "정밀하게 틀리는 것보다는 대략이라도 맞히는 게 낫습니다."[66] 우리가 던져야 할 질문은 '정확히 얼마짜리냐'가 아닙니다. '얼마의 가격이면 마음이 편할 수 있느냐', '얼마의 가격이면 밤잠을 설치는가'입니다.

안전마진 개념은 분산투자와도 밀접하게 연관됩니다. 그레이엄은 "안전마진이 있는 종목에 투자해도 개별 종목에서는 손실이 발생할 수 있다. 안전마진은 이익 가능성을 손실 가능성보다 높여줄 뿐이지, 손실을 방지해주지는 못하기 때문"이라고 했습니다. 아무리 유리한 확률이라 하더라도 그게 승리를 보장해주지 않습니다. 주사위 눈금 여섯 개중 1만 아니면 내가 이기는 게임이라면 분명 유리한 게임이겠지요.[67] 그렇다고 한 번의 게임에 전 재산을 걸면 안 됩니다. 유리할 뿐이지 반드시 승리한다는 건 아니니까요.

《증권분석》에서는 '손님에게 약간 유리하게 설정된 가상의 룰렛 게임'을 예로 듭니다. "모든 숫자에 판돈을 똑같이 건다면, 어떤 숫자가 나오든지 확실하게 적은 금액을 딸 것이다. 이것은 적절한 투자 상황에서 건전한 분석을 바탕으로 투자를 운용하는 것과 같다. (중략) 그러나 그가 판돈을 모두 한 숫자에 건다면, 그에게 약간 유리한 확률보다도 그가 선택한 숫자가 나올 확률이 훨씬 중요해질 것이다. 그는 '분석' 덕분에 행운을 잡을 확률이 약간 높아지기는 하지만, 행운을 잡지 못할 때에는 분석이 무용지물이 된다."[68]

벤저민 그레이엄의 핵심 '사고 체계'는 이 정도로 정리하겠습니다.

1. 주식은 사업의 일부이다. 주식에는 가치가 있다.

2. 그 가치를 정확하게 계산해내기 어렵기 때문에, 그리고 가치를 신경 쓰지 않는 투자

자가 많기 때문에 가격은 매번 왔다 갔다 한다. 내가 가치를 합리적으로 추정해냈다면, 시장의 변동성은 위험이 아니라 기회다.

3. 내가 아무리 가치를 잘 판단했더라도 시장에서는 예상치 못한 일이 벌어진다. 따라서 가능한 한 최악의 경우를 고려하여 안전마진을 확보하고, 여러 아이디어에 분산 투자해야 한다.

많은 사람이 그레이엄의 다음 격언을 인용합니다. "투자에 성공하기 위해서 어마어마한 지성이나 비범한 통찰력, 내부정보는 필요 없다. 필요한 것은 건전한 의사결정 원칙을 갖추고 감정이 그 원칙을 망가뜨리지 않도록 지키는 능력이다."

여기서 '건전한 의사결정 원칙'이 무엇인지 이제는 어느 정도 이해하셨으리라 봅니다.

그런데 말입니다. 그레이엄은 유명한 만큼 오해도 아주 많이 받고 있습니다. 그리고 그 오해로 인하여 아주 많은 투자자가 저조한 성과를 내고, '그레이엄의 원칙이 더 이상 통하지 않는다'라며 비판을 하기도 합니다. 이는 매우 중요합니다.

그레이엄에 대해서는 '사고 체계'를 이해하는 것도 중요하지만 '오해'를 걷어내는 것도 매우 중요합니다. 그레이엄의 유산에 대한 오해를 걷어내지 못하면, 워런 버핏에 대해서도 필연적으로 오해할 수밖에 없고,

그 밖의 수많은 훌륭한 투자자가 건네줄 교훈을 놓치게 됩니다. 도대체 무슨 일이 벌어지고 있는 걸까요?

오해 1. 가치주

제가 늘 곤혹스러워하는 표현이 있습니다. 바로 '가치투자'입니다. 세상에는 '가치투자'라는 용어가 존재합니다. 스스로를 '가치투자자'라고 칭하는 사람들이 많으며, 그들은 벤저민 그레이엄을 그 투자 스타일의 사조로 삼고 있습니다. 거기까진 좋습니다. 뭐라 부르든 간에 벤저민 그레이엄이 훌륭한 투자자였고, 다수의 사람이 실천할 수 있는 사고 체계를 전파한 것은 사실이니까요.

문제는 이를 어설프게 배우고 수용한 사람들, 그리고 그들을 비판하는 사람들입니다. 예를 들어 '가치투자는 저PER 저PBR 주식을 사야만 한다', 'PER이 높은 주식을 사는 건 가치투자 철학을 위반한 것이다'라는 일군의 사람들이 한쪽에 있다면, 그 맞은편에는 '가치투자는 고루한 철학이다. 미래의 성장성을 고려하지 않는다', '이제는 PER이 아니라 PDR로 평가해야 한다' 같은 이야기를 하는 사람들이 있지요.

다 틀렸습니다. 모든. 문장이. 다. 틀렸습니다.

핵심 키워드는 '가치주value stock'입니다. 모든 오해의 근원은 여기에 있습니다. 우리는 다음과 같은 표현을 흔히 접할 수 있습니다. '올해 상반기에는 가치주가 성장주 대비 초과수익을 거두었다', '지난 5년간 가치주가 성장주 대비 저조한 수익을 거두었는데, 이 추세는 조만간 역전될 것으로 보인다' 등등입니다. 이런 문장들에서 전제하는 사항들은 다음과 같습니다. 가치주를 PER, PBR 등 '가치평가 지표'가 좋은 회사로 정의합니다. 그리고 가치주를 성장주와 대비시키는데, 성장주는 매출액이나 영업이익 등의 성장성 지표가 높은 회사들로 정의합니다. 그리고 '가치투자'를 '가치주 투자'로 정의합니다.

일단 팩트부터 찾아볼까요. 그레이엄이 성장 가능성이 큰 주식을 성장주라고 부른 것은 맞습니다.[69] 그리고 성장주에 투자할 때에는 상당히 조심해야 한다고 한 것도 맞습니다.[70] 그레이엄이 PER, PBR 등의 '가치평가 지표'를 중요시한 것도 맞습니다.

그러나 이런 요소들을 근거로 그레이엄의 투자 원칙이 '미래의 성장을 무시하고 저PER, 저PBR 주식을 사야만 한다'라고 하기는 어렵습니다. 《현명한 투자자》 1949년 초판에는 "현명한 투자자라면 성장주를 고르는 데 집중해야 하며, 그것만이 논리적인 것 같다"고 하였습니다.[71] 이후 개정판에서도 "지불한 가격이 과도하지 않다면 이런 주식(성장주)을 매수해 보유하는 것이 매력적인 것은 분명하다"고 하였습니다. 마지막 개정판에서도 "성장주 투자 기법으로도 안전마진을 확실히 얻

153

을 수 있을 것이다. 단, 보수적으로 추정한 미래 실적을 바탕으로 합리적인 가격에 매수한다면 말이다."[72]

《증권분석》도 한번 살펴볼까요. 28장 '보통주 투자의 새로운 원칙'에서는 성장주 투자에 대해 이렇게 정리합니다. "부지런히 연구하면서 노련하고도 현명하게 성장주 투자를 추구한다면, 전반적으로 만족스러운 실적을 거둘 것이다. 따라서 두 가지 요건을 준수한다면, 성장주 투자도 성공적인 투자 기법이 될 수 있다." 그 두 조건은 1) 조심스럽고 회의적인 시각으로 철저히 조사할 것, 2) 신중한 사업가가 비상장기업의 경영권을 확보하려고 할 때 치르는 가격과 비슷한 수준의 가격이어야 할 것 등입니다.

《현명한 투자자》에 '성장주'라는 표현은 69회 나오지만 '가치주'라는 표현은 단 한 번도 등장하지 않습니다.[73] 그레이엄은 가치와 성장을 대비시키지 않았습니다. 책에서 그는 '성장'이라는 이름을 달고 있는 펀드들의 수익률이 썩 매력적이지 않음을 실증적으로 보여주기도 했는데, 이는 성장주 대비 가치주가 우월하다느니 하는 이야기를 하려는 게 아니라, 미래의 성장에 기댄 투자가 위험하다는 걸 강조했을 뿐입니다. 그레이엄은 "현재 숫자로는 근거를 제시하지 못하면서, 주로 막연한 미래 예측을 바탕으로 하는 투자는 위험하다. 그렇지만 실적을 근거로 냉정하게 계산한 가치만을 고수하는 투자도 어쩌면 똑같이 위험하다"라고 하였습니다.[74]

한편, 구글에 '가치주'로 검색한 결과는 43만 건, '성장주'로 검색한 결과는 91만 건 나옵니다. 영어로 검색한 결과도 유사합니다. 'value stock'은 108만 건, 'growth stock'은 200만 건입니다.[75] 어째서 '가치투자'의 창시자인 그레이엄이 쓰지도 않은 '가치주'라는 용어가 이렇게 보편화되었을까요? 우리는 약간의 역사적 맥락과 정치적인 이해관계를 살펴보아야 합니다.

제가 아는 한, 가치와 성장의 대비는 학계에서 일어났습니다. 시카고대학의 유진 파마 교수는 1970년대에 '효율적 시장가설'을 제시했습니다.[76] 시장의 가격에는 모든 정보가 반영되어 있고, 투자자는 초과수익을 낼 수 없다는 가설입니다. 1975년 '바라'라는 회사를 설립한 바 로젠버그와 동료들은 초과수익을 낼 수 있는 '비정상 요소들anomalies'을 연구하였고, 1985년에 시장이 비효율적이라는 연구 결과를 발표하였습니다.[77] 유진 파마와 케네스 프렌치는 1992년의 논문[78]에서 주식의 규모와 PBR 지표가 수익률에 어떤 영향을 미치는지 제시했습니다. 이 자료가 '가치 스타일value style'과 '매력적인 스타일glamour style'의 성과로 인용되면서 가치와 성장 논쟁에 불을 붙였습니다.[79] 이후 다양한 연구가 이루어지고 '바라 리스크 팩터 모델Barra Risk Factor Model' 등 포트폴리오의 위험과 수익을 정량적으로 연구하는 모델에서 가치 요소value factor와 성장 요소growth factor를 주요 지표로 채택하고, 언론과 기관투자자들이 다시 이 개념을 참조하면서 현재의 가치-성장 대비 구도가 굳어진 것으로 보입니다.

현대의 학자들은 통계로 검증할 수 있는 수치를 제시해야 합니다. 초과수익이 가능한가에서 시작된 논쟁은 초과수익을 낼 수 있는 요소를 찾아내는 연구로 이어졌고, 소형주 효과, 저PER 효과, 저PBR 효과 등이 일부 발견되었습니다. 이를 좀 더 계량화하기 위해서는 이에 반대되는 요소에 이름을 붙이고 비교 분석을 해야 했겠지요. PER이 낮은 주식과 높은 주식에 각각 뭐라고 이름을 붙일까요? PER이 낮은 주식은 가치 대비 싼 것 같으니까 '가치주'라는 이름을 붙이는 게 그럴싸해 보입니다. 그러면 PER이 높은 주식은요? 인기가 많아서 PER이 높을 테니까 처음에는 '인기주glamour stock'라고 불렸습니다. 그런데 인기가 왜 많을까요? 대체로 미래의 장밋빛 전망, 즉 성장 가능성 때문에 인기가 많겠지요. 그러니 이 주식들을 '성장주growth stock'라고 부르기 시작했습니다.

앞서 '미스터 마켓'에서도 이야기했지만, 이런 건 그저 학자들의 사정일 뿐입니다. 학자들은 투자자의 개별적인 지식 수준이나 지적 역량, 사고방식 등을 연구 대상으로 삼기가 매우 어렵습니다. 학자들은 '개인의 역량이라는 변수를 배제하고 검증 가능한 초과수익 요인'을 찾고자 노력합니다. '어떻게 개인의 역량을 강화하여 초과수익을 낼 것인가'를 고민하는 투자자와는 영 거리가 먼 접근법입니다.

그들은 그들이 할 수 있는 최선을 다할 뿐이고, 그 노력은 존중받아 마땅하지만, 실제 투자를 하는 사람들은 학자들이 만든 관념에 갇혀버리면 안 됩니다(두 분야는 나중에 퀀트투자에서 만나게 됩니다만 이 이야기는 나중을 위해 남겨놓도록 하겠습니다).

가치주의 반대말이 도대체 왜 성장주입니까? 애초에 가치주라는 말은 왜 쓰는 겁니까? 《현명한 투자자》뿐만 아니라, 워런 버핏의 버크셔 해서웨이 주주 서한에서도 가치주라는 용어는 찾을 수 없습니다. 참석자들의 질문에서 등장할 뿐이며, 버핏은 "가치주와 성장주의 차이는 뚜렷하지 않다", "가치주와 성장주를 평가하는 방법은 다르지 않다"라고 대답합니다.[80]

그레이엄의 투자법을 무작정 저PE/PB 주식을 사는 것으로 간주하면 여러 문제가 발생합니다. 일단 그레이엄의 투자법을 조악한 형태로 축소 왜곡해버립니다. 그레이엄의 사고 체계에서 파생될 수 있는 수많은 투자 기회를 놓쳐버립니다. 그리고 쓸데없는 '철학' 논쟁을 불러일으킵니다. 요즘에도 유튜브나 소셜미디어에서 'PER 20배짜리 주식을 사는 게 무슨 가치투자냐'라는 식의 댓글을 종종 발견할 수 있습니다. 그리고 용어의 정의가 통일되지 않으니 토론이 안 됩니다. 가치주를 '가치 대비 싼 주식'으로 정의할 수도 있고, 'PE/PB 등 가치 지표가 매력적인 주식'으로 정의할 수도 있습니다. 적정 PER이 40배라고 생각하는 어떤 주식이 현재 PER 20배에 거래되고 있다면, 전자의 정의에 따르면 이 주식은 가치주입니다. 후자의 정의에 따르면 이 주식은 가치주가 될 수 없지요.

가치와 성장의 대비는 논리적으로도 전혀 맞지 않습니다. 3장에서 주식의 가치는 '미래 현금흐름의 현재가 할인'이라고 말씀드린 바 있습니다. **미래의 성장은 가치를 구성하는 핵심 요소입니다.** 성장을 많이 할 것으로 예상하면 그만큼 큰 가치를 부여할 수 있습니다. 중요한 건 그 기대를 수치화하여 가격과 비교하여 싼지 비싼지 판단할 수 있느냐입니다. '가치 있는 주식'의 반대말은 '가치 없는 주식'이겠지요. '고성장주'의 반대말은 '저성장주'일 테고요. '싼 주식'의 반대말은 '비싼 주식'일 뿐입니다. **가치와 성장은 절대로 대비되는 개념이 아닙니다.**

《현명한 투자자》15장 '공격적 투자자의 종목 선정'의 '단일 기준에 의한 종목 선정' 파트에서는 PER, 배당수익률, 유통주식수, 재무구조 등 여러 가지 계량적 기준을 제시합니다. 이런 지표들을 그레이엄의 투자 원칙의 핵심으로 이해하면 곤란합니다. 《현명한 투자자》의 개정판이 나올 때마다 그레이엄은 이전에 제안했던 공식을 버리고 새로운 공식으로 그 자리를 대체했습니다.[81] 그는 '공식에 의한 투자'에 대해서 "수많은 사람이 쉽게 이해하고 따라 할 수 있는 투자 기법은 그 효과가 오래 가지 않는다"고 했습니다.[82]

그레이엄이 제시한 여러 공식 중 '성장주의 적정 주가' 공식은 한번 음미해볼 필요가 있습니다. 《현명한 투자자》11장에는 아주 단순한 성장주 평가 공식이 나옵니다. 그 공식은 다음과 같습니다.

'성장주의 적정 주가'=EPS×(8.5+2×'기대성장률')

허탈할 정도로 단순하지 않나요? 여기서 기대성장률은 향후 7~10년 동안 예상되는 EPS(주당순이익)의 연평균 성장률입니다. 예를 들어 성장률이 10%라면 적정 PER은 28.5배, 성장률이 20%라면 적정 PER은 48.5배가 됩니다. 표로 나타내면 〈표 6-3〉과 같습니다.

이 공식은 그레이엄이 《증권분석》 1962년판에 처음 제시했는데, 아직까지도 꽤 유용해 보입니다. 참고로 S&P 500의 과거 PER 수준은 〈그림 6-6〉과 같습니다. [83]

1989년부터 2021년까지 33년간 S&P 500의 EPS 성장률은 5.5%였습니다. [84] 향후에도 이 성장률이 그대로 유지된다고 가정하였을 때 적정 PER은 '8.5+2×5.5=19.5배'입니다. 2022년 2월 11일 기준 S&P 500의 12개월 포워드forward PER은 19.8배였습니다. [85] 이후에 주가는 꽤 하락해서 2022년 5월 6일 기준으로 12개월 포워드 PER은 17.6배까지 하락

표 6-3

기대성장률로 계산한 PER

기대성장률(연평균)	0.0%	2.5%	5.0%	7.2%	10.0%	14.3%	20.0%
기대성장률(10년 누적)	0.0%	28.0%	63.0%	100.0%	159.0%	280.0%	319.0%
적정 PER	8.5	13.5	18.5	22.9	28.5	37.1	48.5

그림 6-6

S&P 500의 과거 PER(12개월 포워드)

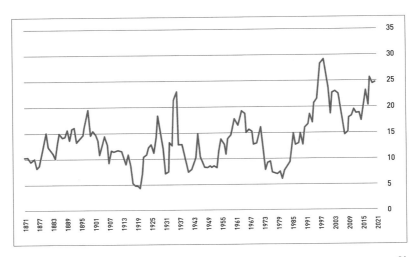

출처: multpl.com의 자료를 바탕으로 재구성[86]

했습니다.[87] 이 시점에서 2분기의 EPS 성장률 전망치는 4.8%였는데요. 금리 인상과 인플레이션으로 인해 장기 성장률 전망치가 하향 조정되는 중이었습니다. 4.8%를 그레이엄 공식에 넣으면 적정 PER은 18.1배네요.

여기서 강조하고자 하는 바는 그레이엄이 귀신같이 PER을 잘 예측했다는 게 아닙니다. 그레이엄은 기업의 장래 성장에 대해서 아주 많이 고민했고, 가치평가에 성장을 어떻게 반영할지 진지하게 연구했다는 것입니다. 그럼에도 불구하고 후대의 사람들은 성장에 대한 그레이엄의 관점을 그저 '성장은 불확실하니까 무시해라' 정도로 이해하고 있으니 참 안타깝습니다.

'가치투자'는 무작정 PER의 절댓값이 낮은 주식을 사는 게 아닙니다. '내가 생각하는 적정 PER' 대비 낮은 PER의 주식을 사는 겁니다. PER을 결정하는 핵심 변수는 기대성장률[88]이고, 가격에 내재된 기대성장률 대비 내가 기대하는 성장률이 높은가 낮은가를 물으면 됩니다. 어떤 주식의 PER이 25배라면 내재된 성장률(시장에서 기대하는 성장률)은 '(25-8.5)/2=8.25%'입니다. 내가 이 기업을 분석한 결과 이보다 높은 성장률을 기대할 수 있다면 PER 25배는 싼 가격이고, 아니라면 비싼 가격입니다.

다시 말씀드리지만 싼 주식의 반대말은 비싼 주식이고, 고성장주의 반대말은 저성장주입니다. '가치주냐 아니냐' 하는 분류는 거의 아무런 의미가 없습니다. 혹자는 워런 버핏이 그레이엄에게서 85%, 피셔에게서 15%를 배웠다는 이야기를 두고 '버핏의 스타일은 가치주 85%, 성장주 15%'라고 해석하기도 하는데, 아주 나이브한 해석입니다. 그레이엄은 미래의 성장을 포함한 전반적인 가치와 가격의 관계에 대해서 깊이 있는 사고 체계를 제시하였습니다. 1970년대 이후의 버핏의 포트폴리오는 성장을 점점 더 중요시하는데, 이를 오롯이 피셔에게서만 배웠다고 할 수는 없습니다(버핏은 '훌륭한 기업 발굴'이라는 개념을 찰리 멍거로부터 배웠고,[89] 피셔에게서는 훌륭한 기업을 발굴하는 '수소문 기법scuttlebutt'을 배웠다고 밝힌 바 있습니다[90]).

이 공식과 관련하여 한 가지 흥미로운 사실이 있습니다. 앞의 공식은 1962년에 발간된《증권분석》4판에 '성장주 가치평가를 위한 보다 새로운 방법'이라는 챕터와 함께 처음 등장했습니다. 그레이엄이 직접 집필한 마지막 판본입니다. 1973년에 나온《현명한 투자자》4판에도 이 공식은 남아 있었습니다. 벤저민 그레이엄은 1976년 사망했고, 그이후 1988년에 나온《증권분석》5판은 저 공식을 포함하여 챕터 전체가 사라졌습니다. 이유는 알 수 없지만,[91] 이로 인하여 그레이엄이 성장에 관심을 기울이지 않았다는 오해를 더욱 강화하게 된 듯하여 매우 아쉽습니다.

그레이엄의 투자 인생에서 최대 성과는 성장주에서 나왔습니다. 앞서 말씀드렸던 '가이코'라는 보험 회사는 장기적으로 엄청난 성장을 일궈냈고, 그레이엄은 이 주식에 거의 몰빵하다시피 하여 다른 어떤 투자에서보다 더 큰 수익을 거두었습니다.

이제 '가치주'라는 용어는 머리에서 지워버리시기 바랍니다. 절대로 '성장주'와 대비시키지도 마시기 바랍니다. '가치 스타일'과 '성장 스타일'을 대비시키는 건 공부가 부족하다는 걸 드러낼 뿐입니다.[92] 성장은 가치의 중요한 한 축일 따름입니다.[93]

오해 2. 가격은 가치에 수렴한다

가치 기반 사고는 그레이엄의 소중한 유산입니다. 그런데 후대의 투자자들이 그 사고 체계를 투자에 실제로 활용할 때 자주 빠지는 함정이 있습니다.

가치 기반 사고를 하는 사람들의 기본적인 의사결정 구조는 다음과 같습니다.

1) 기업을 분석한다 ⇨ 2) 내재가치를 계산한다 ⇨ 3) 현재가격과 비교하여 기대수익률을 구한다 ⇨ 4) 산다 ⇨ 5) 기다린다

4)에서 5)로 넘어가는 과정이 왠지 두루뭉술합니다. 버핏은 종종 이렇게 이야기합니다. 1달러 지폐를 50센트에 사는 게 가치투자라고. 가치를 계산하고 싸게 사는 것의 중요성은 더 말할 필요가 있겠습니까. 그런데 그다음에는 무슨 일이 일어나나요? 1달러짜리를 50센트에 사고 그걸로 끝인가요? 1달러에 팔아야 내가 돈을 번 거 아니겠습니까? 그런데 지금 50센트에 팔리고 있는 걸 나중에 누가 왜 1달러에 사주는 거죠?

버핏의 비유에는 숨겨진 포인트가 있습니다. 1달러짜리 '지폐'를 50센트에 산다는 것입니다. 50센트를 주고 1달러짜리 지폐를 샀으면 그

다음에는 어떻게 되죠? 이 지폐를 바로 사용할 수 있습니다. 지폐니까요. 다른 재화와 교환하고자 할 때 다른 사람들이 1달러의 가치로 곧바로 인정해준다는 뜻입니다.[94] 주식은요? 현재 50센트에 팔리고 있다 함은 남들이 50센트로 인정해준다는 뜻입니다. 그러니까 내가 50센트에 살 수 있었지요. 이 자산을 다른 재화와 교환하고자 하면 얼마의 가치로 인정받나요? 네, 50센트입니다. 1달러짜리 '지폐'를 산다는 비유의 숨겨진 뜻은 남들이 1달러로 인정해줄 수 있는 자산을 그보다 싼 가격에 산다는 뜻입니다.

이 문제에 대해서 '가치투자'를 한다고 주장하는 사람들의 답변은 보통 이러합니다. "장기적으로 가격은 가치에 수렴합니다." 너무나 자주 언급해서 그레이엄이 실제로 한 말인 양 싶은데요. 이 명제는 어디서 나온 것일까요?

워런 버핏은 1987년 버크셔 해서웨이 주주서한에서 이렇게 이야기합니다. **"시장은 어느 정도 기간 동안은 사업의 성과를 무시할 수 있지만, 결국은 이를 인정하게 됩니다. 벤이 말한 것처럼, 시장은 단기적으로는 인기투표 기계지만, 장기적으로는 체중계입니다."[95]** 아주 많이 인용되는 문장인데, 그레이엄이 쓴 책에서는 이 문장이 등장하지 않습니다.[96] 오히려 시장은 체중계가 아님을 여러 번 강조하고, 기업가치는 하나의 값이 아니라 범위로 파악해야 한다고 했습니다('레슨 3'에서 말씀드린 바 있습니다).

그림 6-7

가격은 가치에 수렴한다

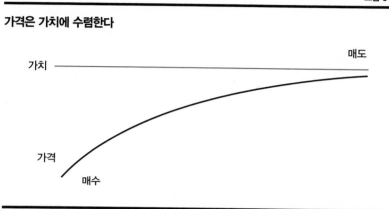

'수렴'이란 어떤 값을 향해 한없이 다가간다는 뜻입니다. 일상생활에서는 상이한 두 집단이 의견 일치를 본다는 뜻으로도 쓰입니다. 그림으로 그려보면 〈그림 6-7〉과 같습니다.

물론 이렇게 순탄한 그림을 곧이곧대로 믿는 사람은 없겠지만, 머릿속에 어느 정도는 이와 같은 그림을 그리고 매수에 나섭니다. 가치 기반 사고를 하는 투자자라면요.

생각해봅시다. 장기적으로 가격이 가치에 수렴한다면, 지금 왜 수렴해 있지 않은 거죠? 10년 전 과거 시점에서 현재는 10년 후 미래입니다. 그럼 지금은 가격이 가치에 수렴하여 변동성이 극히 줄어들어 있어야 하지 않습니까? 실제로 그렇습니까?

간단히 잠시만 생각해봐도 가격은 가치에 수렴하지 않습니다. 언제나 불안정하게 흔들리고 있습니다. 흔들리는 게 정상입니다. 가격이 고정되는 건 거래정지가 되었을 때뿐입니다.

이렇게 반박할 수도 있습니다. 평균회귀라는 게 있지 않냐고. 가격은 장기적으로 보면 어떤 균형점에서 멀어지기도 하고 가까워지기도 하지 않습니까. 당장 구글에서 평균회귀를 검색하면 〈그림 6-8〉과 같은 그림이 나옵니다.

그림에서 가운데 선이 가치고, 가격이 그 주위를 왔다 갔다 한다고 설명합니다. 예, 그건 평균회귀라고 부르는 게 아닙니다.[97] 이런 사인파 곡선을 가지고 가격과 가치의 관계를 설명하는 건 약간 기만적입니다. 사인파 곡선의 값은 중앙값에서 특정 값 이상으로 멀어지지 않습니

그림 6-8

평균회귀

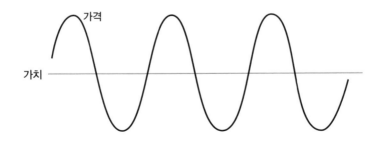

다. 그리고 예측 가능한 변곡점을 지나면 확실하게 중앙값을 향해 다가 갑니다.

실제 주가는 전혀 그런 식으로 움직이지 않습니다. 현재 있는 지점이 중앙값보다 위인지 아래인지도 알 수 없고, 중앙값보다 아래에 있다한들 다음 값이 중앙값에 가까워질지 더 멀어질지 예측할 수 없습니다. 이런 건 평균회귀가 아니라 '랜덤워크'라고 부릅니다. MIT 경영대학원의 앤드류 로 교수는 체중계 비유에 대해서 이렇게 꼬집었습니다. "체중계가 고장났다면, 체중을 여러 번 잰다고 측정 결과가 정확해지진 않을 것입니다."[98]

버핏의 인용구에서 '결국은eventually'이라는 표현이 나옵니다. 이 '결국' 때문에 수많은 투자자가 진흙탕에 빠지게 되는데요. 도대체 언제가 결국입니까? 1달러짜리를 50센트에 샀다 치고, 1년 안에 1달러가 되면 수익률은 100%입니다. 10년 후에 1달러가 되면요? 수익률은 연간 7.18%입니다. 흔히들 가치투자를 '시장에 휩쓸리지 않고 장기적으로 기다리면 되는 마음 편한 투자'라고 묘사하기도 하는데요. 이게 무슨 마음 편한 투자입니까? 시간이 지날수록 연환산 수익률이 계속 감소하는데 말입니다.

앞서 '효율적 시장가설'을 말씀드린 적이 있습니다. '시장가격에는 지금까지 나와 있는 모든 정보가 반영되어 있다. 가격은 가치를 정확히 반영하고, 우리가 아무리 열심히 정보를 모으더라도 초과수익을 낼 수 없다'고 합니다. 가치 기반 사고를 하는 사람들에게 효율적 시장가설에 대해서 어떻게 생각하느냐고 물으면 거의 대부분은 '시장은 비효율적이다'라고 답합니다. 뭐, 좋습니다. 문제는 그다음 질문입니다. **"지금 효율적이지 않은 시장이 나중에 왜 효율적이게 되나요?"**

1달러짜리를 1달러짜리로 인정해준다 함은 언젠가는 시장이 효율적이게 된다는 뜻입니다. 시장은 효율적이지 않다면서요? 그럼 지금도 비효율적이고, 나중에도 비효율적이어야지요. 감사하게도 내가 주식을 살 때에는 시장이 비효율적이어서 나에게 저가 매수 기회를 주고, 매수가 끝난 다음에는 또 감사하게도 시장이 정신을 차려서 효율적으로 가치를 가격에 반영해주어서 내가 주식을 팔 수 있게 해준다는 가정입니까? 시장이 당신에게 왜 그렇게 친절해야 합니까?[99]

그레이엄의 이야기로 돌아가봅시다. 《현명한 투자자》 15장 '공격적 투자자의 종목 선정'에서 그는 본인이 지난 30년간 사용한 투자 기법을 열거합니다. 그 기법이란 차익거래, 청산, 순수 헤지, 염가 종목, 경영권 투자, 유사 헤지 등입니다. 화려하지요?

그레이엄을 PER이나 순유동자산 등의 지표를 중시한 투자자로 알고 있는 사람은 많지만, 그가 1세대 행동주의 투자자이자 헤지펀드 매니저였다는 사실은 상대적으로 덜 알려져 있습니다.[100]

그의 기념비적인 투자 사례 중 하나로 노던 파이프라인**Northern Pipeline** 이 있습니다. 그는 1926년, 이 회사의 장부를 조사해본 결과 회사가 대량의 철도 채권을 보유하고 있으며, 이를 포함한 현금성 자산의 가치가 주당 95달러에 달한다는 사실을 파악했습니다. 당시 주가는 주당 65달러였습니다. 그레이엄은 1대 주주였던 록펠러 재단 다음으로 많은 지분을 확보하였으며, 약 2년에 걸친 싸움 끝에 1928년 노던 파이프라인의 이사로 등재되며 주당 110달러 이상의 주주환원을 이끌어냈습니다.[101] 이후 스탠더드 오일의 자회사인 내셔널 트랜짓 컴퍼니**National Transit Company**에도 싸움을 걸어서 회사가 하려던 사업 계획을 철회시키고 상당한 규모의 현금을 주주들에게 배당하도록 만들었습니다.

그레이엄이 열거한 투자 기법은 대체로 상당한 전문성과 자금력을 필요로 합니다. 고도의 분석은 물론이요, 법률 요소도 검토하고 회사에 직접 싸움을 걸거나 경영에 참여해야 했습니다. 시장이 나에게 친절하지 않으니, 시장에 싸움을 걸어서 무릎을 꿇도록 만든 것이지요.

이런 일은 아무나 할 수 있는 게 아닙니다. 버핏은 그레이엄의 투자 기법에 대해 이렇게 묘사합니다. "실적이 형편없는 기업이라도 아주 낮은 가격에 주식을 산다면 이익을 남기고 팔 수 있을지 모릅니다. 이것이 이른바 '담배꽁초 투자' 기법입니다. 그러나 전문가가 아니라면 추천하지 않습니다. 회사에 문제가 발생하는 즉시 이익을 남기고 팔 기회가 사라질지도 모르기 때문입니다."[102] 필립 피셔도 "회사가 청산 절차를 밟아서 자산 매각 대금을 주주들에게 넘겨주는 상황이 벌어지지 않는 한 1주당 자산가액은 이 주식의 시장가치와 아무런 상관이 없다"고 하였습니다.[103]

이런 방법은 실행하기 어렵기도 하거니와, 그 기회 자체도 많이 사라졌습니다. 그레이엄이 노던 파이프라인에서 투자 기회를 포착할 수 있었던 것은 '주간상업위원회ICC'에 직접 찾아가서 회사의 회계 보고서를 요청했기 때문입니다. 현재는 그 정도의 정보는 집 안에서 잠깐의 검색만 해보아도 찾아낼 수 있습니다. 1920년대에는 주식회사들이 자산을 숨기는 것이 일반적이었지만, 자산 공개 의무가 강화되고 기업의 투명성이 요구되면서 남들이 모르는 숨겨진 자산을 찾아내기가 그만큼 어려워졌습니다.[104]

그럼, 우리는 어떻게 해야 할까요? 가격이 가치보다 싼 주식을 산다 해도 가격을 올려줄 '트리거'를 예측할 수 없고, 우리가 스스로 만들어낼 수도 없다면 '결국' 돈을 벌 거라고 기대하기는 어렵습니다.

앞서 이야기한 버핏의 인용구에서 우리가 실제로 주목해야 하는 포인트는 그 인용구의 바로 다음 문장입니다. **"내재가치가 만족할 만한 속도로 성장하기만 한다면 그 사업의 성공이 (시장으로부터) 언제 인정받느냐는 그다지 중요하지 않습니다."[105]**

그레이엄은 《현명한 투자자》 20장에서 '재투자 이익에 의한 초과수익 증가'가 누적되어 '기업가치 상승'을 이루어내는 것이 바로 주식의 안전마진이라고 했습니다.

주식의 가치는 존재하지만 불확실합니다. 기업의 가치에는 미래의 불확실성이 내재되어 있기 때문입니다. 가치는 고정불변의 값이 아닙니다. 시간에 따라 계속 변화합니다. 가치가 미래에 지금보다 더 성장해 있다면 주가는 어떻게 움직일까요? 〈그림 6-9〉를 봅시다.

이 그림에 들어가는 전제는 다음과 같습니다.

그림 6-9

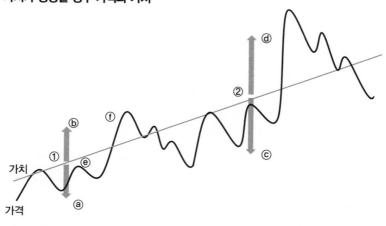

가치가 성장할 경우 가격과 가치

1. 가격은 가치를 정확히 반영하지 못한다.
2. 가격이 가치에서 멀어질수록 가치를 향해 다가가려는 압력을 크게 받는다.

어느 시점이건 가격이 가치에 '수렴'하지는 않습니다. 대충 근처를 맴돌 뿐입니다. 그런데 가치가 변해 있으면, 가격이 맴돌게 되는 그 '근처' 지점 자체가 달라집니다. ①번 구간에서 가격이 ⓐ~ⓑ 사이를 무작위로 왔다 갔다 한다면, ②번 구간에서는 가격이 ⓒ~ⓓ 사이를 왔다 갔다 합니다.

시장의 효율성에 대해서 ①번 구간과 ②번 구간에서의 가정이 전혀 달라지지 않았습니다. 어떤 시점에 시장이 효율적이라거나 비효율적이라거나 하는 가정을 넣지 않고도, 가격이 위치하는 범위가 달라졌습니다. 즉 돈을 벌 수 있게 되었습니다.

운이 좋으면 우리는 ⓐ가격에 주식을 사서 ⓔ가격에 팔 수 있겠지요. 운이 나쁘거나 분석을 잘못하면 ⓕ가격에 주식을 사서 물릴 수도 있습니다. 가치가 성장하지 않는다면 이건 그저 실패한 투자입니다. 그러나 가치가 성장하면, ⓕ 시점에서는 가치 대비 높은 가격이었지만 ②번 구간이 되면 과거의 그 가격은 가치보다 싼 가격이 되어 있습니다. 가치가 성장할 것을 전제하면 분석에서 조금 실수를 하고 조금 비싼 가격에 사더라도, 나중에는 그 실수가 메꿔집니다. 〈그림 6-10〉처럼

그림 6-10

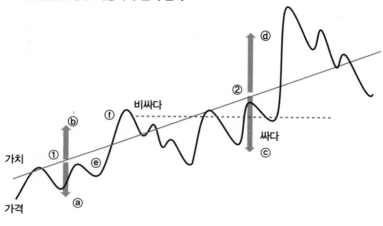

가치가 성장할 경우 저평가 구간의 변화

말입니다.

또한, 가격이 가치에 수렴하지 않아 시간이 내 편이 아니게 되는 문제도 해결됩니다. 〈그림 6-11〉을 볼까요.

ⓐ 지점에서 주식을 샀고 가격이 오르지 않아 장기간 '물려' 있었다 하더라도, ⓖ 지점이 되면 가치와 가격의 괴리가 더 커져 있습니다. 그럴수록 상승 압력은 커지고, 어떤 랜덤한 이슈가 발생해서 가격이 상승할 가능성이 커집니다. 기업은 1년에 네 번 실적을 공시하니까, 랜덤한 이슈에 기대지 않더라도 뛰어난 실적 자체가 '트리거'가 되어서 가격과

그림 6-11

가치가 성장할 경우 주가 상승의 트리거

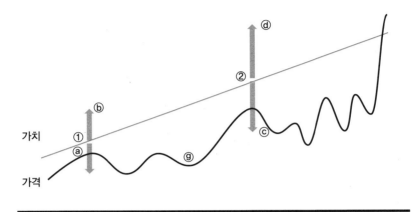

가치의 갭이 메워지는 쪽으로 가격이 움직일 가능성이 큽니다. 이번 분기가 아니면 뭐, 다음 분기를 기다리면 됩니다. 오히려 주가가 오르지 않으면 추가 매수의 기회로 삼을 수 있습니다. 예전에 매수했을 때보다 지금의 기대수익률이 더욱 높으니까요(가치가 변했기 때문에 이때의 추가 매수는 합리적입니다. 가치가 변하지 않았는데 추가 매수를 하는 건 기대수익률이 동일한데 포지션을 늘리는 행위라서 논리적으로 합당하지 않습니다).

가격은 가치에 수렴하지 않습니다.[106] 벤저민 그레이엄의 가치 기반 사고를 사용하여 일반인이 돈을 벌 수 있는 가장 좋은 방법은 가치의 성장에 기대어 장기간 보유하는 것입니다.

> **"현명한 투자자라면 성장주를 고르는 데 집중해야 하며,**
>
> **그것만이 논리적인 것 같다."**
>
> | 벤저민 그레이엄[107] |

오해 3. 그레이엄 '스타일'

그레이엄을 신봉하는 사람들이 즐겨 쓰는 표현이 있습니다. '방어적으로', '보수적으로', '안전한', '확실한' 투자를 해야 한다고 합니다. 그런 투자를 하는 본인들에게 일종의 자부심을 느끼기도 하는 것 같습니다. 조금이라도 높은 PER에 주식을 사거나, 가치를 평가하는 데 불확실한 미래의 가치를 당겨오거나 하면 '철학을 저버린' 것으로 간주하기도 합니다.

흠, 투자는 종교가 아닙니다. 투자 원칙은 믿음의 대상이 아니라 의심과 검증의 대상입니다. 지속가능하게 돈을 벌 수 있는 '사고 체계'를 갖추는 게 중요합니다. 17~18세기 계몽주의 철학자들은 종교의 권위가 무너져가는 와중에 인간이 종교에 기대지 않고 스스로 옳고 그름을 분간할 수 있도록 '사고 체계'를 쌓아 올렸습니다.[108] 물론 불완전한 인간 의식의 소산은 이후로도 많은 갈등을 낳았지만, 많은 업적을 이뤄내기도 했습니다.

그레이엄의 업적은 투자의 '사고 체계'를 원점에서부터 쌓아 올린 것입니다. 우리가 해야 할 일은 각자의 사고 체계를 쌓아 올리는 것입니다. 그 과정에서 선구자의 업적을 참고할 수 있습니다. 위험 회피 성향이 강하다거나, 가치를 평가할 때 유형자산을 중시한다거나 하는 건 일종의 취향, 전문용어로는 '스타일'일 뿐입니다. 하나의 사고 체계에서도 때에 따라 서로 다른 스타일의 포트폴리오를 구성할 수 있습니다. 버핏은 '그레이엄-도드 마을의 위대한 투자자들'에서 가치 기반의 사고를 하는 투자자들도 서로 종목 구성은 매우 다르다고 했습니다.[109]

그레이엄 혹은 그를 추종하는 어떤 투자자가 특정 유형의 포트폴리오를 구성해서 성공을 거두었다 한들, 다른 투자자가 그 '스타일'을 맹목적으로 따르는 것은 위험합니다. 취향을 원칙으로 주장하면 남는 건 오해와 반목, 저조한 성과일 뿐입니다. 중요한 건 그 시기의 맥락을 읽고, 그 환경에서 그런 포트폴리오를 구성하게 된 '사고 체계'를 공부하고 내 것으로 만드는 일입니다. 버핏은 버크셔 해서웨이가 사용하는 유일한 스타일 박스는 '현명함'이라고 하였습니다.[110]

한편, 그레이엄을 추종하는 투자자들이 저런 이야기를 하는 게 근거가 없는 건 전혀 아닙니다. 그레이엄은 실제로 저런 용어들을 상당히 많이 썼습니다. 그럼 그레이엄이 어떤 맥락에서 무엇을 의도하여 저런 표현을 했는지 살펴봅시다.

방어적 투자

《현명한 투자자》라는 책의 전체 논지는 일관되게 '방어적 투자자'와 '공격적 투자자'를 구분합니다. 본인이 어떤 유형의 투자자인지를 파악하는 게 중요하다고 하고는, 유형에 따라 각기 다른 조언을 합니다.

방어적 투자자는 어떤 투자자일까요? 그레이엄은 방어적 투자자 defensive investor는 '심각한 실수나 손실을 피하는 것', 그리고 '수고나 골칫거리, 빈번한 의사결정의 부담에서 벗어나는 것'을 목표로 하는 투자자라고 했습니다. 반면에 공격적 투자자 enterprising investor는 '기꺼이 시간과 노력을 투입하여 평균보다 더 건전하고 매력적인 종목을 선정'하려는 투자자라고 했습니다.[111] 즉 더 많은 에너지를 투입해서 초과수익을 내고자 하는 투자자를 뜻합니다. 그럼 반대로 방어적 투자자는 '초과수익을 바라지 않고', '개별 종목 선정에 시간을 쏟을 의지나 열정이 없는' 사람이라고 해석해야 합니다. 공격적 투자자와 방어적 투자자 개념은 단순히 위험 회피 성향이 높으냐 낮으냐에 더해서, 개인의 역량과 관심사, 투자에 쏟을 수 있는 시간 등을 종합적으로 고려한 투자자 구분 기준입니다.

그레이엄은《현명한 투자자》4장에서 방어적 투자자에게는 50:50의 주식:채권 비중을 권하면서 채권 중에는 우량한 국채/지방채/회사채 등을 권했습니다. 5장에서는 주식투자의 장점을 언급하면서 건전한 우량 대기업에 분산투자할 것을 권했습니다. 그러면서 "방어적 투자자의 전반적인 실적은 시장수익률이나 우량주에 분산투자할 때의 수익률과 크게 달라지기 어렵다"고도 했습니다. [112]

《현명한 투자자》 마지막 챕터인 20장의 마지막 문장은 이렇습니다. "일반투자자도 야심을 억제하고 안전하게 방어적 투자에 머물기만 하면, 이런 자질이 부족하더라도 투자에 성공할 수 있다. 만족스러운 투자 실적을 얻기는 생각만큼 어렵지 않으나, 우수한 실적을 얻기는 생각보다 어렵다."

약간 기시감이 들지 않나요? 네, 지금 읽고 계신 이 책의 1부가 바로 이 내용이었습니다. 장기적으로 주식이라는 자산이 어떤 성과를 내왔는지, 우리의 자산배분에서 주식을 제외하는 것이 왜 위험한지 말씀드렸습니다. 그러면서 결론은 달라졌습니다. 저는 시장 전체에 투자할 것을 권고했고, 그레이엄은 우량한 대형주에 분산투자할 것을 권고했습니다.

같은 맥락인데 결론이 왜 달라지는 걸까요? 그레이엄의 시대에는 인덱스 펀드와 ETF가 없었기 때문입니다. 인덱스 펀드는 뱅가드의 존 보글이 1976년에 최초로 만들었습니다. [113] 그레이엄의 유지를 이어받은 버핏은 본인이 죽고 나면 아내에게는 S&P 500 인덱스 펀드를 권유할 것이라고 말했습니다. 그 이유는 버크셔 해서웨이가 S&P 500을 이기지 못하기 때문이 아니라, '투자 전문가도 아니고 나이도 많은' 사람에게는 '자신도 걱정할 필요가 없고 주위 사람도 걱정해줄 필요가 없는 투자가 가장 좋은 투자'이기 때문이라고 했습니다.[114]

그레이엄이 《현명한 투자자》에서 직접 방어적defensive 투자자의 다른 표현으로 수동적passive 투자자를 언급한 바 있습니다. 시장 전체를 추종하는 투자를 현대의 용어로 수동적 투자자라고 하지요(그런 의미에서 그레이엄이 이야기한 공격적 투자자는 위험 추구 성향이 높은 투자자가 아니라 적극적 투자자active investor로 보아야 합니다).

금융시장이 기술을 도입해서 세상에 기여한 거의 유일한 업적은 인덱스 펀드 및 ETF라고 생각합니다. 그레이엄 시대의 방어적 투자자에게는 주식투자 수단으로 우량주 분산투자를 권고할 수밖에 없었지만, 현재는 전체 시장에 투자하는 인덱스 펀드나 ETF를 보유함으로써 그 권고를 완전히 대체할 수 있습니다.[115]

그레이엄 시대의 방어적 투자자에게 조언한 적절한 주식의 요건을 현시대의 모든 투자자가 그대로 따를 필요는 없습니다. 방어적 투자자는 위험 회피 성향이 높은 투자자가 아니라, 주식 선택에 시간을 쓰고 싶지 않고 초과수익을 원하지도 않는 투자자이니까요. 그레이엄은 방어적 투자자와 공격적 투자자를 나누어서 적절한 전략을 권했을 뿐, 모두가 방어적 투자자가 되어야 한다고 주장하지 않았습니다.

보수적 투자

《현명한 투자자》원서에 '보수적conservative'이라는 단어는 58회 등장합니다. '방어적defensive' 197회에 비하면 상당히 적습니다. '공격적enterprising'은 92회, '공격적 투자자enterprising investor'는 68회 등장합니다. '공격적 투자자'의 등장 횟수와 '보수적'이라는 단어의 등장 횟수가 유사한 게 꽤 흥미롭습니다.

그레이엄은 방어적 투자자의 주식 선정에서 보수적인 기준을 제시하고, 이 기준을 공격적 투자자의 주식 선정에도 적용해야 한다고 했습니다.[116] 예를 들어 13장 '상장회사 비교분석'에서 '에머리 항공화물'이라는 주식을 설명하며 60이 넘어가는 PER에 대해 이렇게 평합니다. "실적과 주가의 급등에 열광하는 월스트리트의 흔한 실수에 동참하지 않으려는 신중한 투자자에게는 전혀 타당하지 않다."[117]

낙관적인 전망이 팽배해 있을 때에는 기업이 그 전망을 못 맞혀서 낙관론을 꺾어버렸을 때 주가 하락폭이 어마어마합니다. 앞서 예로 든 '에머리 항공화물'은 미국의 1960년대 후반을 뜨겁게 달구었던 '멋진 50종목Nifty Fifty' 중 하나였습니다. 그리고 '멋진 50종목'은 이후에 급락의 대명사(더러운 50종목Filthy Fifty)가 되는데, '에머리 항공화물'은 그 중에서도 최악의 주식 중 하나였습니다.[118]

초과수익을 원하는 공격적 투자자라면 대체로 이익 성장에 열광합

니다. 그리고 기업의 펀더멘탈을 잘 모르더라도 주가가 급등하면 일단
은 사고 보는 경우가 많습니다. 그레이엄은 "단지 개인적 기호나 낙관
론 때문에 어떤 종목을 선호한다면, 그런 판단은 적중할 가능성 못지않
게 빗나갈 가능성도 크다"고 경고하였습니다.[119] 그레이엄이 하고자 했
던 이야기는 일단 흥분을 가라앉히고 차분하고 신중하게 기업을 분석
하고 내재가치를 계산하여 만족스러운 수익률을 기대할 수 있을 때 투
자에 나서라는 것입니다.

투자는 불확실한 미래를 전제로 합니다. 미래에는 좋은 일이 펼쳐질
수도 있고, 나쁜 일이 펼쳐질 수도 있습니다. 섬세하게 미래를 전망해서
초과수익을 거두려고 하다 보면 낙관적으로 편향될 수 있습니다. 애널
리스트들이 주식을 분석할 때에는 주식에 대해서 안 좋은 이야기를 하
면 업무상 지장이 있기 때문에 기업에 대해서 안 좋은 소식이나 의견은
애매하게 둘러서 말하거나 아예 입을 닫아버리기도 합니다. 따라서 애
널리스트의 의견을 무작정 따르다 보면 전망이 낙관적으로 편향될 수
있습니다. 그리고 주가가 급등하고 있을 때에는 마음이 조급하여 충분
한 분석을 하지 않고 무작정 좋게 보면서 일단 주식을 사기도 합니다.

미래는 낙관과 비관을 동시에 보아야 합니다. 낙관적인 미래가 실제
로 펼쳐졌을 때 얼마나 벌 수 있고, 비관적인 미래가 펼쳐졌을 때 얼마
를 잃을 수 있는지를 함께 검토해야 합니다. 그레이엄의 주장은 위로만
보고 아래를 보지 않는 투자자들에게 '제발 아래도 좀 보라'고 이야기한

것에 가깝습니다. '아래만 보고 판단하라'고 해석해서는 곤란합니다. 그레이엄은 '공격적 투자자의 종목 선정'에서 보수적인 기준을 적용하라고 하면서도 또 이렇게 이야기합니다. "하지만 어떤 요소에 가점 요인이 많다면, 다른 요소에 감점 요인이 있더라도 융통성을 발휘해야 한다."[120]

안전한 투자

그레이엄의 저서에서 '안전safe'이라는 말은 셀 수 없이 많이 등장합니다. 그레이엄의 핵심 교훈 세 가지 중 하나도 바로 '안전마진margin of safety' 아니겠습니까. 투자는 원래 위험한 거니까, 안전에 대해서 자주 논하는 건 전혀 어색한 일이 아닙니다. 문제는 여기서 '안전'을 너무 협소하게 해석해서, 원금이 보장되는 투자에 집중해야 한다고 주장하는 것입니다.

《현명한 투자자》1장의 첫 페이지에 떡하니 등장하는 투자의 정의는 다음과 같습니다.

"투자는 철저한 분석을 통해서 원금의 안전과 충분한 수익을 약속받는 행위이다. 이 요건을 충족하지 못하면 투기이다."[121]

네, 좋습니다. '철저한 분석'을 통해서 '원금의 안전'과 '충분한 수익'을 '약속'받으면 좋지요. 누가 마다하겠습니까. 그런데 이 말을 곧이곧대로 해석해서, 손실의 가능성이 아주 조금이라도 있으면 투자가 아니라 투기다라고 해버리면 이후의 논의가 매우 이상해집니다.

앞서 미스터 마켓을 이야기하면서 투자자의 감정에 따라 주가는 늘 요동친다고 하였습니다. 주식을 사는 행위는 기본적으로 가격이 하락할 가능성에 노출되는 것입니다. 원금 보장 따위를 애초에 언급하면 안 되는 자산이란 말입니다(법에도 명시되어 있습니다. 주식투자를 대행해주면서 원금 보장을 언급하면 불법입니다).

이 모순을 이해하기 위해서는 반대로 투기가 무엇인지부터 접근해야 합니다.[122] 그레이엄의 책에서 '투기적인speculative'이라는 표현도 쉴 새 없이 많이 등장합니다. 그런데 투기적인 행위를 지칭할 때를 보면 대체로 주가의 변동성 그 자체보다는 행위자의 의사결정 과정을 놓고 이야기하는 경우가 많습니다. 예를 들어 주가의 트렌드를 기반으로 하는 의사결정(즉 차트투자), 이미 고평가되어 있음에도 누군가 더 비싼 값에 사주길 바라고 매수하는 행위, 하방 리스크에 대해서 충분히 분석하지 않고 낙관적인 전망만으로 매수하는 행위 등을 투기적이라고 합니다.

이런 의사결정들의 공통점은 무엇일까요? 유리한 확률이 아님에도 불구하고 매수 혹은 매도를 한다는 것입니다.

룰렛 이야기를 기억하시나요? '작게나마 이익을 볼 확률이 높게 설정된' 룰렛 게임이라면, 게임을 시행하는 횟수가 증가할수록 돈을 벌 가능성이 커집니다. 그리고 모든 숫자에 동일한 금액을 건다면 게임을 할 때마다 적은 금액을 계속 벌 수 있을 것입니다.

미래의 불확실성을 전제로 하는 게임에서는 아무리 확률이 유리하더라도 단 한 번의 게임에서는 손해를 볼 수 있습니다. 투자 건을 여러 개로 분산하여 여러 번의 게임을 하면 가상의 확률에 따른 기댓값이 실제 내 주머니로 들어오는 경험을 할 수 있습니다. 그래서 분산투자와 안전마진이 함께 붙어다니는 개념임은 앞서 '레슨 3'에서 말씀드린 바 있습니다.

이제 그레이엄의 투자와 투기 구분을 다시 살펴볼까요?

'철저한 분석'이란 개별 기업에 대한 정보 수집과 가치에 대한 판단 뿐만 아니라, 가치와 가격이 작동하는 방식, 안전마진과 분산투자 등의 전반적인 의사결정 체계를 반영한 분석을 의미합니다. '원금의 안전'이란 개별 투자 건에서 손실이 발생하더라도 포트폴리오가 충분히 분산되어 한쪽에서의 손실을 다른 쪽에서 보상받을 수 있느냐는 이야기입니다. '충분한 수익'은 구매력을 보전할 뿐만 아니라 짊어진 위험을 보상하는 수준의 수익을 포트폴리오 전체에서 얻어낼 수 있느냐는 이야기고요.

깊이 고민하지 않은 사고 체계에 기반한 의사결정은 투기입니다. 가격의 흐름에만 의지하거나 충분한 분석 없이 막연히 낙관적인 전망에만 의존한 매매는 당연히 투기입니다. 한편, 충분히 분석하여 유리한 확률이라고 판단하였더라도 여기에 전 재산을 투자하여 혹여라도 손실이 날 경우 막대한 타격을 입게 된다면 그것도 투기입니다. 지나치게 개별 투자 건에서의 '안전'만을 추구하다가 '충분한 수익'을 놓치는 행위는 투기라고 하기는 어렵지만 좋은 투자라고 하기도 어렵습니다.

확실한 투자

그레이엄을 좇는다고 하는 투자자들 중에는 순유동자산, 유형자산 등 눈에 보이는 확실한 자산가치를 중시하는 사람들이 꽤 많이 있습니다. 그레이엄의 책에서도 '순유동자산 대비 시가총액의 비율이 얼마 이하', '장부가격 대비 시가총액의 비율이 얼마 이하' 등의 기준을 많이 제시합니다.

그레이엄은 이런 '스타일'의 주식에 투자해서 돈을 많이 벌었습니다. 버핏은 이런 투자법을 '담배꽁초 투자cigar butt investment'라고 불렀고, 그 스스로도 이런 주식에 투자해서 좋은 성과를 냈습니다. 한편 1960년대에 들어서 그런 주식들이 줄어들자 더 이상 이런 방식이 통하지 않는다고 선언하기에 이르렀습니다. 버핏은 1969년에 자신의 투자조합을 청산해버립니다.

이런 연유로 그레이엄의 투자를 자산가치에 투자하는 방법이라고 협소하게 해석하고, 그 방식이 여전히 유효한지 등의 논쟁을 벌이곤 합니다. 어떤 스타일의 유효성을 따지는 건 의미 있습니다.[123] 그러나 '스타일'만 보고 '사고 체계' 전체를 안다고 생각하면 안 됩니다.

하나의 '스타일'은 어떤 '사고 체계'가 특정 '환경'에 구현되는 방식입니다(그림 6-12).

투자자는 '의사결정 체계의 집합', 즉 '사고 체계'를 가지고 시장에 뛰어들어서 정보를 수집하고 포트폴리오를 구축합니다. 같은 사고 체계

그림 6-12

사고 체계와 실제 포트폴리오

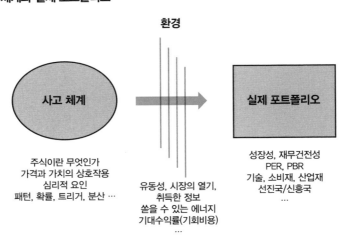

환경

사고 체계

실제 포트폴리오

주식이란 무엇인가
가격과 가치의 상호작용
심리적 요인
패턴, 확률, 트리거, 분산 …

유동성, 시장의 열기,
취득한 정보
쏟을 수 있는 에너지
기대수익률(기회비용)
…

성장성, 재무건전성
PER, PBR
기술, 소비재, 산업재
선진국/신흥국
…

를 가지고 있는 투자자라도 어떤 환경에서 투자를 하느냐에 따라 포트폴리오가 달라집니다. 동일한 투자자라도 그가 어디에서 투자를 하느냐, 언제 투자를 하느냐에 따라 포트폴리오가 달라집니다.

그레이엄이 처했던 투자 환경을 살펴봅시다. 그가 투자업계에 발을 디딘 1910년대와 1920년대는 어마어마한 혁신의 시대였습니다. 인간이 하늘을 날기 시작하고, 수백 킬로미터 떨어져 있는 사람과 통화를 할 수 있게 된 시기였습니다. 지금의 인터넷 발달은 작은 한 걸음으로 보일 정도의 진보가 그 시기에 이루어졌습니다.

당연히 투자자들은 새 시대에 대한 낙관적인 기대로 열광했고, 1929년 전 세계는 대공황을 맞이했습니다. 그레이엄도 엄청난 손실을 입었고, 개인 돈을 털어서 투자자들의 돈을 갚아야 할 지경에까지 이르렀습니다(너무 힘들어서 책이라도 쓸까 하면서 1932년에 집필하기 시작한 책이 《증권분석》입니다).

1930년대의 그레이엄의 투자 스타일은 당연히 철저하게 보수적으로, 미래의 낙관적인 기대에는 의존하지 않고 눈에 보이는 유형의 자산 가치에 집중하는 것이 자연스럽습니다. 파산이 일상적이었으니 낙관적인 전망이 무너졌을 때의 위험을 뼈에 사무치게 새기고 있었을 것입니다. 하방 리스크를 면밀히 살피는 일은 중요하고, 유형자산은 하방 리스크를 막아주는 데 기여합니다. 그러나 그게 다가 아닙니다.

1940년대에 유형자산에 집중하는 건 기회의 관점에서 좋은 전략이 되기도 했습니다. 그레이엄이 활동하던 시대에는 기업이 가치를 감추기에 급급했고, 장부를 잘 뒤져서 숨겨진 가치를 가진 기업을 찾아내기가 쉬운 시기였습니다. 그렇다고 그 회사들이 사업을 대단히 못 하리라는 보장도 없었습니다. 동일한 퀄리티의 사업을 하는 두 회사가 있을 때 한 회사는 숨겨진 자산이 존재하거나 유형자산으로 탄탄하게 하방이 방어가 되고, 다른 한 회사는 그렇지 않다면 어떻게 하시겠습니까? 낙관적인 시나리오와 비관적인 시나리오를 균형 있게 살펴봤을 때, 당연히 전자의 기업이 훨씬 매력적이지요.

대공황 이후 미국 주식시장은 정말 '물 반 고기 반'이었습니다. 또 다른 전설적인 투자자 존 템플턴은 1939년 전쟁이 발발하자 상사에게 돈을 빌려서 '주당 1달러 이하의 모든 주식'을 매수하였습니다. 그는 104개 종목을 매수했는데, 그중 37개 기업은 이미 파산 상태였습니다. 템플턴은 평균 5년 정도 그 주식들을 보유하였는데, 104개 중 4개만 제외하고 모두 수익을 거두어주었습니다.[124] 물론 이 사례는 템플턴이 시장을 바라보는 혜안을 갖추었음을 뜻하는 사례이긴 하지만, 당시 미국 시장이 그 정도로 '눈 감고 아무 주식이나 대충 사도 돈을 버는' 시장이었다는 예시이기도 합니다.

저는 '그레이엄 스타일'의 '확실한 투자'를 이야기할 때마다 〈그림 6-13〉이 떠오릅니다. 갑자기 분위기 인공지능이라니 조금 당황하시겠

그림 6-13

인간 능력의 지형도

한스 모라벡의 '인간 능력의 지형도'를 표현한 일러스트. 고도가 높아질수록 컴퓨터에게 어려워짐을 뜻하고, 상승하는 해수면은 컴퓨터가 할 수 있게 된 영역을 나타낸다.

출처: 맥스 테그마크, 《라이프 3.0》, '2장 지능이란 무엇인가'

지만, 흥미로운 그림이니 한번 보시기 바랍니다.

이 그림은 인공지능이 인간의 역할을 얼마나 빼앗아갈 것인지를 이야기할 때 예시로 드는 '인간 능력의 지형도'입니다. 아래쪽 '낮은 해수면'으로 묘사되는 지역을 봅시다. 암기, 계산, 체스, 바둑 등은 인공지능이 학습하기 쉬운 능력입니다. 인간이 이미 다 따라잡혔습니다. 위쪽으로 쭉 가면 인공지능 설계, 책 저술, 이론 증명, 예술 등이 있습니다. 언젠가는 따라잡히겠지만 상당 기간 공고하게 유지될 수 있는 영역입니다.[125]

그레이엄이 유형자산과 순유동자산에 집중한 건 이 그림의 해수면 아래쪽처럼 '쉬운 게임'을 먼저 했을 뿐이라고 봅니다. 장부가, 순유동자산, 유형자산, 어딘가 자회사에 감춰 놓은 채권더미 등이 시가총액보다 더 큰 주식들이 널려 있는 시기라면, 미래의 이익을 정교하게 추정하는 것보다는 기업에 싸움을 걸어서 가치 있는 자산들을 외부로 뽑아내는 게 확실히 이기는 쉬운 게임이었겠지요. 1960년대에 전반적으로 주가가 상승하면서, 장부가 이하에 거래되는 주식들은 정말로 그래야만 하는, 즉 사업을 잘하지 못해서 장부가 이하로 평가받을 수밖에 없는 주식들만 남았습니다. 이때부터는 미래의 이익을 가치에 반영해서 '싼 주식'이 어떤 주식인가를 새로이 정의했어야 했습니다. [126]

필립 피셔도 이 시기에 대해서 다음과 같이 언급했습니다. "제1차 세계대전 전에 대다수 투자자는 주식을 평가할 때 자산가치도 순이익만큼 중요하다고 믿었지만, 점차 증시 자체의 행보가 중요하다는 교훈을 얻기 시작했다. 자산가치에 근거하여 매수 종목을 추천하는 행동은 시간이 흐르면서 조금씩 사라지고 있는 듯하다." [127]

존 템플턴은 그레이엄의 자산가치 투자법에 대해 '지금의 미국'에서는 통하지 않을 것이라고 하며 이렇게 언급했습니다. "벤은 매우 현명한 사람이었다. 그에게는 훌륭한 방법이 있었다. 그러나 그가 오늘날 생존해 있다면 더 새롭고 다양한 개념에 의지하여 다른 방법을 쓰고 있을 것이다." [128]

그레이엄이 '확실한 자산'에만 집중했다고 보면 오산입니다. 그레이엄의 저서에서는 '수익력earning power'이라는 표현이 종종 나옵니다. [129] 기업이 돈을 버는 능력이라는 뜻으로, '경쟁우위', '영업이익률' 등을 통칭하는 표현입니다. 그레이엄은 유형자산 가치가 중요하긴 하지만 그것만으로는 부족하며, 수익력이 반드시 필요하다고 했습니다.

《현명한 투자자》 8장에서는 "단지 유형자산 가치와 비슷한 가격에 산다고 해서 모두 건전한 투자가 되는 것은 아니"라면서 PER, 재무구조, 장기 수익성 전망 등을 제시합니다. "보유 주식의 수익력이 만족스러운 수준으로 유지되는 한, 그는 주식시장이 부리는 변덕을 무시할 수 있다"며 미스터 마켓의 변덕에서 나를 지키고 오히려 기회를 이용할 수 있는 핵심 요인으로 수익력을 꼽습니다. [130] 11장에서는 "경험을 돌아보면 안전성은 주로 수익력에 좌우되므로, 수익력이 부족하면 자산은 가치 대부분을 상실한다"고도 합니다. [131]

자, 오해를 충분히 풀었다면 그레이엄의 '사고 체계'를 다시 정리해볼까요. 핵심은 세 가지입니다. 1) 주식은 사업에 대한 소유권이다. 2) 시장은 가치를 정확하게 평가하지 못하여 지나친 낙관과 비관을 오간다. 3) 나 또한 가치를 정확하게 평가하기 어렵기는 마찬가지지만, 충분한 안전마진이 있는 가격에서 매수하고 분산투자함으로써 높은 확률로 수익을 거둘 수 있다.

이제 이런 원칙도 추가할 수 있겠지요. 4) 미래의 성장은 최대한 보수적으로 평가한다. 5) 철저한 분석하에 매수를 했으면 분석 결과를 뒤집을 새로운 상황이 벌어지지 않는 한 함부로 매도하지 않는다.

한편 세부적으로 그가 제시한 공식, 기준, 중요시한 요소(유형자산, 순유동자산, 장부가치 등) 등은 우리가 그대로 따를 필요가 없습니다. 그때그때 상황에 맞게 적용하면 되고, 그레이엄 또한 그렇게 했습니다. 그레이엄이 1940년대에 했던 '스타일'을 그의 '사고 체계'와 혼동하면 안 됩니다. 버핏 또한 그 함정에 빠진 적이 있습니다.

'그레이엄-뉴먼 코퍼레이션'은 1948년에 '가이코'에 공격적으로 투자했습니다. 1940년대가 되어 대공황의 트라우마를 극복해냈다고 볼 수 있습니다. 그레이엄은 펀드 자금의 20%를 쏟아서 가이코의 지분 50%를 확보하고 회장 자리에 올랐습니다(71만 달러였던 이 투자금은 1972년에 4억 달러가 됩니다). 그레이엄의 투자내역을 보고 버핏은 그를 따라 1950년에 가이코 주식을 1만 달러어치 샀습니다. 그러고는 2년 후에 1만 5,000달러에 팔아버렸습니다. 20년간 가지고 있었다면 130만 달러가 되었을 것입니다.[132, 133]

그레이엄은 1950년대에 시장의 전반적인 밸류에이션 수준이 상승하면서 성장주에 대한 심도 있는 고민을 하였고, 성장주를 평가하는 새로운 방안을《증권분석》1962년판에 펴내기에 이르렀습니다. 같은 시기에 워런 버핏은 버크셔 해서웨이를 매수하기 시작했는데, 이는 전형적인 '담배꽁초 스타일' 주식이었습니다(심지어 경영진과 시비가 붙으면서 감정적으로 기존에 생각했던 가격보다 더 높은 가격에 추가 매수를 해버렸습니다).[134]

이에 대해《전략적 가치투자》의 저자 신진오 회장은 버핏이 그레이엄의 사고 체계를 부분적으로 이해했다가 경험이 쌓이고 나서야 더 깊이 있게 이해한 것이라고 해석했습니다. "버핏이 나중에 그레이엄의 담배꽁초 방식에서 벗어나 성장기업에 주목하게 되었다는 것은 올바른 해석이 아닙니다. 자식을 낳아봐야 비로소 아버지의 마음을 아는 것처럼, 버핏도 성장해서 내공이 깊어지고 나서야 스승인 그레이엄의 진정한 가르침을 자신도 모르게 깨닫게 된 것입니다."[135]

일리 있는 해석이라고 생각합니다. 버핏이 그레이엄과 함께 일한 건 1954년부터 1956년까지의 3년에 불과합니다. 그때 이미 그레이엄은 투자에 흥미를 잃은 상태였습니다.[136]

그는 저평가된 주식을 사서 돈을 번다는 혁신적인 사고 체계를 만들고 전파했지만, 아이러니하게도 그 자신은 여전히 너무나 저평가되어 있습니다. '뛰어난 투자자' 혹은 '가치투자의 창시자'라는 수식어는 그의 일부만을 묘사할 뿐입니다. 그는 가히 '현존하는 모든 투자 기법의 창시자'라고 불려도 과언이 아닙니다. 또한 교수로서 수많은 제자를 길러냈고, 금융 정책에도 참여하였습니다. 현재 금융업계에서 가장 중요하게

여겨지는 자격증인 CFA 라이선스 제도를 만든 사람이기도 합니다. [137]

한편 그는 발명에도 취미가 있었고, 극작가로서 브로드웨이에 공연을 올리기도 하였습니다. 고전과 미술을 좋아했고 시도 썼습니다. 춤추는 것도 좋아했고요. 유대인맹인협회 회장을 역임하기도 했습니다. 두 권의 기념비적인 저서를 펴냈고 누구도 따라올 수 없는 수익률을 거둔 투자자였지만, 그에게는 투자보다 더 관심 있는 주제가 10여 개는 되었습니다. [138]

그레이엄은 투자 실력이 출중하였지만 대단히 큰 부자가 되고 싶은 생각이 없었습니다. 그에게 주식투자는 하나의 지적인 행위일 뿐이었습니다. 그는 버핏에게 이렇게 조언했습니다.

"워런, 이거 하나는 알아둬야 해. 돈은 자네나 내가 사는 방식에 그다지 큰 차이를 만들어내지 못한다는 거 말이야. 우리는 지금 함께 밥을 먹으러 가잖아. 날마다 함께 일하고 또 늘 재미있고 말이야. 그리고 돈에 대해서 너무 걱정하지 말게. 돈 때문에 자네나 내가 세상을 사는 방식이 크게 달라지지는 않을 테니까. 알겠나?"[139]

버핏은 그레이엄을 경외심을 가지고 존경했습니다. 그러나 버핏은 그레이엄의 저 조언만은 따르지 않았습니다. 그는 돈을 버는 일 자체에 아주 큰 흥미를 느꼈습니다. 그레이엄 못지 않은 천재이자, 운도 좋은 투자자가 돈을 버는 일에 집중하면 어떤 일이 벌어질까요? 이제 다음 장으로 넘어가봅시다.

> **"투자에 성공하기 위해서 어마어마한 지성이나 비범한 통찰력, 은밀한 정보는 필요 없다. 필요한 것은 건전한 의사결정 원칙을 갖추고 감정이 그 원칙을 망가뜨리지 않도록 지키는 능력이다."**

7   버핏, 범접할 수 없는 천재

> "워런도 그레이엄의 어깨 위에 올라섰고,
> 결국 그보다 더 멀리 보았습니다."
> _찰리 멍거[140]

'오마하의 현인' 워런 버핏은 역사상 가장 성공적인 투자자 중 한 명입니다.[141] 2022년 3월 기준 블룸버그 세계 최고 부호 순위에서 5위를 차지하고 있습니다.[142] 부호 순위를 쭉 보면 일론 머스크, 제프 베조스, 빌 게이츠 등 직접 창업을 하여 큰 부를 이룬 사람들이 대부분인데, 버핏은 투자 실력을 바탕으로 그 자리까지 올랐다는 사실이 놀랍습니다.

1930년 네브라스카주 오마하에서 태어난 그는 펜실베이니아대학교 와튼 스쿨을 거쳐 컬럼비아대학원에서 벤저민 그레이엄으로부터 투자를 배웠습니다. 1953년 그레이엄의 회사 '그레이엄-뉴먼 코퍼레이션'에 합류했다가 1956년 회사의 청산과 함께 본인의 펀드를 시작했습니다. '버핏 파트너십'으로 불린 이 펀드[143]는 13년간 연평균 29.5%라는 엄청난 성과를 냈습니다. 1969년 펀드를 청산하면서 펀드의 주요 재산이던 '버크셔 해서웨이'를 현물로 인수, 개인 최대주주 자리에 올랐습니다. 버핏이 회사를 지배하기 시작한 1965년부터 2021년까지 버크셔 해서 웨이 주식의 연평균 수익률은 20.1%로, S&P 500의 10.5% 대비 9.6%p 초과수익을 냈습니다. 1965년 S&P 500에 1달러를 투자했다면 2021년 말 302달러가 됩니다. 같은 기간 버크셔 해서웨이에 투자한 1달러는 3만 6,416달러가 됩니다.

워런 버핏은 훌륭한 투자자로서 성공을 거두었을 뿐 아니라, 이 사회가 건강하게 유지될 수 있도록 헌신해왔습니다. 1973년 '오마하 선' 의 대주주로서 지역 공익단체의 비리를 파헤쳐 퓰리처상을 수상한 바 있습니다. 1991년 '살로먼 스캔들'로 미국 최대 주식중개업체 중 하나인 살로먼 브라더스가 파산위기에 처했을 때에는 직접 경영에 나서면서 회사를 살려냈고, 2008년 금융위기 때에는 헨리 폴슨 재무장관에게 대응 방안에 대해 조언하기도 했습니다.[144] 버핏은 인수한 기업의 경영을 훌륭한 경영진에게 철저히 위임하는 정책을 펼치는 등 건강한 자본주의의 수호자이자 정신적 지주 역할을 하고 있습니다. 2006년 그는 재산의 99% 이상을 차지하는 버크셔 해서웨이의 모든 주식을 모두 기부하겠다고 발표하였고, 2021년까지 40억 달러 이상을 기부하였습니다. 버핏은 2003년 포춘에서 '미국에서 가장 영향력 있는 사업가'로 선정되었습니다.[145]

성과를 보자

버핏의 투자 성과는 아주 쉽게 찾아볼 수 있습니다. 누구든지 단 몇 초면 '버핏 파트너십'의 수익률과 '버크셔 해서웨이'의 수익률을 연도별로 찾아낼 수 있습니다(그레이엄의 수익률은 정리하는 데만 꼬박 하루가 걸렸습니다).

버핏은 11살 때 처음으로 주식을 매수하면서 투자자의 길로 들어섰습니다. 그레이엄을 추앙하여 그가 재직하던 컬럼비아대학교까지 찾아간 버핏은 기어이 그레이엄의 회사에 입사해버렸습니다(그 전에 한 번 거절당했습니다). 이후 1957년부터 1969년까지 고향인 오마하를 거점으로 본인의 펀드를 운용했는데, 그 성과는 〈표 7-1〉과 같습니다.

버핏 파트너십의 수익률은 어마어마합니다. 13년간 29.5%로, 비교지수 7.4% 대비 22.1%p 초과수익을 냈습니다. 한편, 이 수익률은 그레이엄 때와 마찬가지로 파트너십의 전체 수익률과 고객이 가져간 수익률(LP 수익률)을 구분해야 합니다. LP 수익률은 23.8%로, 전체 수익률 대비 5.7%p 감소합니다. 그래도 여전히 비교지수 대비 16.4%p 초과수익으로서, 아주 훌륭한 성과입니다.

파트너십을 청산하기로 결정할 때에도 버핏의 탁월함이 드러납니다. 1967년에 버핏은 주주들에게 1) 양적인 분석을 통해 확실히 돈을 벌 수 있는 기회가 줄어들었다. 2) 단기 수익률에 대한 관심이 막대해

표 7-1

버핏 파트너십 수익률

	다우(%)	파트너십 수익률(%)	초과수익 (%p)	LP 수익률 (%)	초과수익 (%p)
1957	-8.4	10.4	18.8	9.3	17.7
1958	38.5	40.9	2.4	32.2	-6.3
1959	20	25.9	5.9	20.9	0.9
1960	-6.2	22.8	29	18.6	24.8
1961	22.4	45.9	23.5	35.9	13.5
1962	-7.6	13.9	21.5	11.9	19.5
1963	20.6	38.7	18.1	30.5	9.9
1964	18.7	27.8	9.1	22.3	3.6
1965	14.2	47.2	33	36.9	22.7
1966	-15.6	20.4	36	16.8	32.4
1967	19	35.9	16.9	28.4	9.4
1968	7.7	58.8	51.1	45.6	37.9
1969	-11.6	6.8	18.4	6.6	18.2
누적	7.4	29.5	22.1	23.8	16.4

출처: 그레이엄-도드 마을의 위대한 투자자들[146]

지면서 시장의 과잉 반응 패턴이 증가하여 본인이 가진 분석 기법으로는 대응하기 어렵다. 3) 운용하는 자산 규모는 너무 커졌다. 4) 그러므로 기대수익률을 낮추겠다라고 했습니다.[147]

버핏이 초기에 파트너십을 결성하면서 주주들에게 이야기한 수익률은 다우존스 대비 10%p 초과수익이었습니다. 버핏은 시장 상황이 변했고, 그가 할 수 있는 투자법으로는 약속을 지킬 수 없다고 판단하여 기대수익을 낮추는 길을 택합니다. 여기서 버핏은 자신이 예전에는 더 젊고, 가난하고, 경쟁력이 있었을 거라고 합니다.[148] 39살 버핏이 이제는 벌 만큼 벌었고 '나이도 먹었으니' 적당히 하겠다고 한 것이지요.

이어서 1969년에는 이렇게 이야기합니다. 앞서 1967년 서한을 보낼 때 목표치를 낮추면 노력을 덜 할 것 같아서 목표치를 낮췄지만, '무대에 올라와 있는 한'은 100%의 책임감을 여전히 느끼고 있었다고 합니다. 이런 식으로는 파트너십이 아닌 다른 일에 노력을 쏟을 수 없다며 이렇게 말합니다. "다른 토끼를 추월하는 데 모든 에너지를 쏟는 인생을 살고 싶지 않습니다."[149] 사실상의 은퇴 선언입니다.[150]

버핏의 '은퇴' 시점은 탁월했습니다. 1970년대는 미국 투자자들이 악몽으로 기억하는 엄청난 약세장이었습니다. 두 번의 오일 쇼크, 인플레이션, 금리 급등, 닉슨 쇼크, 베트남 전쟁, 워터게이트 사건 등 굵직한 사건들이 연이어 있었고, 1970년대의 마지막은 소련의 아프간 침공이 장식했습니다. S&P 500 지수는 10년간 100 언저리를 맴돌았고, 큰 하락장을 두 번 겪었고, 1980년이 되어서야 신고가를 갱신했습니다. 1960년대의 활황장에서 단꿈에 빠져 있던 투자자들은 강제로 현실로 돌아와야만 했습니다. 버핏의 친구 찰리 멍거의 펀드는 수익률이 반토막이 났고, 빌 루안의 세쿼이어 펀드도 1973년, 1974년 연거푸 두 자릿수 손실을 내면서 자산의 70% 이상이 날아갔습니다.[151]

버크셔의 주가도 1973~1974년 기간 동안 반토막이 났지만, 버핏은 버크셔의 회장으로서 자금이 유출될 우려 없이 본인이 하고 싶은 형태의 투자를 계속해나갈 수 있었습니다. 당시 그는 언론의 조명을 받으면서 '전국구 스타'로 거듭나는 중이었고, 인수한 언론사를 통해 퓰리처상도 수상한 바 있습니다. [152] 그는 시장의 방향성을 예측하는 투자를 하지 않았지만, 시장의 커다란 변곡점에서 탁월한 의사결정을 한 것입니다. 한 술 더 떠서, 1974년 11월 포브스와의 인터뷰에서는 "이제 투자를 할 때가 되었다"며 "필립 피셔의 '성장주' 종목들을 벤 그레이엄의 '담배꽁초' 가격으로 살 수 있는 최초의 시기"라고 하였습니다. [153] 1979년에는 당시 유행하던 금, 원자재, 부동산 등을 버리고 "이제는 주식을 살 때"라는 기고문을 실었습니다. [154]

버핏 파트너십 이후의 버핏의 투자 성과는 버크셔 해서웨이의 수익률을 보면 됩니다. 버핏은 1962년, 그레이엄의 '담배꽁초' 스타일을 고수하면서 남성복 안감에 들어가는 섬유를 만드는 회사 하나를 인수했습니다. 섬유는 당시에 사양산업이었지만 그레이엄의 '조건'에 부합하는 회사였고, 버핏의 최악의 투자 건 중 하나가 되어버렸습니다. 주당 7.50달러부터 매입을 시작하였고, 주가가 9~10달러 수준까지 오른 시점에서 회사 측은 버핏에게 얼마면 주식을 팔겠느냐고 물어보았습니다. 버핏은 11.50달러면 팔겠다고 했고, 회사 측은 11.375달러에 공개매수를 통보하였습니다. 화가 난 버핏은 오히려 주식을 더 많이 매수하여 1965년에 회사의 최대주주 자리에까지 올라버립니다. [155]

1960년대는 '고고 시대the go-go years[156]'라고 부르는 성장주 광풍이 불던 시기였습니다. 버크셔 해서웨이 같은 사양산업에 있는 회사의 주가는 좋지 않았습니다. 앞서 말씀드린 대로 1969년 버핏은 파트너십 해산을 선언하는데, 문제는 버크셔 해서웨이는 거래량이 너무 없어서 유동화를 할 수도 없었습니다. 버핏은 정 주식을 팔고 싶은 사람들은 별도로 매수자를 주선해주는 형태로 유동화를 진행했고,[157] 해산 이후 많은 주주가 버크셔 주식을 현물로 떠안아버렸습니다. 버핏은 주식을 더 살 생각이었으므로 당연히 현물로 보유했고, 그 결과 버크셔 해서웨이의 개인 최대주주가 됩니다. 그는 훗날 전기 작가 앨리스 슈뢰더에게 이렇게 토로합니다.

"버크셔 해서웨이라는 이름이 애초에 내 귀에 들리지 않았다면 더 좋았을 텐데 말입니다."[158]

버핏은 그렇게 어쩔 수 없이 떠안은 회사를 어떻게든 회생시키고자 고군분투했습니다. 그 '고군분투'의 결과로 어떤 성과를 냈을까요?

57년간 20.1%입니다. S&P 500의 10.5% 대비 9.6%p 수익률입니다. 음, 이건 좀 너무하다는 생각이 듭니다. 그레이엄과 버핏 파트너십의 기준으로 보자면 LP 수익률, 즉 고객이 가져가는 수익률 기준이거든요. 심지어 반쯤 은퇴한 상태에서 이 수익률을 냈다는 점이 너무나 놀랍습니다.

표 7-2

버크셔 해서웨이 수익률

	버크셔 해서웨이(%)	S&P 500 TR(%)	초과수익(%)
1965	49.5	10.0	39.5
1966	- 3.4	- 11.7	8.3
1967	13.3	30.9	- 17.6
1968	77.8	11.0	66.8
1969	19.4	- 8.4	27.8
1970	- 4.6	3.9	- 8.5
1971	80.5	14.6	65.9
1972	8.1	18.9	- 10.8
1973	- 2.5	- 14.8	12.3
1974	- 48.7	- 26.4	- 22.3
1975	2.5	37.2	- 34.7
1976	129.3	23.6	105.7
1977	46.8	- 7.4	54.2
1978	14.5	6.4	8.1
1979	102.5	18.2	84.3
1980	32.8	32.3	0.5
1981	31.8	-5.0	36.8
1982	38.4	21.4	17.0
1983	69.0	22.4	46.6
1984	- 2.7	6.1	- 8.8
1985	93.7	31.6	62.1
1986	14.2	18.6	- 4.4
1987	4.6	5.1	- 0.5
1988	59.3	16.6	42.7
1989	84.6	31.7	52.9
1990	- 23.1	- 3.1	- 20.0
1991	35.6	30.5	5.1
1992	29.8	7.6	22.2
1993	38.9	10.1	28.8

1994	25.0	1.3	23.7
1995	57.4	37.6	19.8
1996	6.2	23.0	– 16.8
1997	34.9	33.4	1.5
1998	52.2	28.6	23.6
1999	– 19.9	21.0	– 40.9
2000	26.6	– 9.1	35.7
2001	6.5	– 11.9	18.4
2002	– 3.8	– 22.1	18.3
2003	15.8	28.7	– 12.9
2004	4.3	10.9	– 6.6
2005	0.8	4.9	– 4.1
2006	24.1	15.8	8.3
2007	28.7	5.5	23.2
2008	– 31.8	– 37.0	5.2
2009	2.7	26.5	– 23.8
2010	21.4	15.1	6.3
2011	– 4.7	2.1	–6.8
2012	16.8	16.0	0.8
2013	32.7	32.4	0.3
2014	27.0	13.7	13.3
2015	– 12.5	1.4	– 13.9
2016	23.4	12.0	11.4
2017	21.9	21.8	0.1
2018	2.8	– 4.4	7.2
2019	11.0	31.5	– 20.5
2020	2.4	18.4	– 16.0
2021	29.6	28.7	0.9
연환산	20.1	10.5	9.6
누적	36,416.1	302.1	36,114.0

출처: 버크셔 해서웨이 주주서한 2021[159]

버크셔 해서웨이의 수익률에서 특이한 구간을 찾아보자면 1974년과 1999년입니다. 1974년에 무슨 일이 있었는지는 앞서 파트너십 청산을 이야기하면서 말씀드렸습니다. 1999년은 다들 아시는 '나스닥 기술주 버블' 시기였습니다. 이때의 성과로 인하여 버핏은 '한물간 인물'이라는 평을 받았고, 주주총회에서는 "제발 기술주를 조금이라도 사면 안 되겠냐"는 탄원(?)까지 받았습니다.[160] 1999년 하반기에 버핏은 이례적으로 '시장이 고평가되었다'라는 의견을 네 차례나 공개적으로 펼쳤습니다.[161] 2000년은 거품이 꺼지며 시장이 급락했고, 버크셔는 오히려 두 자릿수 수익률을 냈습니다.

비슷한 구간으로 비교적 최근인 2019~2020년이 있습니다. FAANG, MAGA 등으로 불리는 기술주가 장기간 엄청난 수익률을 보여준 구간이었습니다. 이때도 버핏은 '한물간 인물'이라는 평을 받았고, 2020년 코로나 기간에는 항공주를 저점에 매도하는 등 조롱의 대상이 되기도 했습니다. 그러나 2021년, 그리고 이 책을 쓰고 있는 2022년에 버크셔의 성과는 멋지게 회복했고, 2020년에 공격적으로 투자했던 일본 상사 주식은 또 한 번 버핏의 성공적인 투자 역사의 한 장을 기록했습니다.

물론 최근 연도의 성과를 냉정하게 평가해보자면 과거와 같은 압도적인 초과수익률은 아닙니다. 그러나 자산총액이 9,500억 달러가 넘어가고 시장성 증권만 3,500억 달러를 운용하는데, 다른 투자자와 성과를 비교하기에는 동일한 범주에서의 비교가 불가능한 정도로 버핏의 위치는 아득히 멀어졌습니다.[162] 또한 테드 웨슐러, 토드 콤스 등 후계자가 관리하는 비중이 늘어나고 있어서 최근의 성과 및 앞으로의 성과가 온전히 버핏의 성과라고 하기는 어렵습니다.[163]

사실 버핏에게 성과 검증은 이제 더이상 필요하지 않다고 해도 과언이 아닙니다. 버핏의 상태는 요즘 말로 하자면 '게임의 끝판을 다 깬 지 한참 지난 고인물'이라고 볼 수 있습니다. 게임을 즐기는 단계에 접어든 사람이 실수를 몇 번 한다고 해서 과거의 이력이나 그의 투자 원칙이 지니는 가치가 훼손되지는 않습니다. 거듭 말씀드리지만 버핏은 이미 50년 전부터 반쯤 은퇴한 상태입니다.

그레이엄으로부터 사사받은 버핏은 누구도 범접할 수 없는 성과를 냈습니다. 이제 우리는 그레이엄에게서 배운 것처럼 버핏에게서도 또 사고 체계를 배워서 내 것으로 만들면 되겠네요. 그렇지요? 음, 그런데 그게 또 쉽지 않습니다. 하하.

집에서 따라 하지 마세요

버핏은 '복리의 마술'을 강조합니다. 버핏은 10살 때 복리의 마술을 깨닫고 감탄했다고 합니다. 저도 그랬던 적이 있습니다. 제가 버핏을 처음 알 때쯤 버크셔 해서웨이의 연평균 수익률은 24.8%였습니다. 몇몇 버핏 책에서 그의 투자 기법을 소개하는 것을 읽고, '아, 이대로 따라 하면 나도 연 24.8%를 낼 수 있겠구나' 생각했습니다. 24.8% 복리로 30년을 굴리면 770배가 됩니다. 시드 1,000만 원으로 시작해도 77억 원이 되는 거죠. 50년을 굴리면 6만 4,000배가 됩니다. 시드 1,000만 원이 640억 원이 되는 거죠. 와아! 버핏 선생님이 돈이 많긴 해도, 저는 버핏보다 젊으니까 오래 살기만 하면 버핏보다 부자가 될 수도 있지 않을까? 하는 꿈에 부풀었었습니다.

그 꿈이 이룰 수 없는 꿈이라는 건 아주 간단하게 알 수 있습니다. 저 계산을 해본 게 2005년이었고, 당시 버핏은 75세였습니다. 버핏의 재산은 440억 달러였습니다. 제가 50년 동안 돈을 불려서 640억 원을 만들어봤자 75세 버핏의 100분의 1 정도밖에 안 됩니다. 그것도 인플레이션은 감안하지 않은 수치로요.

표 7-3

어린 시절의 행복 회로   (단위: 억 원)

수익률 \ 경과 연수	10	20	30	40	50	60
5%	2	3	4	7	11	19
10%	3	7	17	45	117	304
20%	6	38	237	1,470	9,100	56,348
24.80%	9	84	770	7,056	64,674	592,755

버핏의 재산을 검색해보면 재산의 90%를 65세 이후에 벌었다는 이야기가 많이 나옵니다. 그건 별로 중요하지 않습니다. 재산이 복리로 늘어나면 당연히 후반부에 늘어난 재산의 비율이 훨씬 큽니다. 65세의 버핏은 은퇴를 두 번이나 한 이후입니다. '은퇴 전' 버핏의 재산이 늘어나는 과정이 저는 더 흥미롭습니다.

버핏은 11살에 처음으로 주식을 매수하였습니다. 13살에 처음으로 세금 신고를 했습니다. 버핏은 6살 때부터 껌을 팔아서 돈을 벌었습니다. 9살 때에는 코카콜라를 팔고, 신문배달을 하고, 잡지도 팔았습니다. 중고 골프공도 팔고 미식축구 경기장에서 땅콩과 팝콘도 팔았습니다. 10살 때《천 달러를 버는 천 가지 방법》이라는 책을 읽고 복리의 마술을 깨달은 그는, 35살에 백만장자가 될 거라고 선언하였습니다. 이듬해 그는 실제로 주식을 매수함으로써 복리 성장의 첫걸음을 뗐습니다.[164] 17살에는 회사를 설립하고 핀볼 기계를 설치하여 운영하는 사업을 했습니다. 버핏은 10대 때 이미 투자와 사업을 병행하며 돈을 모으고 경험을 쌓았습니다.

버핏은 20살이 되던 1950년에 이미 1만 달러가량을 저축해뒀습니다. 30살인 1960년에 재산 100만 달러를 모아서 11살 때의 선언을 5년 초과 달성했고, 35살이 된 1965년에는 3,700만 달러를 소유했습니다. 이때 이미 미국 내 최고 부자 반열에 올라섰지요. 여러분은 10살, 20살, 30살에 얼마를 가지고 있었나요? 인플레이션을 감안하지 않고서도, 워런 버핏보다 부자였던 사람은 별로 없을 것입니다.

버핏은 유년기에 누구보다 빨리 돈과 사업에 눈을 떠서 재산을 모으기 시작했습니다. 청년기에는 펀드매니저로서 막대한 재산을 긁어모았습니다. 장년기 이후에는 지주회사의 경영자로서 일반적인 펀드매니저가 쓸 수 없는 방법으로 큰돈을 더 크게 불려갔습니다.

버핏은 '난소 복권ovarian lottery'이라는 이야기를 한 적이 있습니다. 경제가 성장하고 있는 미국에서, 여성과 유색인종이 각종 차별을 받던 시기에 백인 남성으로 태어난 것만으로도 엄청난 기회를 얻은 것이라고 했습니다.[165] 그러나 그것만으로 버핏의 성공을 설명할 수 없습니다. 1930년에 미국에서 태어난 아기는 220만 명에 달합니다.[166] 그 220만 명의 운 좋은 아기들 중에서도 버핏은 독보적인 결과를 냈습니다.

무엇이 버핏을 특별하게 만든 걸까요? 물론 버핏은 뛰어난 스승들로부터 배웠고, 많은 노력을 했습니다. 그렇다고 우리가 그 스승들로부터 배우고 그에 못지않은 노력을 한다고 해서 버핏만큼의 성과를 낼 수 있다고 주장하기는 조심스럽습니다. 우리가 따라 할 수 있는 것과 없는 것은 구분해야지요.

다른 사람과 다른 버핏의 특이함은 한둘이 아닌데, 한번 열거해보겠습니다.

똑똑함

일단 물려받은 유전자가 좋았습니다. 버핏은 숫자 계산과 암산에 비범한 재능이 있었습니다. 무언가를 관찰하는 것도 좋아했고요. 버핏은 경마 예측표를 팔기도 했는데, 어렸을 때부터 통계에 기반한 예측에 뛰어났다는 점을 시사합니다. 컬럼비아대학에서 수학할 때에는 그레이엄으로부터 전 과목 A+를 받은 유일한 학생이었습니다.

가문

버핏 가문은 할아버지 대에는 지역의 커다란 식료품점을 하면서 꽤 유복한 환경이었던 것으로 보입니다.[167] 아버지 하워드 버핏은 주식중개회사를 설립하여 대공황에도 불구하고 사업이 꽤 잘되었고, 이후에 공화당 하원의원으로 4선까지 역임합니다. 어머니 레일라의 가족은 인쇄소를 운영했고, 그녀의 아버지는 네브라스카 웨스트포인트 주간지 사장이자 편집장이었습니다. 아내인 수지 톰슨의 아버지는 네브래스카 오마하대학의 학장이었습니다. 양가 부모님의 인맥은 버핏이 파트너십의 고객을 유치하는 데 큰 도움이 되었습니다. 1956년 파트너십 설립 이전에 이미 1953년에 아버지를 위해 '버핏 앤드 버핏'이라는 회사를 설립하고 아버지의 돈을 운용하기도 했습니다. 뿐만 아니라 유통, 증권, 미디어 등 가문 구성원들이 가진 다양한 분야의 사업 경험이 버핏의 지식 확장에 기여하였을 것입니다.

일찍 시작

버핏은 6살 때 처음으로 투자 서적을 읽었고, 7살 때는 크리스마스 선물로 채권 판매 관련 서적을 부탁했습니다. 10살에 복리의 위대함을 깨닫고 11살에 주식을 샀습니다. 심지어 그것도 늦었다고 후회한다고 했습니다.[168] 버핏은 10살 때부터 아버지가 일하는 증권회사를 방문하여 시세창을 보기도 하고 투자 서적을 읽곤 하였습니다. 투자의 세계에서 경험은 무엇보다 소중한 자산입니다. 버핏은 벤저민 그레이엄을 알기 전에 차트 분석에도 심취하는 등 당시에 세상에 나와 있는 모든 투자 기법을 시도해보면서 본인에게 맞는 방법을 찾아냈습니다.

사업 소득과 경험

물려받은 재산이 많지 않은 이상, 누구든 처음에는 노동으로 돈을 벌어야 합니다. 버핏은 주식을 시작하기 한참 이전부터 돈을 벌어왔고, 주식을 시작한 이후에도 각종 사업을 벌이면서 돈을 벌고 그 돈으로 주식을 샀습니다. 버핏은 사업을 파악할 수 있는 능력을 아주 중시하는데, 이러한 직접적인 사업 경험은 투자 대상 사업을 파악하는 데에도 크게 도움이 되었을 것입니다. 버핏의 주력 포트폴리오인 유통, 소비재, 미디어, 금융 등은 그가 직간접적으로 경험한 사업과 관련이 깊습니다.

펀드매니저 생활

당대 최고의 펀드매니저였던 벤저민 그레이엄의 강의를 수강하고,

그의 회사에서 3년간 일했습니다. 앞서 6장에서 말씀드렸지만, 기관투자자로서 그레이엄은 경영권 투자, 차익거래 등 다양한 기법을 사용했습니다. 버핏은 그레이엄의 기법을 고스란히 물려받았겠지요. 그는 파트너십 시절 엄청난 수익률을 올렸었는데, 경영권 참여, 워크아웃 등이 수익에 크게 기여했습니다.[169] '샌본 맵'에 투자할 때에는 회사와 싸웠고, '뎀스터 밀'에 투자할 때에는 직접 경영에 참여하였습니다.

레버리지 – 순수 차입

버핏은 레버리지도 많이 썼습니다. 1969년 주주서한을 보면 자본금의 110%에서 1,000%까지도 투자했다고 합니다. 그레이엄이 개척한 여러 헤지펀드 전략은 레버리지를 반드시 필요로 하는 경우가 많습니다. 버핏은 돈을 빌리는 일을 좋아하지 않을 것 같지만, 필요할 때는 과감하게 돈을 빌렸습니다.

레버리지 – 성과보수

한편 버핏은 다른 사람이 쓰기 어려운 다양한 형태의 레버리지를 활용했습니다. 레버리지를 광범위하게 '남의 돈으로 투자'하는 일이라고 정의한다면, 펀드매니저라는 직업 자체가 일종의 레버리지입니다. 펀드매니저는 운용자산에 대해서 기본보수를 받고, 초과수익 달성 시 성과보수를 또 받습니다. 버핏의 파트너십들은 성과보수의 기준 수익률(허들)이 0~6%였고, 1962년 통합 이후에는 일괄 6% 초과분의 25%를 받는 구조였습니다.[170] 보통의 매니저와 달리 기본보수는 받지 않는 대

표 7-4

일반 머니 매니저와 버핏의 수수료 비교

연도	투자조합의 수익률(%)	초기 자금에서 늘어난 자금(달러)	일반 머니 매니저의 수수료(달러)	버핏의 수수료(달러)
1957	10.4	115,920	1,381	1,155
1958	40.9	163,331	1,745	10,114
1959	25.9	205,634	2,306	8,126
1960	22.8	252,519	2,863	8,637
1961	45.9	368,425	3,881	25,189
1962	13.9	419,636	4,925	7,276
1963	38.7	582,035	6,260	34,305
1964	27.8	743,840	8,287	31,721
1965	47.2	1,094,933	11,492	76,616
1966	20.4	1,318,300	15,083	39,418
1967	35.9	1,791,569	19,437	98,543
1968	58.8	2,845,012	28,979	236,487
1969	6.8	3,038,472	36,772	5,690
총계			143,411	583,276

자료: 티머시 빅, 《워렌 버핏의 가치투자 전략》 p.28

신 성과보수를 많이 받는 구조였고, 뛰어난 성과를 낸 결과 막대한 성
과보수를 받을 수 있었습니다. 버핏이 받아간 성과보수는 〈표 7-4〉와
같습니다.[171]

레버리지 – 플로트

버핏은 버크셔 해서웨이의 여유 현금으로 1967년 '내셔널 인뎀니티'
라는 보험 회사를 인수하였습니다. 보험사는 고객으로부터 보험료를

미리 받고, 사고가 났을 때 보험금을 지급합니다. 돈이 미리 들어오고 나중에 나가기 때문에 그 사이에 회사 안에서 돈이 둥둥 떠 있어서 이를 플로트float라고 부릅니다. 보통의 보험 회사는 플로트를 안전하게 운용하느라 채권 위주로 투자하는데, 버핏은 본인의 투자에 자신이 있었기 때문에 이 자금으로 주식투자에 나섰습니다.[172] 이는 버핏에게 일종의 무이자 레버리지가 됩니다.

'블루 칩 스탬프'라는 회사의 할인쿠폰 판매대금도 플로트였습니다. 이 회사는 요즘 대형마트의 포인트 제도처럼 상점에 스탬프를 제공합니다. 소비자들은 스탬프를 모으면 사은품을 받을 수 있었는데, 이게 당시에 크게 유행했습니다. 회사 입장에서는 스탬프를 미리 팔고 나중에 회수될 때 돈을 지급하기 때문에, 보험사의 보험료와 마찬가지로 플로트가 생겨납니다. 버핏은 1968년부터 블루 칩 스탬프의 주식을 사모으기 시작했습니다. 지금은 그렇게 비중이 크지 않지만, 블루 칩 스탬프의 플로트는 초창기 버크셔의 주요 자금원이 되어주었습니다. 이 자금으로 '웨스코'라는 회사의 지분을 매입했습니다(나중에 블루 칩 스탬프와 버크셔 해서웨이가 합병하면서 찰리 멍거가 버크셔 해서웨이의 부회장 자리에 오르게 됩니다).

기업 전체 인수

버크셔는 시장에서 거래되는 증권보다 기업 전체를 인수하여 지배하는 자산이 더 큽니다. 2021년 말 기준 상장 증권은 3,500억 달러어치를 보유하고 있는데, 전체 자산은 9,500억 달러입니다. 버크셔는 보험회사 가이코, 철도회사 BNSF 등을 비롯하여 엄청나게 많은 회사를 100% 소유해서 종속회사로 두고 있습니다. 심지어 이 회사들은 그저 장부가치로만 평가받고 있습니다. 버핏은 종종 버크셔 해서웨이가 저평가되어 있다고 하는데, 버크셔가 소유한 상장 증권은 시장가치로 그대로 평가받지만 종속회사들은 시장에서 제대로 평가받지 못하고 있다는 뜻입니다.

기업 전체를 인수하는 건 원론적으로 어떤 기업이든 할 수 있습니다. 버크셔의 기업 전체 인수 전략이 초과수익을 낼 수 있는 방안이 되는 이유는 버크셔의 독특한 기업문화 때문입니다. 버크셔는 훌륭한 경영진에 높은 가중치를 두고 인수를 진행합니다. 인수 후에는 완전히 독립적인 경영을 보장해줍니다. 그 대가로 인수가격을 꽤 낮춥니다. 이런 거래는 기존 경영진 입장에서는 개인적으로 현금을 확보하면서도 그동안 키워온 사업을 변함없이 영위할 수 있고, 버크셔는 낮은 가격에 좋은 회사와 좋은 경영진을 패키지로 얻어올 수 있으니 수익률에 도움이 되는 윈-윈 거래입니다. 피인수기업 입장에서 '버크셔 패밀리'의 일원이 되었으니 사업이나 자금조달 측면에서 좀 더 유리해지는 건 덤이고요.

한편 버크셔는 지주회사로서 세제 혜택을 받을 수 있습니다. 한 회사에 현금이 넘쳐나면 그 현금을 모회사로 올려서 투자 재원으로 활용할 수 있습니다.[173] 개인 자격으로 이렇게 하려면 배당소득세를 내야 하기 때문에 제약이 많습니다. 성장이 정체되었지만 현금이 잘 창출되는 회사를 버핏을 따라 한답시고 매수하는 건 흔히 하는 실수 중 하나입니다.

세제 혜택의 힘을 빌지 않더라도, 버크셔는 보험을 이용해서 자금을 이전시킬 수 있습니다. 버크셔 초창기에 버핏은 버크셔의 지분을 추가로 확보하기 위하여 백화점 회사인 다이버시파이드 리테일링 안에 재보험사를 설립하고 내셔널 인뎀니티의 사업 일부를 그쪽으로 돌렸습니다. 그 현금으로 블루 칩 스탬프와 버크셔 해서웨이 지분을 샀습니다. 초창기부터 지금까지 보험업은 버크셔의 주력 사업입니다.

제약 없는 자산군

버크셔는 주식에만 투자하지 않습니다. 채권, 옵션, 비상장 스타트업 등 투자 대상에 거의 제한이 없습니다. 'RJR 나비스코'의 투기등급 채권도 샀었고,[174] '살로먼 브라더스'의 우선주에도 대량으로 투자했습니다. '코카콜라'의 주가가 하락했을 때에는 풋옵션을 매도했습니다. 2002년에는 처음으로 외환시장에도 진입했습니다. 2020년에는 클라우드 기반 소프트웨어 업체 '스노우플레이크'의 IPO에 참여하여 엄청난 수익을 거두었습니다.

직접 경영

버핏은 훌륭한 경영진에게 철저히 경영을 위임하는 것으로 알려져 있지만, 꼭 그렇지만은 않습니다. 시즈 캔디의 가격 인상, 버팔로 뉴스의 주말 신문 발행 등에 개입했고, 1991년 살로먼 브라더스 스캔들 때에는 아예 임시 회장으로 취임했습니다. 버핏의 주 영역인 보험업은 늘 버핏의 시선 아래에 있습니다.[175] 보험업은 버크셔 해서웨이가 만들어내는 투자 재원의 핵심이며, 애초에 버크셔 해서웨이라는 회사의 존재 자체가 경영자 버핏이 일궈낸 산물입니다.

버핏은 독립된 투자회사의 최대주주이자 경영자로서 그가 생각할 수 있는 모든 방안을 동원해서 투자에 나섭니다. 보통 사람이라면 도무지 시도할 수 없는 방법으로 투자를 집행하고, 그 방법은 웬만한 기관투자자들도 범접하기 어렵습니다. 버핏과 버크셔의 존재는 전 세계 금융 역사상 유일무이합니다.[176]

버핏은 엄밀히 펀드매니저가 아니지만, 이런 구조를 짜서 사업을 경영하는 버핏은 어쩌면 가장 전통적인 의미에서의 펀드매니저일 수도 있습니다. 파트너들은 회사에 출자한 후 운용자를 믿고 위임하고, 운용자는 최선을 다해 운용하고 성과를 투명하게 보고합니다. 이게 자금 관리자와 위탁자 사이의 가장 기본적인 관계 아닌가요? 버핏은 파트너십 시절부터 파트너와 운용자 간의 이해관계 일치에 최선을 다했었고, 그 기조는 지금도 전혀 달라지지 않았습니다.[177]

각설하고, 그래서 버핏은 범접할 수 없는 천재니까 그가 하는 말은 그냥 '천상계'의 이야기라고 흘려넘겨야 할까요?

버핏 스스로도 "벤저민 그레이엄이 지금의 나의 투자법을 보았다면 이해는 했을 테지만 대다수 사람이 따라 하기는 어려울 것이라고 말했을 것"이라고 말한 바 있습니다.[178]

그러나 버핏은 스승인 그레이엄을 본받아 강단에 서기도 했고, 언론에 기고도 장기간 했습니다. 대중에게 무언가 하고 싶은 이야기가 많이 있다는 뜻이죠.[179] 우리가 흔히 보는 주주서한과 연차보고서는 사실 회사의 대표로서 주주에게 보고하는 자리라서, 일반투자자를 대상으로 하는 이야기라고 하기 어려운 면이 있습니다. 그러나 버핏은 그 자리를 빌려서도 투자의 핵심이 되는 원칙들을 거침없이 털어놓습니다.

버핏의 이야기는 사뭇 장황하고 은유가 많이 섞여 있지만, 그레이엄의 사고 체계와 함께 차근차근 이해해나가다 보면 탄성을 지를 때가 한두 번이 아닙니다. 버핏의 주주서한을 모아놓은 책은 그야말로 빈칸이 없을 정도로 형광펜을 칠해가며 읽게 됩니다. 버핏으로부터 투자법을 배우기는 쉽지 않겠지만, 일단 그는 많은 힌트를 우리에게 던져주기는 했습니다. 그리고 우리는 버핏의 투자법은 그레이엄으로부터 물려받은 자산이라는 점을 알고 있습니다. 그렇다면 버핏의 투자법을 밝히는 발걸음은 그레이엄과의 차이에서 시작해야 할 것입니다.

레슨 1. 젖소를 키웁시다

그레이엄과 버핏의 차이는 무엇일까요? 그레이엄과 버핏의 사고 체계는 사실 딱 잘라 구분하기 어렵습니다. 버핏 스스로 이미 자신의 85%가 그레이엄에게서 왔다고 했으니, 엄청나게 많은 지적 자산을 물려받았음은 명백합니다.

혹자는 나머지 15%가 필립 피셔인데, 필립 피셔는 성장주 투자자니까 이를 두고 '85% 가치주, 15% 성장주'라고 해석하기도 합니다. 이렇게 해석하면 안 된다는 건 앞서 6장에서 논의한 바 있습니다. 버핏이 직접 가치주와 성장주의 구분은 모호하다고 했고,[180] 그가 성장을 매우 중시한다는 건 포트폴리오에서 이미 드러나 있습니다.[181]

어쨌거나 그레이엄과의 차이는 나머지 15%에서 찾아야 하고, 그 열쇠를 피셔가 쥐고 있는 건 확실해 보입니다. 필립 피셔에 대해서는 별도로 할 얘기가 많으므로 3부에서 따로 다루도록 하고, 여기서는 버핏이 피셔에 대해서 뭐라고 언급하는지부터 찾아보겠습니다.

1997년 주주총회에서 버핏은 이렇게 이야기합니다. "피셔는 내가 훌륭한 기업을 찾아낼 수 있도록 눈을 뜨게 해주었습니다. 훌륭한 기업 발굴에 대해서는 찰리가 피셔보다 더 영향을 주었지만, 피셔는 이 관점을 한결같이 지지했으며 나는 1960년대 초부터 피셔의 책을 읽었습니다."[182]

2004년과 2014년에는 각각 이렇게 이야기합니다. "벤저민 그레이엄의 원칙을 여전히 사용하고 있지만, 우량 기업 발굴에 관해서는 찰리와 필립 피셔의 영향을 많이 받았습니다."[183] "(가치를 계산할 때) 필립 피셔는 질적 요소를 주목했고, 그레이엄은 양적 요소를 주목했습니다. 처음에 나는 양적 요소를 더 중시했고, 찰리는 질적 요소를 더 중시했습니다."[184]

정리해볼까요. 1) 그레이엄이 제시한 원칙, 즉 가치 기반 사고는 전혀 변하지 않았다. 2) 훌륭한 기업, 즉 가치 있는 주식을 판단하는 기준은 많이 바뀌었다. 3) 새로운 기준은 찰리 멍거와 필립 피셔로부터 배웠는데, 양적인 요소보다 질적인 요소를 중시한다.

"훌륭한 기업을 적당한 가격에 사는 것이 적당한 기업을 훌륭한 가격에 사는 것보다 낫습니다."[185]

1988년에 처음 등장한 이 문장은 버핏이 그레이엄의 가르침에서 독자적인 길로 나아가는 상징적인 표현입니다. 이 문장을 이해하면 그레이엄과 버핏의 차이를 이해했다고 봐도 무방할 것입니다. 이 문장은 이후에 유사한 형태로 줄곧 반복됩니다.

(2003년) "훌륭한 기업을 적정가격에 사는 편이 더 타당합니다. 그동안 우리는 방향을 이렇게 전환했습니다. (중략) 우리가 담배꽁초 투자에

서 우량 기업 투자로 전환할 때는 그 경계가 명확하지 않았습니다. 세월이 흘러 이제는 전환이 완료되었습니다."[186] (2014년) "찰리가 만들어 낸 가장 중요한 작품은 현재 버크셔의 설계도입니다. 그가 내게 넘겨준 설계도는 단순했습니다. 그저 그런 기업을 헐값에 사는 방식은 모두 잊어버리고, 훌륭한 기업을 적정가격에 사라는 말이었습니다."[187]

'가치주'에서 '성장주'로의 변화가 아닌, '담배꽁초' 기업에서 '훌륭한 wonderful' 기업으로의 변화입니다. 우리는 담배꽁초 기업이 무엇인지는 대략 알고 있습니다. 회사 내부에 현금화할 수 있는 어떤 자산이 있고, 주가가 이보다 싸면 담배꽁초 기업입니다. 주식을 헐값에 매입해서 그 자산을 뽑아내거나, 혹은 어떤 이유로든 비싸게 그 주식을 되팔 수 있으면 돈을 버는 게 담배꽁초 전략입니다.

그럼 훌륭한 기업은 무엇일까요? 버핏은 훌륭한 기업이라는 단어를 자주 사용하지만, 명확하게 정의 내리지는 않습니다. 그리고 훌륭한 기업에 투자하는 것이 왜 기존의 전략보다 우월한지도 이야기하지 않고, 적당한 가격을 어떻게 구하는지도 알려주지 않습니다. 여기에 대답을 찾아 나가는 과정은 꽤 긴 여정이 될 것 같습니다.

워런 버핏이 직접 쓴 책은 없지만 그의 생각을 알 수 있는 자료는 풍부합니다. 버크셔 해서웨이의 주주들에게 보내는 주주서한, 주주총회에서의 Q&A, 연차보고서, 그리고 파트너십 시절의 주주서한, 포춘 기고문, 각종 인터뷰 등 다양합니다. 이 중에서 버크셔 해서웨이 주주서한은 버핏의 생각을 알 수 있는 기본적인 자료로서 가장 많이 인용됩니다.

버크셔 해서웨이 주주서한은 역사가 오래되어 내용이 방대합니다. 주주서한을 별도로 편집한 책이 여러 권 출간되었는데요. 국내에서 구할 수 있는 버전은 로렌스 커닝햄의《워런 버핏의 주주 서한The Essays of Warren Buffett》, 리처드 코너스의《워런 버핏 바이블Warren Buffett On Business》등입니다. 두 책 모두 특정 주제별로 주주서한의 내용을 모아놓았습니다.

《워런 버핏 바이블》의 1장 주제는 '주식투자'입니다.[188] 버핏의 주주서한 중 주식투자에 관한 부분만 모아놓았기 때문에, 이 부분만 읽어도 많은 걸 배울 수 있습니다. 이 중 2011년 주주서한을 편집한 '젖소를 키웁시다' 파트에서는 투자의 정의, 그리고 투자를 할 때 주로 고민하는 여러 자산군에 대한 버핏의 시각을 볼 수 있습니다.[189]

버핏이 정의하는 투자는 '장래에 더 많은 구매력을 받으리라는 합리적인 기대에 따라 현재 구매력을 남에게 이전하는 행위'입니다. 좀 더 간단히는 '장래에 더 많이 소비하려고 현재 소비를 포기하는 행위'입니다.

이 관점에서 투자의 위험은 베타나 변동성 같은 지표가 아니라, '예정 보유 기간에 투자자에게 발생할 구매력 손실 확률'입니다. 여러 자산군에 대해서 우리가 던져야 할 질문은 단기적으로 가격이 얼마나 급하게 오르내리느냐가 아니라, '예상 보유 기간'이 얼마이며, 그 기간 동안 '구매력을 잃어버릴 가능성이 얼마인가'입니다.

버핏의 분류를 하나씩 살펴봅시다.

• 채권형 자산[190]

현금, 채권 등은 원금이 얼마이고 계속 보유하면 언제 얼마를 받을 수 있는지를 명확하게 표시해주는 자산입니다. 현금은 많은 사람이 안전하다고 생각하지만 실제로는 가장 위험한 자산입니다. 화폐가치는 정부가 어떻게 하느냐에 달려 있으며, 장기간에 걸쳐 '확실히 구매력을 상실'하는 자산입니다. 채권도 마찬가지입니다. 명목수익률에서 세금과 인플레이션을 제하고 나면 거의 남는 게 없습니다. 따라서 유동성 확보 목적으로, 혹은 가끔 발견할 수 있는 위험 대비 수익이 높은 채권을 제외하고는 보유하면 안 되는 자산입니다.

• 산출물이 없는 자산

원자재, 귀금속 등을 지칭합니다. "금 1온스는 아무리 오래 보유해도 여전히 1온스일 뿐입니다." 이런 자산에 투자해서 돈을 버는 것은 장래에 다른 사람이 더 열광적으로 원할 때밖에 없습니다. 산출물이 영원히 없으니까요.

• 산출물이 있는 자산

사업, 농장, 부동산 등은 소유하고 있으면 무언가를 만들어냅니다. 사람들이 앞으로도 계속 원하게 될 무언가를 계속 생산해내는 자산이라면, 장기간 보유하더라도 구매력이 유지될 것입니다. 버핏은 이런 자산을 상업용 '젖소'라고 부릅니다. 젖소의 가치는 교환의 매개체가 무엇이냐가 아니라 얼마나 많은 우유를 생산해 내느냐에 따라 결정됩니다. 수백 년간 살아 있으면서 생산해내는 우유의 양이 몇천 배, 몇만 배로 늘어나는 젖소를 소유하고 있다면 우리의 구매력은 늘어날 것입니다.

여기서 우리는 버핏이 주식을 어떤 카테고리로 분류하는지를 알 수 있습니다. 일반적으로 사람들은 자산을 안전자산과 위험자산으로 먼저 분류하고, 안전자산으로는 현금, 채권, 귀금속, 부동산 등을, 위험자산으로 주식, 원자재, 선물옵션, 외환 등을 듭니다.

버핏은 분류 체계부터 다른 사람과 다릅니다. 액면금액과 이자 등으로 '고정된' 가치가 부여되었는가, 산출물이 있는가 등으로 자산을 나눕니다.

첫 번째와 두 번째 카테고리에 대한 이야기는 앞서 1장에서 말씀드린 내용과도 일치합니다. 현금은 확실하게 구매력을 상실하는 '완전한 위험자산'입니다. 채권은 가끔씩 돈을 벌어줄 때도 있지만 장기적으로 구매력을 보존하지 못할 가능성이 큽니다. 원자재는 단기 변동성을 낮추는 데 기여할 뿐, 수익률에 하등의 도움을 주지 않고, 장기 변동성을 낮추는 데에도 기여하지 못합니다.[191]

버크셔 해서웨이 주주서한의 편집을 담당하는 캐럴 루미스는 버핏의 관점을 다음과 같이 요약했습니다. "금은 아무런 가치를 만들어내지 못하는 자산이며, 채권 역시 투자자들에게 큰 보상을 제공하는 경우가 드물다. 논리적으로 생각할 때 보통주나 토지 같은 생산적인 자산이야말로 우수한 실적을 창출할 가능성이 가장 높은 투자 대상이다."[192]

버핏의 주안점은 내가 소유한 자산이 '무엇을 생산하는가'입니다. 앞서 버핏은 투자를 '구매력'의 관점에서 정의하였습니다. 구매력이란 내가 소유한 어떤 가치를 타인이 소유한 어떤 가치와 교환하는 비율입니다. 그러므로 다른 사람이 계속 원하게 될 제품과 서비스, 예를 들어 더 큰 집, 코카콜라, 면도기, 보험 등을 잘 만들어서 제공하는 기업이라면 그 기업을 소유함으로써 구매력을 보전하고, 나아가 더 늘릴 수도 있게 됩니다.[193]

여기까지는 그레이엄의 관점과 비슷합니다. 그레이엄은 가격과 가치의 관계에 대해 '가격은 주는 것이고, 가치는 받는 것'이라고 간결하게 정의하였습니다.[194] 주고받는 교환비율, 즉 구매력의 개념이 여기에도 들어가 있는 것이지요.

주식을 소유할 때 우리는 무엇을 주고받나요? 일단 현금을 제공합니다. 현재의 구매력을 내주는 것이지요. 그 대가로 기업의 지분, 6장에서 누누이 이야기한 '사업에 대한 소유권'을 갖습니다.

사업의 소유자로서 우리는 무엇을 받을 수 있나요? 보통 이렇게 질문을 드리면 '배당'과 '시세차익'이라고 대답합니다. 여기서 '시세차익' 개념은 빼도록 합시다. 시세차익은 앞서 '산출물이 없는 자산'에서 이야기한 대로, 다른 누군가가 이 자산을 더 열광적으로 원할 때 가능한 이야기입니다. 그러면 '이 자산을 왜 원하는데?'라고 했을 때 다시 '배당'과 '시세차익'으로 돌아와버리니 순환참조가 되어버립니다.

시세차익을 빼면 뭐가 남나요? 네, 배당입니다. 그런데 기업은 한 해 번 돈에서 일부만 배당을 해주잖아요? 배당을 하지 않고 남긴 돈, '유보금'은 누구의 것입니까? 2장을 주의 깊게 읽으셨다면 쉽게 대답할 수 있습니다. 주주의 것입니다. 이 돈은 언제 주주에게 돌려주나요? 내년과 더 미래의 배당으로, 혹은 기업을 청산했을 때 '잔여재산'이라는 형태로 주주의 손으로 돌아갑니다. 기업이 잉여자금을 유보하겠다는 결정은 배당보다 유보했을 때 미래의 구매력을 더 늘려줄 수 있다고 주주를 설득할 수 있어야만 정당성을 획득합니다.

주주는 회사에 자본금을 대주고, 회사는 그 돈으로 열심히 돈을 벌어서 주주에게 돌려줍니다. 돌려줄 돈을 늘리기 위해서는 이익을 많이 내야겠지요. 너무 당연한 이야기입니다. 그레이엄 또한 6장 '오해 3'에서 말씀드린 대로 '수익력'이라는 개념을 중요시했습니다. 회사가 돈을 잘 버는 게 기업가치의 핵심 요소이고, 투자자는 가치를 잘 평가해서 그보다 싼 가격에 주식을 사면 됩니다.

이제 그레이엄과 버핏의 차이를 이야기해봅시다.

《증권분석》에서 흥미로운 사실 하나는 '현금흐름cash flow'이라는 단어에 있습니다. 현재 발간되는 《증권분석》의 해설에는 세스 클라만, 로저 로웬스타인, 하워드 막스, 브루스 그린왈드 등 저명한 투자자, 저술가, 학자들이 총출동합니다. 이들은 공통적으로 '현금흐름'이라는 단어를 자주 언급합니다. 특별히 힘을 주어서 서술하는 것도 아니고 그냥 숨쉬듯이 자연스럽게 아주 여러 번 사용합니다. 그런데 그레이엄과 도드가 쓴 본문에서는 그 단어를 찾기가 어렵습니다.

그레이엄의 시대와 이후 세대의 특징적인 차이가 여기에 있습니다. 현 세대에서 증권의 가치를 진지하게 공부하는 사람들은 증권의 가치는 '미래 현금흐름의 현재가 할인'이라는 개념을 기본적으로 장착하고 있습니다. 이 개념은 DCFDiscounted Cash Flow라는 특정한 가치평가 기법을 이야기하는 게 아닙니다. 현금흐름을 창출하는 자산의 가치를 측정할 때에 원론적으로 가장 중심이 되는 개념입니다. 실무적으로 DCF '기법'을 실제 가치평가에 쓰는 경우는 아주 한정적입니다(DCF에 대해서는 2권

10장에서 자세히 말씀드리겠습니다).

이 개념을 공식으로 적어보겠습니다. 앞으로 아주 자주 나오게 될 공식이니, 겁먹지 말고 찬찬히 생각해보시기 바랍니다. 딱 한 번만 이해하면 됩니다. 어렵지 않습니다.

$$PV = \frac{C1}{(1 + r)} + \frac{C2}{(1 + r)^2} + \frac{C3}{(1 + r)^3} + \cdots$$

PV는 'Present Value, 현재가치'라는 뜻입니다. C1, C2, C3는 각 1년 후, 2년 후, 3년 후에 받게 될 현금흐름입니다. 만기 3년짜리 채권이면 1년 차, 2년 차에는 각 해의 이자가 각각 C1, C2가 되고, C3는 3년 차의 이자와 원금입니다. 소문자 r은 할인율입니다. 오늘의 1만 원은 1년 후의 1만 원보다 더 가치가 큽니다. 얼마나 더 크냐를 이야기하는 게 바로 이 할인율입니다. 현재의 1만 원이 1년 후의 1만 원보다 10% 더 가치가 크다면 1년 후의 1만 1,000원이 현재의 1만 원과 동일한 가치를 지닙니다. 마지막의 '…'은 현재 예측할 수 있는 범위 이후의 현금흐름을 뜻합니다. 만기 3년짜리 채권이라면 '…'은 0이 되겠지요. 3년 안에 청산할 것 같지는 않은 기업의 주식이라면 그 이후에도 사업을 계속 영위할 테고, 그때 창출하는 현금흐름은 당연히 얼마간의 가치를 지닐 것입니다. 이 '…' 부분을 지칭할 때에는 CV(Continuing Value, 지속가치), TV(Terminal Value, 잔존가치), PV(Permanent Value, 영구가치) 등 다양한 용어를 사용합니다.

이 공식을 이해하지 못하면 앞으로의 내용을 거의 아무것도 이해할 수 없습니다. 부디 구글에서 검색하든 지인에게 물어보든 어떻게 해서든 이 개념을 숙지하고 다음 페이지로 넘어가주시면 좋겠습니다.

버핏 또한 이 개념을 사고의 중심에 놓고 있습니다. 여러 발언에서 쉽게 발견할 수 있습니다. "기업의 가치는 그 기업이 창출하는 현금의 현재가치입니다." "세계 최초의 투자 지침은 이솝이 제시한 '손 안의 새 한 마리가 숲속의 새 두 마리보다 낫다'입니다. 이솝이 빠뜨린 말은 '숲속의 새 두 마리를 잡는 시점은 언제이고, 적용하는 할인율은 얼마인가'입니다."[195] 그리고 이 개념이 그레이엄과 본인의 가치평가 방식의 차이라고 명시적으로 이야기합니다.[196]

현금흐름할인법DCF은 존 버 윌리엄스가 1938년에 내놓은 가치평가 방식입니다. 《증권분석》 초판이 1934년에 나오긴 했지만, 그레이엄의 활동 연대를 생각해보면 그가 DCF를 모르지는 않았을 것입니다.

그레이엄이 DCF에 주목하지 않은 이유는, 현금흐름CF이 아니라 할인(D)의 문제인 것 같습니다. 《증권분석》에는 배당dividend은 많이 언급하지만 배당할인모형DDM은 등장하지 않습니다. 미래의 추정치에 대해서는 그것이 배당이든 현금흐름이든 믿을 수 없기는 매한가지라서, 가능한 한 단순하게 주당순이익을 활용한 공식을 사용하고 안전마진을 여유롭게 두는 방식을 선택한 것으로 보입니다.

그레이엄의 관점에서는 가치, 즉 '받는 것'이라는 게 회사에서 자발적으로 주는 게 아니라 속된 말로 '주리를 틀어서' 받아내는 것에 가깝습니다. 주식을 산 사람은 어쩔 수 없이 어느 정도 회사와 대척 관계에 서게 된다는 게 그레이엄의 지론이었습니다.[197] 그에게 회사란 가치 있는 무언가를 숨겨놓는 비밀금고이고, 경영진은 비밀금고의 열쇠를 손에 쥐고는 모른 척하는 사람들이었습니다. 그레이엄 입장에서는 할인율이니 뭐니를 생각하기보다는 회사와 어떻게 싸워서 이길 것인가에 대한 전략을 짜내는 것이 수익률을 결정하는 더 중요한 요소였을 것입니다.[198]

반면에 버핏은 회사를 하나의 살아 있는 생명체로 보고, 계속해서 남보다 더 나은 성과를 내고 그 성과를 주주에게 돌려주려고 하는 경영진이 있는 회사와 파트너 관계를 맺는 것을 선호했습니다. '기업은 살아 있는 생명체다'라는 표현은 순수한 은유가 아니라 어느 정도 실제 사실을 반영합니다. 생명체는 외부 자극에 대응하여 무언가 반응을 합니다. 회사는 살아 있는 인간들이 '뭐라도 하고자' 모인 곳입니다. 사람들이 무슨 생각으로 무엇을 하고 있는지가 기업의 가치에 결정적인 영향을 미친다는 것은 지극히 자연스러운 발상입니다.

버핏과 멍거가 찾는 기업의 조건은 다음과 같습니다. '1) 사업을 이해할 수 있고, 2) 장기 경제성이 좋으며, 3) 경영진이 유능하고 믿을 수 있고, 4) 인수 가격이 합리적인 기업'입니다.[199]

2)와 4)는 그레이엄이 동의했을 내용이지만, 1)과 3)은 그레이엄이 전혀 중요시하지 않았던 요소입니다.[200] 이 두 요소, 사업을 이해할 수 있느냐와 경영진이 유능하느냐는 기업의 가치에 어떻게 영향을 미치길래 두 사람의 방식에 차이를 가져왔을까요?

버핏은 멍거를 만나고 훌륭한 기업에 투자하는 것의 중요성을 배웠다고 했습니다. 그리고 그 훌륭한 기업을 찾아내는 기법은 피셔로부터 배웠다고 했습니다. 버핏은 1959년에 멍거를 처음 만났습니다.[201] 피셔를 직접 만난 건 1962년이었습니다.[202] 피셔의 역작《위대한 기업에 투자하라Common Stocks and Uncommon Profits》는 1957년에 출간되었습니다. 이 책은 성장주 투자의 교본 같은 책이므로, 독서를 사랑하는 멍거가 반드시 읽었을 것입니다. 그렇다면 대략 1960년 이후에 투자 기법의 변화가 있었을 것이고, 우리는 거기서 힌트를 얻을 수 있겠습니다.

버핏이 그레이엄에서 벗어나서 독자적인 행보를 보인 첫 사례는 1964년 '아메리칸 익스프레스' 건입니다. 네, 우리가 아는 그 '아멕스' 신용카드 회사입니다. 현재까지도 버크셔 해서웨이의 주력 포트폴리오 중 하나이며, 가장 오래 투자한 회사 중 하나입니다.[203] 이 회사는 1963년에 '샐러드 오일 스캔들'이라는 큰 사건을 겪었습니다. 이 사건으로 회사는 6,000만 달러의 배상금을 지급하였습니다.[204] 당시 회사의 장부 가치 7,870만 달러[205] 대비 76%에 해당하는 금액이었고, 주주들은 불필요한 지출을 했다며 소송에 나섰습니다. 주가는 반토막이 났습니다.

1963년 기준 아메리칸 익스프레스의 자산은 10억 달러가 넘어가고 매출액은 1억 달러, 순이익은 1,120만 달러(주당 2.52달러)였습니다. 연간 신용카드 거래액은 급증하는 중이었고, 신용카드 사업에서 아메리칸 익스프레스의 입지는 공고했습니다. 이 스캔들이 승승장구하던 아메리칸 익스프레스의 사업에 얼마나 타격을 입혔을까요?

실제 이해당사자들을 만나서 사실을 확인하는 과정을 필립 피셔의 '수소문 기법scuttlebutt'이라고 합니다. 버핏은 아메리칸 익스프레스에 투자하면서 수소문 기법을 처음 활용하였습니다.[206] 버핏은 신용카드와 여행자 수표 사용자, 은행 창구 직원 등이 모두 예전과 다름없이 아메리칸 익스프레스의 카드를 사용하고 수표를 받는 것을 보고 실제 소비자들은 이 스캔들에 신경 쓰지 않는다는 것을 깨달았습니다.[207]

당시 가격인 주당 35달러는 주당순이익 2.52달러에 대비하면 약 14배의 PER입니다. 장부가치가 무너진 상황에서 PBR은 계산할 필요도 없습니다. 이 상황에서 버핏은 매수에 나섰습니다.

버핏은 재판에 증인으로 출석하여 경영진의 분쟁 조정 노력을 지지한다고 밝히기도 하였습니다. 여기서 버핏은 이 회사가 지금 당면한 문제에서 배운 교훈을 바탕으로 '일반적인 민간 기업의 기준을 훨씬 넘어서는 재정적인 청렴 의무 기준'을 갖출 것이라는 전망도 피력했습니다.[208]

35달러 미만이던 주식은 1년도 채 안 되어 49달러로 급등했습니다. 무려 전체 자본의 40%였던 1,300만 달러를 투입한 버핏은 2년 후 2,000만 달러의 수익을 내고 주식을 전량 처분했습니다.[209] 이후 버크셔 해서웨이는 1994년부터 약 13억 달러를 투자하여 2021년 말 19.9%의 지분을 보유하고 있고, 30년간 약 235억 달러의 수익을 거두었습니다.[210]

이 건에 대해서, 14배의 PER에다 장부가치가 무너진 회사를 샀으니 그레이엄의 관점에서는 도저히 살 수 없는 회사에 버핏은 투자했다고 해석할 수도 있습니다. 그러나 우리는 그레이엄의 투자 방법이 상당히 유연하다는 것을 알고 있습니다. 단순히 높은 PER에 주식을 샀다는 이유로 그레이엄을 탈피했다고 보면 안 됩니다.

6장에서 소개한 성장주 공식을 기억하시나요? 아메리칸 익스프레스의 과거 5년간 주당순이익 성장률 8%를 그레이엄의 공식에 넣으면 적정 PER은 '8.5+2×8=24.5배'가 됩니다. 주당순이익 2.52달러에 이 PER을 곱하면 61.74달러가 됩니다. 스캔들 전 주가가 60달러, PER 24배 수준이었으니 그레이엄의 공식은 역시나 유효했습니다.

그렇다면 반토막이 난 주가에서는 그레이엄도 눈독을 들였을 법합니다. 그렇다고 그레이엄이 이 주식을 마음 편히 사지는 않았을 것 같습니다. 주가가 하락하여 35달러가 되었으니 기대수익률이 71%일까요? 아니죠. 회사는 1964년에 6,000만 달러를 배상했습니다. 그레이엄의 관점에서 이 사건은 '주주가 받을 돈'이 6,000만 달러 줄어든 사건입니다. 이 금액은 주당 13.45달러입니다(발행주식수 446만 주). 기존의 성장률 가정이 유효하다고 그레이엄이 판단했다 하더라도, 주당 가치는 61.74달러에서 13.45달러를 뺀 48.29달러가 됩니다. 35달러에서 기대수익률은 38%입니다. 그리고 다운사이드는요? 10억 달러에 달하는 자산이 있긴 하지만 부채를 제하고 나면 자기자본은 턱없이 부족합니다. 만약 회사를 청산해야 한다면 주주가 돌려받을 수 있는 돈은 1,870만 달러(7,870만 − 6,000만)로 주당 4.19달러입니다. 35달러 가격에 매입한다면 다운사이드 폭은 -89%입니다. 성장주 공식에서 이익을 빼지 않더라도 업사이드는 71%라서, 다운사이드 -89%는 도저히 매력적이지 않은 수치입니다.

이런 판국에 버핏은 순자산의 40%를 투자했으니, 이 투자 건은 버핏과 그레이엄을 나눈 분수령이라고 볼 수 있겠습니다.

버핏의 머릿속을 들여다보기 위해서, 다시 앞의 현금흐름 공식으로 돌아가봅시다.

$$PV = \frac{C1}{(1 + r)} + \frac{C2}{(1 + r)^2} + \frac{C3}{(1 + r)^3} + \cdots$$

이론적으로, 합리적인 논리로 도출된 가치평가 값은 투입 변수가 동일하다면 같은 결괏값이 나와야 합니다.[211] 스캔들이 터지기 전 버핏이 계산한 PV 값이나 그레이엄이 계산한 내재가치 값이나 동일했을 것입니다.

버핏이 법정에서 증언하면서 강조한 '일반적인 민간 기업의 기준을 훨씬 넘어서는 청렴 기준'은 기업의 가치에, 다시 말해 이 공식에 어떻게 영향을 미칠까요? 회사는 크게 곤욕을 치렀고, 재발을 방지하기 위해서 실질적인 노력을 많이 할 것이 확실해 보입니다. 그렇다면 비용이 증가하니까 당장의 C1, C2 등의 분자값은 줄어들 수 있겠습니다. 그러나 기업의 불확실성에서 기인하는 손실 가능성, 즉 위험을 의미하는 할인율 r 값이 줄어들 수 있습니다.[212] 또한 회사의 경영진이 문제에 성실하게 대처하는 모습으로 보아, 문제가 터지기 이전보다 좀 더 장기간에 대한 회사의 미래를 밝게 추정할 수 있게 됩니다.

마지막 문장은 무슨 뜻이죠? 공식을 좀 더 깊이 검토해봅시다. 이 공식에서 PV 값을 상향시키려면 어떤 변수가 어떻게 변해야 할까요? ① 분자가 증가, ② 분모가 감소, ③ 새로운 항의 등장 세 가지가 있습니다. 보통 ①과 ②는 쉽게 떠올리는데, ③은 쉽게 떠올리지 못합니다.

$$PV = \frac{C1}{(1+r)} + \frac{C2}{(1+r)^2} + \frac{C3}{(1+r)^3} + \cdots$$

기존에 CV라고 부르던 '…' 부분은 보통 영구성장률이라는 걸 가정하여 퉁칩니다(퉁치는 거 맞습니다. 진짜로요). 열심히 기업분석을 한 결과 향후 3년 정도는 전망할 수 있겠는데, 그 이상은 모르겠다, 그러나 그렇다고 그 이상의 기간에 회사가 존속하지 않는 건 아니니까 대충 다른 회사와 비슷한 정도의 성과를 낼 거라고 가정하고 평균 수준의 수치를 기입하겠다라는 겁니다. 훌륭한 회사를 실컷 분석해놓고 왜 CV에는 평균적인 값을 넣느냐고요? CV에 '훌륭한 값', 예를 들어 GDP 성장률을 훌쩍 뛰어넘는 8% 같은 값이 무한히(CV의 C는 Continuing의 약자입니다. Permanent의 약자를 써서 PV라고 부르기도 하고요.) 지속될 거라고 넣어버리면 기업가치가 무한대가 되어버립니다. 말 그대로 '말이 안 됩니다.'

여기서 3년, 즉 C3까지만 전망했던 건 특별한 이유는 없습니다. 그냥 대충 눈에 보이는 게 그만큼이라는 뜻입니다. 그럼 만약에, 모종의 이유로 특정 회사에 대해서 남들이 전망하는 것보다 더 긴 기간 동안의 미래를 전망할 수 있다면 어떻게 될까요?

$$PV = \frac{C1}{(1+r)} + \frac{C2}{(1+r)^2} + \frac{C3}{(1+r)^3} + \frac{C4}{(1+r)^4} + \cdots$$

이렇게 됩니다. 기존의 가정에서 '…' 안에 들어가 있던 C4의 값은 'C3×(1+g)', 즉 '예상할 수 있었던 마지막 항의 분자에서 영구성장률만큼 커진 값'입니다. 새로이 등장한 C4 값이 기존의 C4 값보다 크다면,

이를테면 기존의 성장률 8%가 유지되어 'C3×(1+8%)'가 된다면, 새로운 PV 값은 기존의 PV 값보다 커집니다.

이제 이 샐러드 오일 사건과 버핏의 주장을 다시 살펴봅시다. 당장의 현금흐름은 줄어들 수 있겠지만, 불확실성이 줄어들어서 할인율이 감소하고 좀 더 장기간의 미래를 그릴 수 있게 되었습니다. 이 샐러드유 사건은 단순히 현재가치에서 주당 13.45달러를 빼야 하는 사건이 아닙니다. 아픔이 있었던 만큼 회사는 과거보다 더욱 단단해질 수 있고, 자회사가 연루된 사건에서 책임회피를 하지 않는 모습을 보임으로써 평판을 얻었습니다.

이러한 회사의 대응은 기업의 가치를 감소시키는 게 아니라 오히려 가치를 더욱 증가시킬 수도 있습니다. 버핏은 "아메리칸 익스프레스가 '지불 약속'을 함으로써 장기적으로 얻을 수 있는 평판상의 혜택이 샐러드 오일 사건으로 감당해야 할 단기적인 비용을 훨씬 넘어선다는 것을 날카로운 통찰력으로 알아봤습니다." [213]

다음 두 표를 비교해봅시다. 〈표 7-5〉는 1963년 말 시점에서 스캔들이 없다고 했을 때 미래의 전망치입니다. EPS는 9년간 8%씩 성장, 이후 3%로 영구성장, 할인율은 9%를 적용해서 계산한 현재가치는 주당 61.48달러입니다.

표 7-5

스캔들이 없다고 가정했을 때 아메리칸 익스프레스의 향후 9년 모델링

초과수익	1964	1965	1966	1967	1968	1969	1970	1971	1972	1973
EPS	2.72	2.94	3.17	3.43	3.70	4.00	4.32	4.66	5.04	5.44
EPS할인	2.50	2.47	2.45	2.43	2.41	2.38	2.36	2.34	2.32	2.30
CV	42.86	42.47	42.08	41.69	41.31	40.93	40.56	40.19	39.82	39.45
PV	45.36	47.44	49.50	51.55	53.57	55.57	57.56	59.53	61.48	63.41

- PV = 1964년부터 해당 시점까지의 EPS할인 합산 + CV
- 1972년 CV = C9 × 1.03 / (1.09 - 1.03) / (1.09^9) = 39.82
- 1972년까지 전망했을 경우의 PV = 2.50 + 2.47 + 2.45 + (…) + 2.32 + 39.82 = 61.48

표 7-6

스캔들이 터진 이후 아메리칸 익스프레스의 향후 10년 모델링

초과수익	1964	1965	1966	1967	1968	1969	1970	1971	1972	1973
EPS	2.70	2.89	3.14	3.43	3.74	4.07	4.44	4.84	5.27	5.75
EPS할인	2.50	2.47	2.50	2.52	2.54	2.57	2.59	2.61	2.64	2.66
CV	51.43	50.96	51.43	51.90	52.38	52.87	53.36	53.85	54.35	54.85
PV	53.93	55.93	58.89	61.89	64.91	67.96	71.04	74.15	77.29	80.46

- 1973년까지 전망했을 경우의 PV = 2.50 + 2.47 + 2.50 + (…) + 2.66 + 52.38 = 64.91

〈표 7-6〉은 스캔들이 터지고 EPS 성장률은 향후 2년간 7%로 하향, 이후 8년은 9%씩 성장, 10년 차 이후인 1974년부터는 3%로 영구성장, 할인율은 8%로 하향했습니다(예측가능기간 1년 추가). 현재가치가 주당 80.46달러가 되었습니다. 배상금 13.45달러를 빼더라도 주당 67.01달

러가 되어 가치가 오히려 9%가량 상승했습니다.

참고로 앞의 표는 공식의 각 요소가 변함에 따라서 PV가 어떻게 변하는지를 보여주고자 아주 단순한 모델링(주주가 받는 현금흐름이 EPS와 동일하다고 가정)을 하였습니다. 다음 '레슨 2'에서 좀 더 상세한 모델을 말씀드리겠습니다.

기업은 유기체입니다. 제가 늘 말씀드리듯이, 회사는 살아남기 위해서 뭐라도 할 것입니다.[214] 그레이엄도 수익력이라는 개념으로 기업의 이익을 가치에 반영하려고 하였으나, 그는 가치를 정적으로 보았습니다. '나'라는 투자자가 균형 잡힌 시각으로 가치평가를 잘하는 것이 승리의 핵심 요인입니다.

버핏은 기업가치를 동적으로 바라보았습니다. 어떤 이벤트가 생기면 거기에 반응해서 스스로를 바꿔 나가는 생명체로 보았습니다. 버핏은 오랜 시간이 지난 후에 "아메리칸 익스프레스는 놀라울 정도로 변화에 잘 적응했으며, 카드 소지자들에게 더 좋은 이미지를 확립했습니다. 온갖 난제에 매우 민첩하고도 현명하게 대처하고 있습니다"라고 평했습니다.[215] 이후 '웰스 파고' 은행이 유령 계좌를 통해 실적을 부풀린 사건에 대해서 "사건을 파악하고서도 대처하지 않았"던 점을 가장 큰 문제로 꼽았을 만큼, 버핏은 문제를 대하는 기업의 태도에 높은 우선순위를 부여합니다.[216]

버핏이 중요시한 '높은 가능성에 대한 통찰력'[217]은 이런 요소들을 지칭합니다. 변화, 적응, 이미지, 민첩, 현명, 대처, 이런 단어들은 그레이엄이 별로 중요시하지 않았던 개념들입니다. 버핏은 그레이엄과 같은 사고 체계에서 출발하여 이를 다른 형태로 응용하였습니다. 아메리칸 익스프레스가 가진 건 소비자의 호감에서 비롯되는 '믿음'이 전부였습니다. 회사가 그 본질을 파악하고, 믿음을 유지하기 위해 노력하는 한, 기업은 가치를 보전하고 더 늘려갈 수 있습니다. 이런 관점에서 투자자가 해야 할 일은 기업의 숨겨진 가치를 샅샅이 파헤치며 기업과 싸우는 일이 아니라, 기업의 경영진이 무슨 생각으로 누구를 위해서 일하고 있는지를 파악하는 일입니다.

이러한 관점은 그레이엄식의 전통적인 관점에 일종의 반기를 드는 일이었습니다. 그러나 버핏은 개의치 않았습니다. 1965년 1월에 작성한 투자조합 주주서한에서는 전통적인conventional 투자와 보수적인 conservative 투자를 구분하는 모습을 찾아볼 수 있습니다.

"많은 사람은 전통적인 방법과 보수적인 방법이 동일하다고 생각합니다. 이는 잘못된 발상입니다. 전통적이든 비전통적이든 그 자체로는 보수적인 투자라고 할 수 없습니다.

진정 보수적인 행위는 지적인 가설, 검증된 사실, 건전한 추론에서 나옵니다. 이런 요소들은 전통적인 행위로 이어질 수도 있지만, 많은 경우

전통적이지 않은 방법으로 이어집니다. 지금도 어디선가는 '평평한 지구 모임'의 정례 회의가 열리고 있을 것입니다.

중요하고 영향력 있는 사람, 혹은 다수의 사람이 우리의 방식에 동의한다고 해서 우리는 편안하게 느끼지 않습니다. 남들이 동의하지 않는다고 편안하게 느끼는 것도 아니고요. 대중의 의견이 내 사고를 대체할 수는 없습니다. 우리가 믿을 수 있고 확인 가능한 사실에 기반하여 무엇을 해야 할지 명확한 경우 우리는 우리가 이해할 수 있는 상황에 놓여 있다고 여기며, 그때 우리는 등을 기대고 앉아 웃음을 짓습니다."

레슨 2. 경제적 해자

현재의 버핏이 좋아하는 기업은 '안정적인 산업에 속하면서 장기 경쟁 우위를 확보한 기업'입니다. 그리고 "이런 기업이 태생적으로 성장성까지 갖추었다면 위대한 기업이 된다"면서, 이런 '꿈 같은 기업'의 대명사로 '시즈 캔디'를 지목합니다.[218]

시즈 캔디는 밸런타인데이에 연인에게 선물하면 첫키스를 할 수 있다는, 뭐 그런 전설 같은 아이템입니다. 버핏은 1972년에 시즈 캔디가 매물로 나왔다는 이야기를 들었지만 가격이 너무 비싸다며 주저합니다. 그러나 결국 멍거의 설득에 힘입어 이례적으로 비싼 가격에 인수합니다.

매도 측이 제안한 단가는 3,000만 달러로 순자산의 6배, 순이익의 14배 수준이었습니다. 버크셔는 500만 달러 할인한 2,500만 달러에 인수를 성사시킵니다. 그렇다 해도 PBR 5배, PER 12배라는 꽤 이례적인 수치입니다.

아메리칸 익스프레스 때도 비슷한 프리미엄을 얹어서 사 오긴 했는데, 그때는 주가가 오르자 바로 팔아버렸습니다. 약간 이벤트성으로 접근했다고 볼 수 있습니다. 이후에는 시장에 살 주식이 없다며 불편을 토로하다가 결국 파트너십을 청산해버렸습니다. 당시의 주력 포트폴리오였던 버크셔 해서웨이는 '담배꽁초' 주식이었고(그것도 잘못 사서 물린), 잘못 산 버크셔를 만회하고자 1967년에 매수한 보험사 내셔널 인뎀니티는 PER 5.4배였습니다.[219]

아메리칸 익스프레스 투자 건이 스승 그레이엄을 벗어난 '외도'였음은 분명하지만, 버핏의 근본적인 스타일을 바꾼 것은 아니었고 잠깐의 일탈이었다고 볼 수도 있겠습니다. 진짜 버핏의 스타일, 현재의 버크셔를 이룩한 기원이 되는 사건은 시즈 캔디 투자에서 찾을 수 있습니다.

버핏은 시즈 캔디 투자를 아담과 이브가 60억 인류의 기원이 된 것에 비유하며 "시즈가 개시한 현금흐름이 오늘의 버크셔를 만들어냈다"고까지 하였습니다.[220] 시즈 캔디 인수는 단순히 하나의 투자 건이 아니라 버크셔의 사업 구조 전체에 영향을 미친 핵심 사건이라고 할 수 있습니다. 당시 버핏의 의사결정을 되짚어본다면, 버핏이 아메리칸 익스프레스 이후에 또 어떤 식으로 사고 체계를 진화시켰는지 알 수 있을 것입니다.

시즈 캔디는 비상장이었기 때문에 자료를 찾기가 어렵습니다. 흩어진 자료를 찾아서 조합해보면 다음과 같습니다. 순자산 500만 달러, 세전이익 400만 달러,[221] 투하자본ic 800만 달러, 세전 투하자본이익률 ROIC 60%,[222] 순이익 208만 3,000달러, 매장 수 167개[223] 정도입니다. 이런 회사에 2,500만 달러, 즉 PBR 5배를 부여할 수 있었던 논리는 무엇일까요?

앞서 아메리칸 익스프레스 때에는 주주가 얻는 현금흐름과 순이익을 동일하다고 가정하였습니다. 이번에는 좀 더 세분화하여, 순이익에서 주주에게 흘러가는 배당과 사업의 확장을 위해 재투자된 자금을 분리하여 가치를 평가해보겠습니다. 참고로 투하자본이란 영업을 위해서 투입해야 하는 자본[224]을 말합니다.

위에 언급된 수치들을 토대로 1972년 말 시점에서 추정해본 시즈 캔디의 향후 10년 미래는 〈표 7-7〉과 같습니다.[225] 여기서 중요한 건 재투자율, 즉 순이익에서 얼마나 배당하고 얼마를 회사에 다시 투자할 것인가입니다. 버핏은 시즈 캔디가 적은 자본투자로도 높은 이익을 낼 수 있어 아주 훌륭한 회사라고 하였으므로, 재투자율은 상당히 낮았을 것

표 7-7

시즈 캔디의 향후 10년 모델링

(단위: 1,000달러)

	1972	1973	1974	1975	1976	1977	1978	1979	1980	1981	1982
순자산	5,000	5,832	6,882	8,050	9,356	10,817	12,450	14,276	16,318	18,602	21,155
투하자본	8,000	8,832	9,882	11,050	12,356	13,817	15,450	17,276	19,318	21,602	24,155
세전이익	4,000	5,050	5,614	6,280	7,022	7,852	8,780	9,818	10,978	12,276	13,727
순이익	2,080	2,626	2,919	3,265	3,651	4,083	4,566	5,105	5,709	6,384	7,138
재투자	832	1,050	1,168	1,306	1,461	1,633	1,826	2,042	2,284	2,553	2,855
배당	1,248	1,575	1,752	1,959	2,191	2,450	2,739	3,063	3,425	3,830	4,283
배당할인		1,432	1,448	1,472	1,496	1,521	1,546	1,572	1,598	1,624	1,651
순자산할인		5,302	5,688	6,048	6,390	6,716	7,028	7,326	7,613	7,889	8,156
PV		6,734	8,568	10,400	12,239	14,086	15,943	17,814	19,698	21,599	23,517
PBR		1.35	1.71	2.08	2.45	2.82	3.19	3.56	3.94	4.32	4.70

- 순자산=전년 말 순자산+재투자 | 투하자본=전년 말 투하자본+재투자 | 세전이익=전년 말과 당해말의 투하자본 평균×ROIC | 순이익=세전이익×(1-법인세율) | 배당할인=각 해 배당금의 현재가 | 순자산할인=당해 말 순자산의 현재가 | PV=누적 배당할인 합산+순자산할인
- ROIC 60%, 법인세율 48%, 재투자율 40%, 할인율 10% 적용
- 모델을 단순화하기 위하여 투하자본의 감가상각은 반영하지 않음

입니다. 보통 50%면 적당한 수준이라고 하니 40%를 재투자한 것으로 가정해보았습니다.

앞서 아메리칸 익스프레스 때에는 누적 EPS할인과 CV를 합산했습니다. CV는 영구성장률과 할인율을 넣는 것이어서 조금만 가정이 달라져도 수치가 크게 바뀝니다. 여기서는 CV를 사용하지 않고, 10년 후 시점에 더 이상의 초과수익을 주지 않는다고 가정하여 CV와 순자산의 가치가 동일하다고 가정하였습니다.[226]

시즈 캔디는 소비자의 마음을 사로잡고 있으므로, 향후 10년간 높은 ROIC가 유지될 거라고 가정해봅시다. 회사는 매해 이익을 발생시키고, 이 중 일부는 즉시 현금으로 돌려주고, 나머지는 유보하여 추가 수익을 창출하여 순자산의 가치를 계속 높여줍니다. PV는 이 두 가지, 즉 매해의 배당금을 할인하여 누적한 값과 순자산을 현재가로 할인한 값의 합입니다.

10년간 배당금의 합은 2,727만 달러이고, 이 값을 현재가로 할인하면 1,536만 달러입니다. 10년 차 말의 순자산 2,116만 달러를 현재가로 할인한 값은 816만 달러입니다. 이 둘을 더하면 2,352만 달러가 됩니다. 이 조건을 만족하는 PBR 4.70배, 버핏이 인수한 가격과 거의 유사(2,500만 달러, PBR 5배)합니다.

그런데 이렇게 PBR 5배를 정당화하더라도 석연치 않은 면이 많습니다. 안전마진은 어디로 갔나요? PBR 5배가 적정하다고 해서 PBR 5배에 매수해도 된다는 말은 아닙니다. 그래 봤자 10년간 보유했을 때 할인율(10%)만큼만의 이익을 거둘 수 있을 뿐입니다.[227] 장기간 보유하는 리스크를 짊어지는 것에 비하면 만족스럽지 않은 값입니다.

여기에 버핏의 생각이 두 가지 더 들어갑니다.

한 가지는 가격 상승입니다. 시즈 캔디는 고객의 마음속에 너무나

245

강력한 브랜드로 자리 잡고 있기 때문에 가격을 조금 올린다고 해서 판매량이 꺾이지 않을 것으로 보았습니다. "10대 소년이 시즈 캔디를 선물하고서 여자 친구로부터 키스를 받을 수만 있다면 캔디 가격은 전혀 문제가 되지 않겠지요."[228] "밸런타인데이에 애인에게 '자기야, 그냥 싼 걸로 샀어'라고 말하면서 노브랜드 초콜릿을 선물하는 사람은 거의 없을 것입니다."[229]

이 개념을 버핏은 '프랜차이즈'라고 부릅니다.[230] 버핏은 다음 세 가지 조건을 만족하면 기업은 '경제적 프랜차이즈economic franchise'를 가진다고 하였습니다. 1) 소비자가 필요로 하거나 욕망한다. 2) 소비자의 마음 속에 대체재가 없다. 3) 가격 규제가 없다. 프랜차이즈를 가진 회사는 가격을 꾸준히 올려서 높은 자본이익률을 만들어낼 수 있습니다.[231]

버크셔가 인수한 이후 시즈 캔디의 실제 실적은 놀라울 따름입니다. 〈표 7-8〉을 봅시다. 시즈는 12년간 순이익이 6.4배 늘었습니다. 연평균 16.8% 성장입니다. 가상의 전망치에서 예상했던 수치보다 훨씬 높습니다(표 7-7 참고).

이러한 성장에는 가격 인상이 크게 기여했습니다. 버핏은 회사를 인수한 후 회사에 직접 개입하여 가격을 적극적으로 인상했습니다.[232] 12년간 연평균 상승률은 9.5%였습니다.

표 7-8

시즈 캔디 실적(1972~1984)

연도	매출액 (1,000달러)	세후이익 (1,000달러)	판매량 (파운드)	매장 수	평균단가	매장당 이익	매장당 판매량	이익률
1972	31,337	2,083	16,954	167	1.85	12.47	101.52	6.6%
1973	35,050	1,940	17,813	169	1.97	11.48	105.40	5.5%
1974	41,248	3,021	17,883	170	2.31	17.77	105.19	7.3%
1975	50,492	5,132	19,134	172	2.64	29.84	111.24	10.2%
1976	56,333	5,569	20,553	173	2.74	32.19	118.80	9.9%
1977	62,886	6,154	20,921	179	3.01	34.38	116.88	9.8%
1978	73,653	6,178	22,407	182	3.29	33.95	123.12	8.4%
1979	87,315	6,330	23,985	188	3.64	33.67	127.58	7.2%
1980	97,715	7,547	24,065	191	4.06	39.51	125.99	7.7%
1981	112,578	10,779	24,052	199	4.68	54.17	120.86	9.6%
1982	123,662	11,875	24,216	202	5.11	58.79	119.88	9.6%
1983	133,531	13,699	24,651	207	5.42	66.18	119.09	10.3%
1984	135,945	13,380	24,759	214	5.49	62.52	115.70	9.8%

출처: 버크셔 해서웨이 주주서한 1984

그리고 또 한 가지, 배당이 있습니다. 버핏에게 들어오는 현금 1달러는 다른 사람에게 들어오는 현금 1달러와는 다릅니다. 버크셔는 지주회사로서 세금을 내지 않고 기업 내부의 현금을 다른 곳으로 이전시킬 수 있습니다.[233] 앞서 말씀드린 대로 시즈 캔디가 창출하는 현금은 다른 기업을 인수하는 주요 자금원이 되어서 현재의 '버크셔 제국'을 형성하는 데 크게 기여했습니다. 그의 입장에서 시즈 캔디가 창출하는 현금 흐름의 가치를 다시 계산해보겠습니다.

표 7-9

버핏 입장에서 배당의 가치   (단위: 1,000달러)

	1973	1974	1975	1976	1977	1978	1979	1980	1981	1982
순자산	5,832	6,882	8,050	9,356	10,817	12,450	14,276	16,318	18,602	21,155
투하자본	8,832	9,882	11,050	12,356	13,817	15,450	17,276	19,318	21,602	24,155
세전이익	5,050	5,614	6,280	7,022	7,852	8,780	9,818	10,978	12,276	13,727
순이익	2,626	2,919	3,265	3,651	4,083	4,566	5,105	5,709	6,384	7,138
재투자	1,050	1,168	1,306	1,461	1,633	1,826	2,042	2,284	2,553	2,855
배당	1,575	1,752	1,959	2,191	2,450	2,739	3,063	3,425	3,830	4,283
배당할인	1,432	1,448	1,472	1,496	1,521	1,546	1,572	1,598	1,624	1,651
순자산할인	5,302	5,688	6,048	6,390	6,716	7,028	7,326	7,613	7,889	8,156
PV	6,734	8,568	10,400	12,239	14,086	15,943	17,814	19,698	21,599	23,517
PBR	1.35	1.71	2.08	2.45	2.82	3.19	3.56	3.94	4.32	4.70
배당할인.B	3,134	2,904	2,707	2,522	2,350	2,190	2,041	1,902	1,772	1,651
버핏 PV	8,436	11,726	14,793	17,657	20,333	22,835	25,174	27,362	29,410	31,329
버핏 PBR	1.69	2.35	2.96	3.53	4.07	4.57	5.03	5.47	5.88	6.27

〈표 7-9〉에서 아래에서 세 번째 행, 배당할인.B를 봅시다. 1973년에 받은 배당금 157만 5,000달러를 가지고 버핏이 앞으로 1982년까지 9년간 투자를 한다고 해봅시다. 버핏의 수익률을 20%로 가정하고 10%로 다시 할인하면 313만 4,000달러입니다. 버크셔가 받은 배당금은 보통 사람이 받은 배당금보다 훨씬 큰 가치를 지닙니다.[234] 이런 식으로 10년 치 받을 배당금을 현재가로 합산하면 2,371만 3,000달러가 되어, 시즈 캔디 본체의 가치 2,351만 7,000달러와 비슷해집니다. 이를 PBR로 계산하면 6.27배가 됩니다.

248

버핏에게 있어 '높은 ROIC와 낮은 재투자율' 조합은 엄청난 가치를 지닙니다. 2007년 주주서한에서 버핏은 그동안 시즈 캔디의 누적 세전이익은 13억 5,000만 달러였고, 이 중 시즈 캔디에 재투자된 금액은 3,200만 달러에 불과했다 합니다. 재투자와 법인세를 차감한 이후의 금액은 고스란히 '버핏 제국'을 확장하는 데 쓰였습니다.

시즈 캔디는 여러 모로 임팩트 있는 투자였습니다. 버핏은 "우리가 브랜드 퀄리티에 돈을 지불한 것은 이번이 처음이었다"며, "굉장히 어려운 한 단계 도약"이었다고 합니다.[235] 그 전까지는 아메리칸 익스프레스 같은 특이 사례가 있긴 했어도, 이렇게 브랜드 퀄리티에서 창출되는 잉여현금흐름으로 원하는 곳에 재투자하는 구조는 엄청난 발상의 전환이었습니다. "시즈 캔디에 투자하지 않았으면 코카콜라에도 투자하지 못했"을 것이고,[236] 질레트나 애플도 마찬가지였을 것입니다.

버핏은 시즈 캔디를 포함한 7개 회사를 묶어서 '성스러운 일곱Sainted Seven'이라고 불렀습니다.[237] 1987년에 이 회사들의 세전이익은 1억 8,000만 달러에 달했습니다. 이러한 이익을 달성하는 데 투입한 자금은 1억 7,500만 달러에 불과했으며, 회사들의 연간 이자비용은 고작 200만 달러였습니다. 7개 회사를 묶어서 하나의 회사로 본다면, 이 회사는 전체 투자 금액만큼의 이익을 매년 창출해내는 엄청난 회사입니다. 이는 버핏만이 만들 수 있고, 버핏이기 때문에 큰 의미가 있는 회사입니다.

버핏은 현금에 광적으로 집착합니다. 2권 9장에서 좀 더 살펴보겠지만, 사업의 모든 과정은 현금이 어디에 얼마나 잠겼다가 언제 얼마나 회수되는지의 관점에서 재구성할 수 있습니다. 버핏은 기업을 '현금 창출 기계'로 바라봅니다. 사업을 유지하기 위해서 자본투자가 적으면 현금이 잠기지 않기 때문에 훌륭한 사업입니다. 나중에 줄 돈을 미리 받아놓은 '플로트'가 있으면 더 좋습니다. 설비투자가 없어도 성장을 일궈낼 수 있으면 그야말로 환상적이고요. 그렇게 만들어낸 현금을 적절히 주주에게 돌려주면 더 이상 바랄 게 없습니다.

이제 '경제적 해자economic moat'에 대해 이야기할 때가 되었습니다. 버핏은 "진정으로 위대한 기업이 되려면 탁월한 수익률을 지켜주는 항구적 '해자moat'를 보유해야" 한다며 "어떤 기업이 높은 수익을 내면 자본주의 역학에 따라 경쟁자들이 그 성을 끊임없이 공격하기 때문"이라고 했습니다.[238]

'경제적 해자'를 흔히 기업의 '경쟁력'과 같은 의미로 쓰기도 하는데요. 버핏이 이야기하는 경제적 해자는 훨씬 심오합니다. 단순히 경쟁력이 뛰어난 기업이라고 해서 좋은 투자 대상이 되지는 않는다는 걸 우리는 잘 알고 있지 않습니까? 효율적인 '현금 창출 기계'가 되어야만 투자자에게 의미 있는 경쟁력이며, 버핏이 원하는 해자입니다.

해자의 종류는 다양합니다. 경쟁자가 시장에 진입하여 수익률을 낮추는 것을 방어할 수 있는 모든 것을 해자라고 부를 수 있습니다. 고객의 마음을 강하게 사로잡건, 기술이 뛰어나건, 뭐든지 좋습니다. 시장 지배력을 가진 유통업자라면 대량 구매를 통해 구매가격을 낮추고 매장 면적당 매출액을 높여서 경쟁사 대비 높은 이윤을 만들어낼 수 있습니다. 강력한 브랜드를 가진 회사는 고객의 마음속 이미지를 자극하여 더 많은 이익을 얻을 수 있습니다.[239] 버핏은 해자를 갖춘 대표적인 기업으로 생산 원가가 낮은 가이코, 코스트코, 강력한 세계적 브랜드를 가진 코카콜라, 질레트, 아메리칸 익스프레스를 꼽았습니다.[240]

경제적 해자는 원래 버핏을 추종하는 투자자들 사이에서만 쓰던 용어였습니다. 이 용어가 대중적으로 알려진 계기는 일론 머스크와의 논쟁 아닌 논쟁 때문이었습니다. 이 논쟁을 살피다 보면 경제적 해자에 대해서 좀 더 깊은 통찰을 얻을 수 있으니, 찬찬히 한번 살펴보겠습니다.

발단은 2018년 5월 2일, 테슬라의 2018년 1분기 실적 발표날이었습니다.[241] 다음은 갈릴레오 러셀Galileo Russell이라는 애널리스트와의 질문 답변입니다.

러셀: 슈퍼차저(테슬라 전기차의 충전 네트워크)에 대해서 이야기해보죠. 테슬라 소유자들로부터는 슈퍼차저로 돈을 벌 생각이 없다는 건 알고 있습니다. 그런데 다른 자동차 회사들에게 이 시스템을 개방해서 매출을 올리겠다고요?

머스크: 우리는 담벼락이 쳐진 정원을 만들지 않겠다고 계속 이야기해 왔습니다. 다른 회사들이 우리의 슈퍼차저 스테이션을 사용한다면 기쁘게 지원하겠습니다. 그들은 단지 사용량에 비례해서 비용을 함께 부담하면 됩니다. 그들은 우리의 과금 정책과 커넥터를 공유할 수도 있고, 그냥 우리의 커넥터에 어댑터만 꽂아서 써도 됩니다. 우리는 여기에 매우 열려 있지만, 아직은 아무도 시도하지 않고 있습니다. 우리가 막는 게 아닙니다. 우리는 정원을 담벼락으로 둘러쳐서 해자를 만들고 싶지 않습니다.

러셀: 그렇군요. 이게 무슨 전략인지 좀 더 명확하게 이야기해줄 수 있나요? 이건 당신들이 수년간 전 세계에서 쌓아올린 아주 강력한 해자인 것 같은데요. 왜 이걸 개방하려 하고, 왜 이게 해자가 아닌 거죠?

머스크: 죄송합니다. 질문을 다시 해주시겠어요?

러셀: 왜 이게 해자가 아닌지 궁금합니다. 장기투자자 입장에서 보면, 당신들이 만든 충전 인프라를 다른 회사가 복제하려면 수년 동안 수백만 달러를 쏟아부어야 하거든요. 그래서 저는 어떤 전략적 사고하에 이걸 폐쇄적으로 운용하지 않고 개방하는 선택을 한 것인지 궁금합니다.

머스크: 일단, 해자는 고루한 개념입니다. 쓸데없는quaint 유물이지요. 적군이 쳐들어오는데 방어 수단이 해자밖에 없다면, 오래 살아남을 수 없

습니다. 중요한 건 혁신의 속도입니다. 그게 경쟁우위를 결정하는 근본 요인입니다.[242] 예를 들어, 우리의 경쟁사가 무언가를 6년마다 한다면, 우리는 그걸 2, 3년 만에 해냅니다. 우리의 혁신 속도는 다른 회사보다 두 배 빠르죠. 이건 어떤 산업에서나 마찬가지입니다. 어떤 회사가 가장 빠른 속도로 혁신을 해나간다면, 경쟁사의 악의적인 방식에 당하거나 스스로 발등에 총을 쏘지 않는 한은 결국 경쟁사를 추월하게 됩니다. 아마존과 월마트를 보면 명백합니다. 월마트의 혁신 속도는 아주 미미했고, 아마존은 아주 빨랐습니다. 그 결과가 어떤지는 이미 예전에 드러났습니다.

(이후는 다른 질문으로 이어짐)

사실 여기까지는 큰 문제가 없습니다. 애널리스트는 공들여 쌓아올린 충전 인프라는 해자가 될 수 있을 것 같은데, 왜 이걸 개방하느냐, 그리고 왜 이게 해자가 아닌가라고 질문했습니다. 머스크는 이게 해자가 아니라고는 안 했습니다. 해자 같은 '방어 도구'로 쓰지 않겠다고 했을 뿐입니다. 혁신의 속도가 중요한 전기차 시장에서 '웅덩이를 파고 가만히 앉아 있다가는 죽어버리기' 때문이라고도 부연했습니다.

며칠 후 5월 5일, 버크셔 해서웨이 주주총회에서 다음과 같은 질문과 답변이 오갑니다.

소킨[243]: 워런, 세상이 바뀐 것 같습니다. 경쟁이 점점 치열해지고 있어요. 혁신의 속도, 기술이 모든 곳에 영향을 미칩니다. 일론이 옳은 건가요?

멍거: 이건 내가 답변할게, 워런. 일론은 전통적인 해자는 쓸데없다고 했습니다. 그건 쓸데없는 물웅덩이가 맞습니다. 그러면서 그는 최고의 해자는 확고한 경쟁우위를 차지하는 거라고도 했습니다. 그것도 맞는 말이죠. 웃기네요. (웃음) 워런은 진짜 해자를 지으려고 한 게 아닙니다. (웃음) 그게 아무리 쓸데없다 하더라도요.

버핏: 응. (웃음) 세상에는 너무나 많은 사업이 있습니다. 언제나 그랬어요. 최근 몇 년 새 속도가 빨라진 것 같기는 합니다. 해자인 것 같았지만 침공에 무너진 사례가 많습니다. 그러나 해자를 쌓고 무너뜨리는 시도는 언제나 있었습니다. 살펴보면 과거 어느 때보다 강력한 해자를 유지하는 곳들도 있습니다. 우리는 언제나 해자를 쌓고 지키려고 노력해야 합니다.

일론이 어떤 영역에서 판을 뒤흔들 수는 있습니다만, 사탕을 가지고 그럴 것 같지는 않네요. (웃음) 그리고 우리는 무너뜨리기 쉽지 않은 다른 사업들도 있습니다. 저기 다른 방에 있는 가라니멀스Garanimals[244]를 볼까요. 이 사업을 무너뜨리는 게 기술일 것 같지는 않습니다. (웃음) 어린아이들의 마음을 사로잡는 다른 무언가겠지요. 그리고 상당히 강력한 해자도 우리 주위에 있습니다. 낮은 원가를 유지하는 거죠. 이건 엄청나

254

게 중요합니다. 가이코 같은 회사를 보면, 기술이 원가를 그다지 낮추지 못했습니다. 우리만큼 원가가 낮은 다른 회사가 몇 있긴 하지만, 대형사 중에서는 우리 원가가 낮은 편입니다. 그리고 원가가 낮으면 중요한 상품을 팔기에 꽤 유리합니다.

여기까지도 별 문제가 없습니다. 해자를 쌓고 무너뜨리는 시도는 언제나 있었고, 기술도 해자의 일종이며, 기술 이외에도 경쟁우위 요소는 다양하다는 겁니다. 일론이 틀렸다는 게 아니라, 일론은 일론대로 열심히 하고, 우리는 우리대로 열심히 살겠다에 가깝습니다. 문제는 찰리 멍거의 조롱 섞인 답변[245]과 거기에 열 받은 일론 머스크의 트윗이었지요. "그럼 나는 해자를 파서 사탕으로 파묻어버릴게. 워런 B는 투자하지 않고는 못 배길걸! 버크셔 해서웨이 크립토나이트 …."[246] 사실 이것도 버핏을 조롱한다기보다는 그의 방식대로 위트 있게 받아넘긴 거라고 볼 수 있습니다. 문맥을 자세히 살펴보면 각자 본인의 사업에서 중요시하는 바를 표현했을 뿐입니다. 언론에서는 두 거장이 싸움이 붙었다고 난리가 났습니다. 과거의 악연도 다시 조명하며 불을 붙였습니다.[247] 덕분에 버핏은 언론에서 한동안 곤욕을 치루었습니다.[248]

두 유명인의 가십거리를 이야기하려고 제가 이렇게 긴 지면을 할애하지는 않았겠지요. 필요한 이야기를 해봅시다.

머스크가 이야기한 혁신과 버핏이 이야기한 해자 개념은 크게 다르지 않습니다. 해자란 다시 말해 지속가능하게 경쟁우위를 만들어내는 요소이고, 경쟁우위의 종류로 기술 혁신이 있고, 또 테슬라라는 차량이 고객에게 주는 편의성이나 여러 가지 믿음 등도 경쟁우위의 요소, 즉 해자입니다.[249]

언쟁의 발단이 된 슈퍼차저 네트워크 개방을 생각해볼까요? 충전 인프라를 까는 데에는 돈이 굉장히 많이 듭니다. 그런데 표준에서 밀려버리면 상당히 곤혹스럽습니다. 표준이라는 건 기술이 뛰어나다고만 해서 될 수 있는 게 아니거든요. 과거 비디오테이프 표준 경쟁에서 소니의 '베타'가 기술적으로는 더 뛰어났지만 'VHS'에 밀려서 사장되었습니다.

인프라는 고정비 비즈니스입니다. 테슬라 입장에서는 슈퍼차저 네트워크에 다른 회사도 참여하면 고정비를 분담하면서 규모의 경제를 누릴 수 있고, 때에 따라 제3자에게만 별도의 과금을 해서 수익화할 수도 있습니다. 표준 다툼을 하느니 다 통합해버리고 거기서 선도적인 지위를 유지하는 게 오히려 유리할 수 있습니다. 미국에서 과거에 철도 중복 투자로 얼마나 골치를 썩었습니까. 엄한 데 비용을 쓰느니 인프라는 빨리 표준화하고 사용자 편의를 증대시키는 데 집중하자는 게 대외적으로 명분도 있습니다.

이게 그 애널리스트가 질문한 '전략적 사고'입니다. 그런데 당연히, 경쟁사도 그걸 알기 때문에 여기에 참여하지 않는 걸 테고요(누가 일론 머스크에게 끌려다니고 싶겠습니까).

던져야 할 질문은 해자 개념이 고루하니 어쩌니가 아닙니다. 해자 개념은 둘 사이에 그다지 차이가 없습니다. 테슬라는 테슬라대로 해자를 가지고 있고, 버크셔의 사업은 그들만의 해자를 가지고 있습니다. 던져야 할 질문은 '테슬라가 해자를 갖춘 것으로 보임에도 버핏이 왜 투자하지 않았는가'입니다. 일론이 투정부렸던 지점도 그것입니다. "내가 이렇게 훌륭하게 사업을 하고 있는데, 당신의 해자 개념에도 부합하는데, 왜 투자를 안 하는 거야?"라는 거죠.

일론은 시시때때로 버핏에게 "테슬라를 사라", "테슬라를 샀어야 했다"라는 식의 트윗을 날립니다. 트위터야 귀엽게 넘긴다 쳐도, 엄청난 주가 상승을 버크셔가 놓친 건 사실입니다. 이 점은 우리가 살펴볼 필요가 있습니다. '기술을 몰라서'라는 건 궁색한 변명입니다. 버크셔는 중국의 전기차회사 'BYD'에도 투자했습니다. '전자제품은 소비재다'라면서 애플에도 투자했습니다.[250] 전기차는 자동차고, 자동차는 소비재이지 않습니까? 그런데 왜 투자를 안 하죠?

첫 번째 가설은 '슈퍼스타 CEO'는 해자가 아니기 때문입니다. 버핏은 슈퍼스타가 있어야 위대한 실적이 나오는 기업이라면 그 기업은 위대하다고 간주할 수 없다고 했습니다.[251] 테슬라는 물론 차량 자체도 선도적인 모습을 보이지만, 일론 머스크의 독특한 캐릭터 덕분에 추가로 더 많은 주목을 받고 있기도 합니다.

그러나 그게 매수를 거부할 이유가 되기는 어려워 보입니다. 버핏이 사랑하는 코카콜라에도 로베르토 고이주에타라는 스타 CEO가 있었습니다. 디즈니의 경우 프랭크 웰스가 사망하자 주식을 전부 매도해버렸습니다. 그리고 테슬라가 스타 CEO 한 명으로 움직인다기에는 주행거리 관리 기술, 자율주행 기술, 충전 인프라, 원격 업데이트 등 여러 면에서 경쟁사보다 앞서는 모습을 보이고 있고, 약점이었던 생산 품질도 약간씩은 개선되고 있습니다.[252]

두 번째 가설은 실적입니다. 테슬라는 최근까지 적자였고, 2020년부터 흑자로 돌아섰습니다. 앞의 논란이 있었던 2018년에는 당연히 적자였고요. 한편 매출액 성장성은 괄목할 만하고, 이익률도 괜찮습니다. 2020년에는 탄소배출권 이익이 기여했지만 2021년에는 그 의존도는 줄어들고 자동차 본업이 성장했습니다. 반도체 부족으로 전 세계적으로 생산 차질이 빚어지는 중에 일궈낸 값진 성과입니다. 그렇다면 버핏도 이젠 테슬라에 투자를 고려해볼 만하지 않나요?

1986년 주주서한에서 버핏은 '오너 어닝owner earnings'이라는 개념을 소개했습니다.[253] 주주가 주식으로부터 받는 가치를 좀 더 제대로 계산해보자는 발상입니다. 회계상 순이익은 가능한 한 회사의 경제적 실질을 잘 나타내고자 시도하지만, 감가상각비가 회사의 실질을 왜곡하는 요인이 되곤 합니다.[254] 회사가 현 상태를 유지하기 위해 과도한 투자 지출을 해야 한다면 이는 사실상 주주에게 돌아가는 몫을 깎아 먹는 일이지만, 회계상으로는 즉시 비용으로 잡히지 않고 향후에 감가상각비라는 비용으로 오랜 기간에 걸쳐 조금씩 인식합니다. 그렇다면 차라리 감가상각비를 순이익에 더해버리고, 실제 자본지출CAPEX, Capital Expenditure을 차감하면 오너에게 돌아올 몫을 좀 더 제대로 계산할 수 있을 것입니다. 오너 어닝은 다음과 같이 계산합니다.

오너 어닝 = 당기순이익 + 감가상각비 – 자본지출

만약에 회사가 당장 높은 속도로 성장을 하는 동시에 상당한 영업이익을 내고 있다 하더라도, 향후의 성장을 위한, 혹은 현 상태를 유지하기 위한 투자금이 그보다 훨씬 과도하다면 이는 기업가치가 커지고 있는 중이라고 보기가 애매합니다. 버핏은 "유형자산이익률이 높은 정말 위대한 기업이라도 이익 대부분을 장기간 재투자하면 높은 이익률이 유지될 수 없다"고 했습니다.[255] 회계상의 높은 이익률이 유지되는 동안에는 번 돈을 재투자에 다 쏟다가, 어느 순간 경쟁이 치열해져서 이익률이 확 떨어지면 어떻게 되나요? 주주는 그동안의 기다림에 대한 보상을 받을 수 없습니다. 보상은커녕, 높은 기대치가 꺾이면서 주가는 급락할 가능성이 큽니다. 그렇다면 이런 회사에서 돈을 벌기 위해서는 성장이 꺾이는 걸 남보다 빨리 감지하고 미리 빠져나오는 눈치 싸움을 잘해야만 합니다. 슬픈 일이죠.

성장에는 가치를 파괴하는 성장과 가치를 창출하는 성장이 있습니다. 버핏의 관점에서는 재투자가 많이 필요하지 않은 채로 성장하는 기업이 진정으로 가치 있는 기업입니다.

이제 테슬라의 오너 어닝을 살펴볼까요. 테슬라는 순이익이 흑자로 돌아섰지만 과거 큰 금액의 투자를 해왔고, 높은 감가상각비가 이제 비용으로 반영되는 중입니다. 만약 지금 시점에서 투자금CAPEX이 줄어든다면 회계상의 이익보다 주주가 가져갈 이익이 훨씬 큰 상태입니다. 그러나 실제 테슬라의 상태는 정반대죠. 〈그림 7-1〉을 봅시다. 늘어난 감가상각비보다 더 큰 금액이 추가로 지출되고 있습니다. 기껏 돈을 좀

그림 7-1

테슬라의 오너 어닝 (단위: 100만 달러)

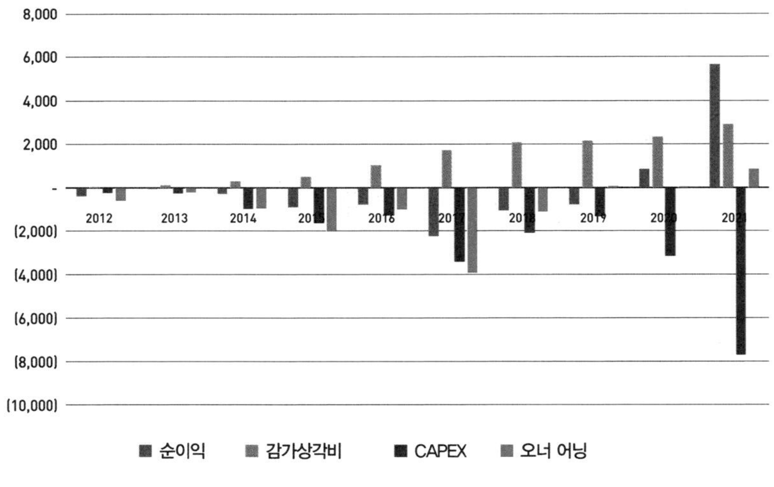

■ 순이익   ■ 감가상각비   ■ CAPEX   ■ 오너 어닝

번다 싶더니 계속 더 집어넣어야 하는 거죠. 이런 상황에서는 언제 주주가 몫을 챙겨갈지 짐작하기가 매우 어렵습니다.

버크셔의 주력 기업 중 하나가 된 애플은 어떨까요? 〈그림 7-2〉를 봅시다.

환상적인 모습입니다. 감가상각비가 발생하기는 하지만 순이익 대비 현저히 낮습니다. 그리고 2015년부터 현재까지 늘지 않고 있습니다. CAPEX도 딱 감가상각만큼만 지출되고 있습니다. '오너 어닝이 무엇인지 우리는 정확히 알고 있다'라고 주장하는 듯합니다. 이런 재무

그림 7-2

애플의 오너 어닝 (단위: 100만 달러)

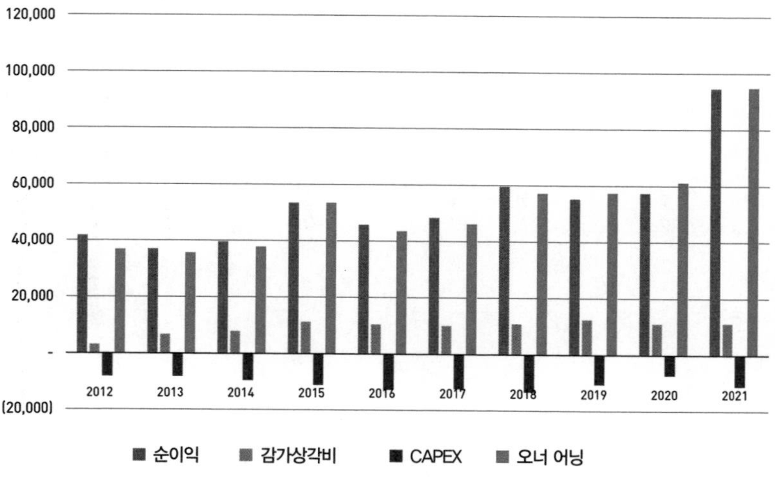

■ 순이익 ■ 감가상각비 ■ CAPEX ■ 오너 어닝

제표를 누가 기술 기업이라고 하겠습니까? 이건 버핏이 좋아하는 전통 소비재 기업에서나 볼 수 있는 그림입니다.

내친 김에 버크셔가 최근에 매수한 아마존도 살펴볼까요?[256]

〈그림 7-3〉을 보면 2018년에 순이익이 급증하면서 오너 어닝이 세 배로 늘어났습니다. 이후에도 투자금의 폭이 늘어나면서 오너 어닝이 감소했지만, 그래도 2017년 대비해서는 세 배가량 늘어 있습니다. 테슬라의 오너 어닝이 발생하고는 있지만 여전히 미미한 수준인 데 비하면 괄목할 모습입니다.

그림 7-3

아마존의 오너 어닝   (단위: 100만 달러)

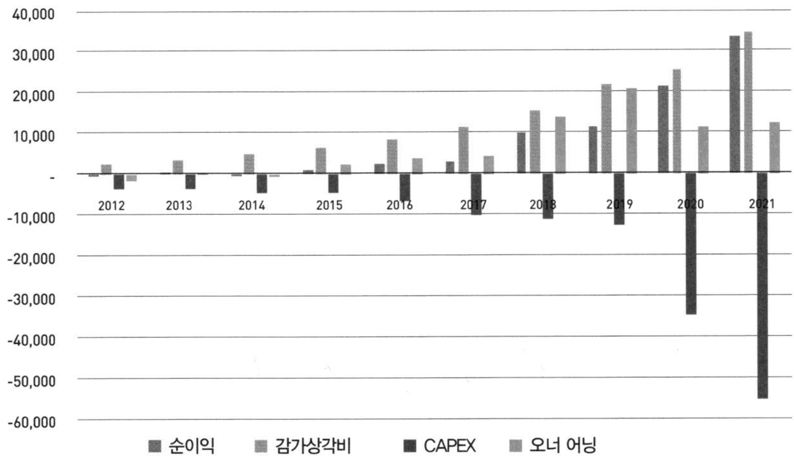

표 7-10

테슬라, 애플, 아마존의 시가총액, 오너 어닝 비교

	테슬라	애플	아마존
시가총액(조 달러)	1.04	2.85	1.68
오너 어닝(100만 달러)	845	94,879	12,264
비율	1,231	30	137

시가총액은 2022년 3월 27일 기준

3사의 오너 어닝과 시가총액을 비교하면 〈표 7-10〉과 같습니다.

애플을 구매하는 데에는 오너 어닝의 30배가 필요하고, 아마존을 구매하는 데에는 137배가 필요합니다. 테슬라를 구매하는 데에는 1,231배가 필요하죠. 버핏이 바라보기에 테슬라는 아직까지는 가치를 파괴하면서 성장하는 중입니다. 버핏에게 '훌륭한 기업'은 '시즈 캔디처럼 규모가 작더라도 성처럼 견고'한 기업입니다.[257] "투자자는 계속 돈을 요구하는 기업이 아니라 돈을 벌어주는 기업을 찾아내야 합니다."[258]

여기에서 이제 우리의 고민이 생깁니다. 테슬라, 애플, 아마존, 시즈 캔디. 이 중 무엇이 가장 좋은 투자 대상인가요? 버핏은 테슬라를 제외시켰지만, 우리가 반드시 그를 따라야 할까요?

시즈 캔디를 선호하느냐, 테슬라를 선호하느냐는 넓은 의미에서 취향입니다. 버핏은 지금 당장 풍부한 현금흐름을 주주에게 창출해주는 기업에 높은 프리미엄을 부여합니다. 버핏이 그러는 건 버핏이기 때문입니다. 버크셔 해서웨이는 세금 없이 종속회사의 현금을 뽑아서 다른 곳으로 돌릴 수 있습니다. 경영에 직접 개입해서 가격만 살짝 올려도 당장의 현금흐름이 홀쩍 좋아지니 선호할 수밖에 없습니다.[259] 버핏을 제외한 다른 대부분의, 아마 전 세계 거의 모든 투자자는 그런 식으로 투자할 수 없습니다.

경제적 해자 개념은 '자본비용 이상의 초과수익을 낼 수 있게 하는 요인'을 통칭합니다. 자본비용이란 기업이 끌어온 자본에 대해서 치뤄야 할 대가를 의미합니다. 타인자본, 즉 차입을 했으면 이자와 원금을 상환할 의무가 있습니다. 자기자본, 즉 주식을 발행했어도 그 주주들이 바라는 기대치가 있기 때문에 모종의 비용이 존재합니다.[260] 기업이 할 일은 그 비용을 뛰어넘는 수익률을 내주는 것이고, 그럴 때에만 기업에 프리미엄을 지불하며 매수하는 것이 정당화됩니다.[261]

해자의 종류는 다양합니다. 널리 알려진 해자는 브랜드, 네트워크 효과, 전환 비용, 원가우위 등입니다. 기술은 의외로 침식당하기 쉬운 해자입니다. 경쟁사와의 격차를 유지하는 데에 계속 비용이 들고, 한번 전략을 잘못 세우거나 운이 나빠서 선도적인 지위를 뺏겨버리기도 합니다. 따라서 경쟁사 대비 추가로 더 적은 비용을 투입하고도 경쟁사 대비 높은 ROIC(투하자본이익률)를 만들어낼 수 있을 때 해자가 공고해졌다고 볼 수 있습니다.

'버핏이 경제적 해자를 중요시한다'라는 말은 좀 더 엄밀하게 이야기하자면 '경제적 해자 구축이 완료되어 현금 회수기에 진입했음을 확인한 이후에 투자한다'라고 볼 수 있습니다. 버핏이 해자 구축이 완료된 이후에 투자하는 것을 '선호'하는 이유는 잉여현금흐름이 주는 가치가 다른 투자자보다 더 높기 때문입니다. 1) 앞서 말씀드렸다시피 버크셔는 종속회사로부터 세금을 내지 않고 현금을 뽑아올 수 있습니다. 2) 버핏 본인이 웬만한 기업 경영진보다 자본배분에 더 능숙합니다. 흔히 버크셔 해서웨이는 각 회사들에게 경영을 철저히 위임한다고 알려져 있습니다만, 잉여현금은 매우 중앙집권적으로 통제합니다.[262]

우리는 버핏처럼 세금 혜택을 받을 수도 없고, 기업을 지배하면서 가격을 끌어올려서 해자의 가치를 극대화할 수도 없습니다. 그렇다고 경제적 해자 개념이 일반적인 투자자에게는 무의미한 개념일까요? 그렇지 않습니다.

앞서 설명드린 대로 경제적 해자는 기업의 가치가 장부가보다 높을 수 있는 이유, 즉 프리미엄을 설명하는 이론적 배경입니다. 경제적 해자 자체는 그레이엄이 제시한 '가치 기반 사고' 체계에서 가치를 형성하는 중요한 한 요소가 됩니다.

기업의 경영진이 내부 유보금을 활용해서 '나보다' 더 나은 성과를 장기적으로 내줄 수 있다면, 그런 기업을 믿고 가는 것도 좋습니다. 버핏 또한 코카콜라, 질레트 등을 완전히 지배할 수 없습니다만 기업을 완전히 지배할 때와 동일한 이유로 이 회사들도 선호합니다. 버핏은 간당간당한 기업marginal enterprise[263]을 100% 소유해서 고군분투하는 것보다는 훌륭한 비즈니스를 일부라도 보유하는 게 더 수익성이 좋고, 즐겁고, 훨씬 덜 피곤하다고 했습니다. 버핏은 버크셔가 경영권을 확보하느냐는 중요하지 않으며, '기업의 영속적 경쟁력, 경영자의 능력과 인품, 기업의 가격'을 기준으로 자본을 가장 타당하게 배분하겠다고 했습니다.[264]

해자를 구축하는 데에는 현금이 필요합니다. 아직 산업이 덜 성숙하여 누가 승자가 될지 모르는 상황에서 대량의 자본투입이 필요한 건 자연스러운 일입니다. 버핏이 기피할 뿐이지 '나쁜' 일은 아닙니다.

버핏이 정말로 싫어하는 최악의 비즈니스는 해자가 아직 구축되지 않은 기업이 아니라, 해자를 제대로 만들 가능성이 요원한 기업입니다. 산업이 성장하는 내내 자본을 요구했고, 정리가 어느 정도 되어서 이제 현금 회수기에 진입해야 함에도 불구하고 여전히 자본을 요구하는 사업들이 있습니다. 해자 구축이 끝난 것처럼 보이지만 사실은 해자 아래로 물이 줄줄 새고 있는 것이지요.

버핏은 이런 사례로 항공업을 듭니다. 항공 사업은 항공기 리스/구입, 유지보수, 노선 유지 등에 엄청나게 많은 비용이 들어가는 반면, 경쟁이 언제 끝날지는 요원합니다. 버핏은 1989년 'US에어' 우선주를 샀다가 한참 고생했습니다. 1998년에야 '운 좋게도' 항공 산업에 대한 낙관론이 일면서 팔고 나올 수 있었습니다.[265] 이후에 미국 4대 항공사 주식을 모조리 샀다가, 코로나 국면에 대거 손실을 보면서 팔았습니다.[266] 그 후 주가가 급등해버렸지만 여전히 투자할 생각이 없다고 했습니다.[267] 버핏은 일찍이 항공 산업은 "라이트 형제의 첫 비행 이후" "끝없이 자본을 요구하며" "항구적 경쟁우위를 확보하기가 어려웠다"고 합니다. 차라리 첫 비행 때 "그 비행기를 격추했다면 이후 자본가들이 큰 덕을 보았을 것"이라고까지 했습니다.[268]

그럼 우리가 종종 고민하는 성장 산업은 어떨까요? 현재 자본투입이 과도하다고 무조건 나쁘게만 볼 필요는 없습니다. 아마존은 유통업을 장악하느라 장기간 자본투입이 필요했고, 클라우드 서비스에서 결국 막대한 돈을 벌어들였습니다. 이후에 그 현금이 다시 해외 유통 사업에 투입되면서 투자자들의 원성을 샀지만,[269] 결국은 또 막대한 현금흐름을 창출해냈습니다. CAPEX는 다시금 늘어나는 구간에 접어들기는 했는데, 이게 앞으로 어떤 모습을 보여줄지는 모를 일입니다. 앞서 말씀드렸다시피 CAPEX 증가에도 불구하고 오너 어닝의 폭은 늘어나고 있습니다. 아마도 버크셔는 베조스의 현금 창출 능력이 미래에도 유지될 것으로 믿고 있는 것 같습니다.

버핏을 마냥 따라 하고자 하면 테슬라, 넷플릭스, 구글, 마이크로소프트 같은 주식은 영영 못 살지도 모릅니다. 버핏도 구글을 놓쳐서 아쉬워하지 않았습니까.[270] 버핏이 선호하지 않는, 현금흐름이 잠식되는 사업에는 두 종류가 있습니다. 제자리를 유지하는 데에만도 엄청난 자금을 쏟아야 하는 항공업 같은 사업과 자금을 쏟아붓다 보면 언젠가는 대량의 현금흐름을 회수해줄 애플 같은 사업입니다.

테슬라의 미래는 어느 쪽일까요? 전기차 비즈니스가 결국은 시장을 평정하고 현금을 되돌려줄 산업이라고 판단한다면, 혹은 굳이 자동차가 아니더라도 (아마존의 AWS처럼) 다른 형태의 서비스를 통해서 현금을 창출해낼 수 있다면, 그리고 그 현금을 또다시 '결국은 돈을 벌어줄' 산업에 재투자해줄 거라고 '믿는다면', 테슬라 투자도 충분히 합리적일 수 있습니다.

잠깐, 믿음이라고요? 내가 무엇을 믿느냐에 따라 기업의 가치가 달라진다고요? 네, 맞습니다. 그게 막연한 기대가 아니라 균형 잡힌 시각으로 정보를 잘 취합하여 건전한 사고 체계하에서 내린 결론이라면요. 이제 버핏의 가장 중요한 가르침이자 모든 투자자가 명심해야 할 가르침으로 가봅시다.

레슨 3. 능력 범위

'레슨 1'에서 우리는 기업의 질적인 요소를 가치평가에 어떻게 반영할 수 있는지를 배웠습니다. 기업은 마치 생명체처럼 외부 환경에 대응하면서 끊임없이 변화하는 조직이며, 따라서 투자자는 경영진의 자질 등 질적 요소를 중시해야 합니다. '레슨 2'에서 우리는 경제적 해자 개념을 통해서 어떤 종류의 질적인 요소가 가치평가에 어떻게 반영되는지를 좀 더 깊이 배울 수 있었습니다. 다른 무엇보다, 경영진이 효과적으로 현금을 창출해서 주주에게 돌려주는 게 주주 입장에서 가장 가치 있는 일입니다.

기업이 창출해내는 현금은 미래에 대한 이야기입니다. 미래는 불확실하고 위험합니다. 그레이엄은 불확실성에 대비하여 안전마진 개념을 제시하였습니다. 최악의 시나리오를 가정했을 때에도 큰 손해를 보지 않아야 한다는 것입니다.

버핏은 그레이엄으로부터 안전마진이라는 위험관리 체계를 그의 사고 체계로 계승하였지만, 실제로 구현하는 방식은 달랐습니다. 그레이엄에게 안전마진이란, 예를 들어 투자한 회사가 파산했을 때 얼마를 돌려받을 수 있느냐, 회사와의 싸움에서 졌을 때 최소 얼마까지는 받고 되팔 수 있느냐 등이었습니다. 그리고 미래가 어떻게 될지 확실하게 예측할 수 없기 때문에, 안전마진이 있는 투자 건을 최대한 많이 찾아서 분산투자했습니다.

버핏은 이런 식으로 위험에 대비하는 게 의미 없다고 생각했습니다. 버핏은 본인이 좀 더 잘 이해할 수 있는 몇몇 종목을 추려내서 깊이 공부하고 집중투자했습니다.[271] 기업에 대해서 많이 아는 것이 위험을 줄이는 방안이라는 개념은 두 사람이 공유하지만, 어떤 형태의 지식을 축적해야 하느냐가 달랐습니다. 그레이엄은 정량화된 체크리스트를 빼곡하게 채워 넣는 식으로 안전마진을 파악했고, 버핏은 사업이 실제로 어떻게 굴러가는지에 대한 지식으로 머릿속을 채워 넣었습니다.

버핏의 개념은 그레이엄과 함께 일하던 1950년대에 이미 이런 차이가 있었고, 이 개념은 나중에 멍거의 도움을 받아 좀 더 발전하였습니다. 멍거는 단순히 수치화한 것들에 가치를 부여하고 그보다 싼 가격에 주식을 사는 안전마진 개념에서 탈피하도록 버핏을 부추겼습니다.[272] 1964년에 아메리칸 익스프레스에 투자하면서 버핏은 새로운 안전마진 개념에 첫발을 디뎠습니다.

사업이 실제로 어떻게 굴러가는지 파악할 수 있는 영역을 버핏은 '능력 범위circle of competence'라고 불렀습니다.

버크셔 해서웨이는 1998년에 재보험사인 '제너럴 리'를 무려 220억 달러를 주고 인수했습니다. 심지어 현금이 아니라 버크셔의 주식으로 교환했습니다.[273] 버핏이 그렇게나 확신을 가질 수 있었던 것은 그동안 보험업을 영위하면서 쌓인 경험 때문이었습니다. 버핏은 가이코, 내셔널 인뎀니티 등 보험사 경영에 참여하면서 아주 많은 지식을 축적하고 있었습니다.[274] 제너럴 리의 임원들은 인수 당시 "우리가 제너럴 리에 대해 알고 있는 것보다 워런이 가이코에 대해 알고 있는 것이 훨씬 많았다"고 회고했습니다.[275]

버핏은 본인이 알 수 없는 사업에 투자하는 것을 극도로 꺼렸습니다. 빌 게이츠의 오랜 친구였지만 마이크로소프트 주식은 사지 않았다는 건 유명한 일화입니다(사실은 100주 샀습니다[276]). 버핏은 숫자로만 보았을 때에 전통적인 기준에서 꽤 비싸 보이는 주식을 샀고, 분산도 덜 했기 때문에 개별 투자 건이 실패했을 때 입을 수 있는 타격이 그레이엄보다 컸다고 볼 수 있습니다. 그래서 능력 범위 이내에서 투자하는 것에 지극히 유의했습니다.

능력 범위 밖에서 투자하면 어떤 일이 벌어질까요? 버핏도 다양한 실수를 했습니다. 사실 자신의 능력 범위가 어디였는지는 투자하고 나서야 깨닫는 경우가 많습니다.

버핏은 1966년, 파트너십 시절에 '호슈차일드-콘Hochschild-Kohn'이라는 백화점 회사를 샀습니다. 본인이 과거에 백화점 매장에서 옷을 팔았던 적도 있었고, 소비재 유통업이니 꽤 잘 안다고 생각했을 것입니다. 그러나 유통업의 경쟁이 심화될 때 얼마나 최악의 국면으로 갈 수 있는지는 간과했습니다. 찰리 멍거는 이후 이렇게 회상했습니다. "호슈차일드-콘 인수와 관련해서 행복한 날은 딱 이틀뿐이었습니다. 살 때 하루, 팔 때 하루."[277]

1994년 신발회사인 '덱스터 슈'는 최악의 인수 건이었습니다. 수입 신발의 영향력이 줄어들 것이라고 판단하였으나, 실제는 정반대로 흘러갔습니다.[278] 더 나쁜 건 인수대금을 현금이 아니라 주식으로 지불했던 것이었죠. 버핏은 이를 두고 "지금까지 체결한 최악의 거래"라고 평했습니다.[279]

아마도 가장 고통스러웠던 투자 건은 '살로먼 브라더스'였을 것입니다. 버핏은 1987년, 당시 미국의 탑 티어 투자은행이었던 살로먼 브라더스의 우선주에 대량으로 투자했습니다. 최소 9%의 배당금을 가진 우선주인 데다가, 보통주 전환권도 있고, 본인이 이미 투자업을 수십 년째 영위하고 있으니 이 업을 잘 안다고 생각했을 것입니다.

1991년 채권 공매 입찰이 불법적으로 이루어졌다는 스캔들이 터지면서 경영진이 사임하고, 버핏은 '해결사' 역할을 맡아 살로먼의 임시 회장이 되었습니다. 이는 그동안 쌓은 평판을 일거에 날려버릴 수 있는 엄청난 위험을 부담하는 일이었습니다. 주저하면서도 경영에 참여한 버핏은 투자은행이 실제로 어떻게 일하는지를 보고 경악했습니다. 그는 투자은행이 어떻게 굴러가는지 사실상 아무것도 몰랐다는 것을 뒤늦게 깨달았습니다.[280] 사실 전조는 이미 있었습니다. 살로먼에 찾아가 트레이딩 룸을 처음 본 멍거는 버핏에게 이렇게 말했었습니다. "그러니까 워런, 진짜로 여기에 투자하고 싶단 말이지?"[281]

능력 범위가 가치평가와 안전마진에 어떤 영향을 미치는지 그림으로 살펴봅시다.

〈그림 7-4〉를 보면 버핏 입장에서도 기대수익률과 안전마진의 개념은 그레이엄과 동일합니다.[282] 다만 그레이엄은 시간 개념이 없이, 가치라는 걸 어떤 고정된static 상태로 보았고, 그에게 시간이란 가격을 지불하고 가치를 회수할 때까지 잠식되는 구간이었습니다.

그림 7-4

능력 범위가 가치평가와 안전마진에 미치는 영향(그레이엄 vs 버핏)

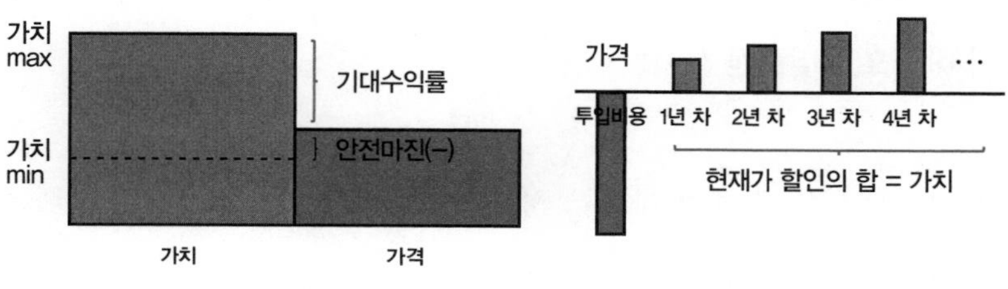

그레이엄 관점의 가치와 가격

가치 max / 가치 min / 기대수익률 / 안전마진(-) / 가치 / 가격

버핏 관점의 가치와 가격

가격 / 투입비용 / 1년 차 / 2년 차 / 3년 차 / 4년 차 / ... / 현재가 할인의 합 = 가치

버핏 입장에서 가치는 동적으로 변화하는dynamic 개념이었고, 나름의 방법으로 측정할 수는 있지만 시간이 지남에 따라 계속 변화하고 따라서 재평가해야 하는 개념이었습니다.[283] 버핏에게 시간이란 경영진과 파트너 관계로 동행하면서 기업의 가치가 늘어나고 주주에게 돌려주는 현금의 가치가 늘어나는 과정을 함께 즐기는 구간입니다.

그레이엄은 자기가 사들인 주식이 적정가격으로 올랐다고 판단하면 기꺼이 내다 팔았지만, 버핏은 원하는 주식을 매입한 후에 무기한 소유하는 방식을 선호합니다.[284] 버핏에게 가치는 정적인 값이 아니라 방향성일지도 모릅니다. 기업의 투하자본이익률ROIC이 자본비용을 상회하는 한 가치는 계속 늘어나는 방향으로 움직이고, 그 반대의 경우 가치가 계속 파괴되기 때문에 잠깐도 소유할 수 없습니다.

그럼 이제, 버핏의 해자와 능력 범위 개념을 확장해볼까요?

우리가 대체로 고민스러워하는 상황은 이런 모양일 것입니다. 〈그림 7-5〉의 왼쪽처럼 대량의 현금 투입이 끝나고 이제 현금 회수기(6번)에 진입했거나, 오른쪽처럼 이제 기껏 돈을 버나 했더니 또 현금 투입이 대량으로 필요한 상황(7번)이지요.

여기서 어떻게 해야 한다는 정답은 없습니다. 다만 막연한 미래를 그려서 베팅을 해보았자, 돈을 벌든 잃든 배우는 게 없습니다. 뭐라도 분석해서 시나리오를 그려보아야 벌든 잃든 배우는 게 있습니다.

그림 7-5

투자 회수기에 갓 진입한 기업의 현금흐름

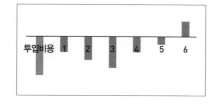

미래는 아마 〈그림 7-6〉의 두 형태 중 하나일 겁니다.

　왼쪽 그림처럼 결국 장기적으로 높은 현금흐름을 창출해줄 수 있습니다. 때때로 시장 상황이 변하여, 혹은 좋은 기회를 포착하여 다시금 현금을 요구할 수 있겠지만, 이와 같은 과정이 반복되면 이 경영진은 주주에게 현금을 돌려주는 것을 주요 과제로 삼고 있다고 믿을 수 있습니다. 매년 주주에게 많은 돈을 벌어주어야만 훌륭한 기업이라고 부를

그림 7-6

투자 회수기 진입 이후의 두 시나리오

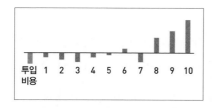
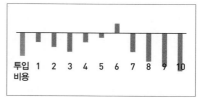

수 있는 건 아닙니다. 버핏은 연도별 실적은 무시해서도 안 되지만, 절대적으로 중시해서도 안 된다고 했습니다. "지구가 태양 둘레를 한 바퀴 도는 기간이, 어떤 투자 아이디어나 사업 판단이 결실을 보는 기간과 꼭 일치하지는 않기 때문입니다."[285]

투자자들의 믿음을 깨는 건 오른쪽 그림과 같은 상황입니다. 기업은 장기적으로 계속 현금을 빨아들이기만 할 수 있습니다. 너무 적자가 지속되면 안 되니까 잠깐 흑자를 내주고, 그걸 빌미로 또 자본조달을 하고, 또 돈을 쏟아붓습니다. 기업의 경영진은 주주에게 가치를 돌려주는 것보다는 본인의 사회적 위신과 욕망에 동기부여 되는 경우가 많습니다. 경영진이 그러한 동기에 몰두하고 있음을 확인했다면 투자자로서는 이런 회사에 가치를 부여할 수 없습니다.

미래의 성장에 베팅하는 건 좋습니다. 다만 낙관적인 성장 전망으로 주목받는 회사들일 경우, 가치를 파괴하면서 성장하고 있을 가능성이 큽니다. 성장이 한계에 다다랐을 때, 혹은 기존의 계획대로 성장이 진행되지 않았을 때에는 갖은 핑계를 대면서 현금을 돌려주기보다는 오히려 더 많은 현금을 요구할 가능성이 큽니다.

이런 투자가 '가치투자 철학에 부합하느냐, 아니냐' 하는 건 무의미한 질문입니다. 내가 어떤 능력 범위를 갖고 있으며, 그 안에서 적절한 전망과 기대수익률을 계산하면서 포지션을 유지하고 있느냐가 우리가 던져야 할 질문입니다.

만약에 어떤 기업에 대해서 "향후 5년간은 현금이 계속 잠식된다. 그러나 5년 정도가 지나면 현재 20개의 플레이어 중 3분의 1 정도는 사라질 수 있다. 이후 경쟁이 완화되고 또한 설비투자의 감가상각비가 줄어드는 반면, 신규 투자는 불필요해져서 현재 20% 수준인 ROIC가 미래에 40%까지 상승할 수 있다. 이 기업은 현금을 되돌려주지 않고 새로운 사업에 쏟아부을 가능성이 크지만, 기존의 사업에서 경쟁에 승리하고 효율성을 높이는 모습을 보여주었다. 따라서 이후에 투자할 신사업에 대해서도 기업의 가치를 높이기 위한 투자라고 믿을 수 있다. 현재 생각할 수 있는 신사업은 A, B, C가 있는데 A와 B는 괜찮아 보이고 C를 선택한다면 잘못된 선택인 것 같다." 이런 식의 전망을 할 수 있다면, 그리고 그 전망을 반영하여 기대수익률과 안전마진을 계산할 수 있다면, 그 투자는 합리적이라고 부를 수 있겠습니다.

테슬라가 OTA(원격 업데이트)를 제공하는 게 소비자 경험 측면에서, 원가관리 측면에서, 보험료 측면에서 어떤 임팩트가 있을까요? 자율주행의 기술 트렌드가 독립형stand-alone이 될 때와 연결형connected이 될 때 엔비디아의 자율주행 솔루션은 어떤 영향을 받을까요? 애플이 M1 칩셋을 고가형 제품에만 넣지 않고 중저가에도 확장하는 건 고가 브랜드 판매량을 훼손할 가능성을 무릅쓰고 어떤 이점을 노리는 것일까요? 이런 질문들에 대답할 수 있다면, 그렇지 못한 투자자에 비하여 상당한

277

경쟁력을 갖추고 있는 셈입니다. 이게 바로 능력 범위입니다.

한편, 능력 범위 개념은 업사이드보다는 다운사이드에서 빛을 발하는 경우가 많습니다. 사업에 대해서 잘 알고 있다는 건 터질 수 있는 리스크도 다양하게 고려할 수 있다는 뜻입니다. 기업에 투자하다 보면 경쟁사의 가격 인하, 공격적인 확장, 악의적인 소송, 품질 이슈, 생산 차질, 원가 상승 등등 셀 수 없이 많은 '일회성' 이슈가 터집니다. 그런 이슈들이 예상했던 범주 안에 있고 회사의 대응력이 충분하다고 판단하고 있었다면 그로 인한 주가 하락은 매수 기회가 될 테고, 그렇지 못한 투자자라면 저점에서 팔고 후회하다가 다시 고점에 사는 일을 반복하겠지요.

테슬라의 생산 차질이 반도체 공급 부족 때문인지, 구조적인 문제인지 구분할 수 있다면 특정 한 분기 생산량이 줄었다는 이슈에 대한 대응이 전혀 다를 것입니다. 디즈니플러스의 스트리밍 구독자 증가세가 주춤한다는 뉴스를 봤을 때, 코로나 위기 완화로 인하여 모든 OTT가 다 겪고 있는 문제인지, 콘텐츠 경쟁력의 문제인지 구분할 수 있다면 또 대응이 달라지겠지요.

능력 범위의 가장 중요한 면은 능력 범위도 변해간다는 것입니다. 버핏은 능력 범위가 넓은 것보다는 능력 범위가 어디인지를 파악하는 게 훨씬 중요하다고 하였습니다.[286] 그러나 (버핏과 멍거가 실제로 그러했

듯) 본인의 능력 범위가 어디인지도 직접 겪어봐야 알 수 있고, 안다고 생각했지만 몰랐다는 걸 깨달았을 때 더 많은 것을 배울 수 있습니다. 버핏도 사실 초창기에는 아메리칸 익스프레스에 대해서 많이 알지 못했습니다. 그래서 더 집중적으로 조사했고 지식이 누적되었습니다.[287]

너무 보수적으로만 하다 보면 정말 큰 기회를 눈앞에서 놓치고 후회하는 경우가 생깁니다. 버핏은 기술주 급등을 놓친 건 그다지 아쉽지 않고,[288] 모기지 업체인 '패니 메이Fannie Mae'를 놓친 게 가장 후회스럽다고 했습니다. 패니 메이는 그의 능력 범위 안에 있었고, 투자하기로 결정까지 했었던 사안인데 실행하지 못했습니다.[289]

능력 범위의 가장 큰 함의는 '위임'에 있습니다. 능력 범위를 키우고 파악하는 목적은 내가 기업의 가치를 정교하게 계산해내기 위함이 아니라, 믿고 맡길 사람이 누구인지를 찾아내기 위해서입니다.

위임은 자본주의를 가장 잘 활용하는 방법입니다. 투자는 믿을 만한 경영진을 고용해서, 훌륭한 사업을 통해 내 돈을 불려달라고 맡기는 일입니다. 믿을 만한 사람에게 알아서 해달라고 믿고 맡기면 삶이 평온해집니다. 능력 범위 이내에서 투자를 해야 경영진을 믿고 기다릴 수 있습니다. 투자자는 시간이 남으니까 더 중요한 일에 매진할 수 있습니다.

그레이엄의 안전마진은 꾸준히 투자자가 노력해서 찾아내야 하는 안전마진이었습니다. 그래서 그레이엄은 1,200만 달러의 적은 자금만을 운용하다가 청산하고 개인의 행복을 찾아 떠났습니다. 버핏의 안전마 진은 '사람에 대한 믿음'입니다. 사람에 대한 믿음의 크기는 제약이 없습니다. 믿을 수 있는 사람을 찾고, 믿고 맡겼던 덕분에 버핏은 세계 최고의 갑부가 되면서도 여유롭게 자신의 행복을 찾아다닐 수 있습니다.

투자자가 해야 할 일이란 아주 단순합니다. 능력 범위를 확인하고, 능력 범위 내에서 믿을 만한 경영진을 발굴하고, 믿고 맡기고, 기다리고, 능력 범위를 차츰 넓혀가면 하면 됩니다. 단순하지만 쉬운 일은 아닙니다.

먼 길 걸어오느라 고생하셨습니다. 지금까지 살펴본 버핏의 '사고 체계'를 정리해볼까요.

레슨 1: 기업은 유기체다. 불확실한 외부 환경의 변화에 능동적으로 대응한다.

레슨 2: 기업의 행동은 가치를 창출하기도 하고 파괴하기도 한다.

레슨 3: 투자자는 가치를 창출하는 경영진을 발굴하는 능력을 갖추고 위임하고 기다림으로써, 경영진이 창출해낸 가치를 함께 누릴 수 있다.

버핏은 수없이 많은 격언을 남겼습니다. 위에서 정리한 핵심 사고 체계를 염두에 두고 이 격언들을 살펴본다면, 그냥 단편적으로 이해할 때와는 다른 새로운 느낌을 받을 수 있으리라 생각합니다.

"투자는 단순하지만 쉽지는 않습니다."[290]

"자신의 게임을 정의하고 자신의 장점이 어디에 있는지를 아는 게 대단히 중요합니다."[291]

"우리는 유능하고 정직한 경영자가 운영하는 훌륭한 기업을 적정가격에 인수합니다. 그리고 그 경영자에게 전권을 주고 간섭하지 않습니다."[292]

"찰리와 내가 기업의 지분 일부를 사들일 때 분석하는 방법은 기업을 통째로 사들일 때 분석하는 방법과 매우 비슷합니다. 먼저 5년 이상 이익 범위를 합리적으로 추정할 수 있는지 판단합니다. 이익 범위를 추정할 수 있고, 그 이익을 우리가 추정하는 범위의 하한선으로 가정하더라도 현재 주가가 합리적인 수준이라면 그 주식을 삽니다."[293]

"지난 25년간 아주 다양한 분야의 사업을 인수하고 관리해보았지만, 찰리와 나는 어려운 사업상의 문제를 어떻게 푸는지 배우지 못했습니다. 우리가 배운 건 그것들을 피해야 한다는 것이었습니다. 우리가 성공할 수 있었던 이유는 우리가 30센티미터짜리 허들을 선택했기 때문이지, 2미터 허들을 뛰어넘는 방법을 익혔기 때문이 아닙니다."[294]

"우리 부회장 찰리와 내가 실제로 하는 일은 단 두 가지뿐입니다. 한 가지는 다양한 사업들을 관리할 수 있는 뛰어난 경영진을 데려와서 맡겨

두는 일입니다. 이건 그렇게 어렵지 않았습니다. 우리가 기업을 살 때 경영진들이 대체로 함께 왔고, 이들은 변화무쌍한 사업 환경을 어떻게 헤쳐왔는지를 보여줌으로써 자질을 이미 증명했습니다. 그들이 우리를 알기 훨씬 전부터 그들은 이미 경영에 도가 튼 사람들이었습니다. 우리가 기여한 것은 단지 그들의 앞길을 방해하지 않는 것이었습니다. 이런 접근법은 아주 당연해 보입니다. 내 일이 골프 팀을 관리하는 것이고 잭 니클라우스와 아놀드 파머가 우리 팀에서 뛰어준다면, 내가 그들에게 어떻게 스윙할지 지시할 필요는 없습니다."[295]

"배우자와 결혼해서 그를 바꾸려는 건 미친 짓입니다. 누군가를 고용하고서는 그를 바꾸려는 것도 미친 짓입니다. 그를 바꾸기 위해 파트너가 되는 것도 마찬가지입니다."[296]

"우리는 4할을 치는 타자에게 베팅 자세를 바꾸라고 요구하지 않습니다."[297]

버핏의 말, 말, 말

버핏은 성장주 광풍이 불던 1969년에 포브스와 인터뷰를 했습니다. 당시의 인기 주식은 제록스, 월트 디즈니, KFC 같은 고성장 주식 혹은 텔레다인 같은 복합 기업이었습니다. 이런 주식을 왜 보유하지 않느냐는 질문에 버핏은 이렇게 대답했습니다. "저는 펀더멘탈을 중시합니다. 저의 15%는 피셔이고, 85%는 그레이엄입니다."[298]

이 발언이 와전되어 버핏은 가치주에 85%, 성장주에 15% 비율로 투자한다든가, 양적인 분석에 85%, 질적인 분석에 15%를 할애한다든가 하는 이상한 이야기가 퍼졌습니다. 이 말은 절대로 가치주 85%, 성장주 15%라는 이야기가 아닙니다. 양적인 분석과 질적인 분석은 그나마 나은 해석이지만, 그 또한 전체를 설명해주지는 않습니다.[299]

대화의 맥락을 보면 버핏은 본인을 차트투자자와 대조하며 펀더멘탈리스트라고 이야기했습니다. 가격의 추세, 저항선/지지선 등이 의사결정에 영향을 미치지 않는다는 뜻입니다. 펀더멘탈, 즉 기업 그 자체와 기업의 일부를 소유하기 위해서 지불해야 하는 가격이 적정한지만 따진다는 뜻입니다.

그레이엄의 핵심 사고 체계는 1) 주식은 (범위로 표현할 수 있는) 가치를 지닌다. 2) 가격은 시장의 변덕에 따라 가치와 일치하지 않는 경우가 많다. 3) 불확실성에 대비하기 위하여 최악의 상황을 고려해도 충분한 수익을 기대할 수 있는지 살펴보아야 한다. 이렇게 세 가지이며, 버핏은 이를 그레이엄으로부터 전수받았습니다.

이러한 주식을 바라보는 근본적인 관점과 초과수익을 얻을 수 있는 메커니즘이 아마도 (굳이 숫자로 표현하자면) 70% 정도가 될 테고,[300] 실제 그런 주식을 어떻게 찾아내느냐가 나머지 30% 정도일 것입니다. 그 30%에서 그레이엄이 실제로 시장에서 사용했던 담배꽁초 기법, 차익거래 전략, 기업과의 다툼, 양적인 지표를 기반으로 한 가치평가 방법 등이 절반인 15%, 피셔로부터 배운 훌륭한 기업을 찾아내야 하는 이유, 기업과 통행하는 투자, 질적인 분석 등이 나머지 절반인 15% 정도이지 않을까 합니다(피셔의 15% 중 상당 지분은 실제로는 멍거가 가지고 있을 것입니다[301]).

6장과 7장에서 언급한 핵심 사고 체계를 이해하고 나면 나머지는 약간은 부수적이라고 할 수 있습니다. 그러나 버핏은 투자를 통해서 전 세계적인 입지를 구축한 인물이고, 단순히 자본가로서가 아니라 실제로 행동에 나서면서 위기에 빠진 사업체를 여럿 구해내고, 기업을 직접 지배함으로써 상당히 많은 고용 창출도 이루어냈습니다. 평범한 사람으로서는 가늠할 수 없는 깊이를 지녔을 것이고, 그의 말과 글로부터 우리는 투자뿐 아니라 아주 많은 것을 배울 수 있습니다.

이 책에서 살펴본 '레슨 1, 2, 3'은 다른 많은 말에 가려져서 자칫하면 그저 흔한 듣기 좋은 말로 치부될 수 있는 개념들을 건져내서 그레이엄의 사고 체계로부터 진화, 발전하는 과정을 엮어본 것입니다. 이 내용을 읽었다고 해서 버핏이 실제로 한 이야기 원문을 읽어보지 않아도 된다는 뜻은 절대로 아닙니다.

버핏은 직접 책을 쓰지는 않았지만 상당히 많은 저작과 인터뷰를 남겼습니다. 남은 파트는 앞으로 독자들이 버핏의 말과 글을 직접 읽을 때 약간 혼란스러울 수 있는 부분을 예방하고자 적어보았습니다. 버핏은 비유를 좋아하고 현학적으로 말하는 경우가 많습니다. 그리고 그의 사고 체계 전반을 긴 호흡으로 밝히지는 않기 때문에, 지엽적인 문장들만 보다 보면 충돌하는 것처럼 보이는 경우도 종종 있습니다. 다음 장으로 넘어가기 전에 그런 경우들을 몇 가지 짚어보고자 합니다.

돈을 잃지 마라

사람들이 자주 인용하는 버핏의 유명한 경구가 있지요. "투자의 첫 번째 원칙은 돈을 잃지 않는 것이고, 두 번째 원칙은 첫 번째 원칙을 잊지 않는 것이다."[302]

이 문구는 멋있기는 한데, 오해의 소지가 많습니다. 이를 잘못 이해하면 확실하고 안전한 투자만 하라는 것으로 비칠 수 있습니다. 그러나 주식투자가 본업인 사람에게 확실하고 안전한 게 어디 있겠습니까? 버핏도 투자 실패 건이 아주 많습니다. 주주서한이나 주주총회에서도 실수에 대한 이야기를 입버릇처럼 합니다. 1989년 연차보고서에는 아예 '지난 25년간의 실수들'이라는 주제로 글을 쓰기도 했습니다.

필립 피셔는 1970년대의 불황장에서 '보수적으로 투자한다'라고 자처하는 사람들을 가리켜 "안타깝게도 보수적으로 행동하는 것과 기존의 전통적인 방식대로 행동하는 것을 상당히 혼동하고 있는 것 같다. 자신의 자산을 지키겠다고 굳게 결심한 투자자라면 이 문제를 매우 조심스럽게 풀어야만 한다"라고 했습니다. [303] 이어서 피셔는 '보수적인 투자란 최소한의 리스크로 자신이 갖고 있는 자산의 구매력을 가장 잘 지키는 것'이며, '사실에 근거하여 보수적인 투자인지 여부를 결정할 수 있는 일련의 검증 절차를 따라 행동하는 것'이라고 하였습니다.

위 문장을 힌트 삼아 버핏의 '돈을 잃지 마라' 발언의 실제 뜻을 살펴봅시다. 아마도 원문인 것으로 보이는 TV 인터뷰에서는 저 멘트를 한 이후에 다음과 같이 덧붙입니다. "무슨 뜻이냐면, 가치보다 훨씬 낮은 가격에 사고, 그걸 묶음group으로 사면, 웬만해서는 돈을 잃지 않는다는 겁니다."[304]

우선 '돈을 잃는다'라는 건 뭘까요? '레슨 1'에서 살펴본 것처럼, 단순히 액면가가 줄어드는 것만이 돈을 잃는 것은 아닙니다. 투자가 끝난 이후에 원래 상태보다 구매력이 줄어들어 있으면 돈을 잃은 것입니다. 투자자는 진짜 위험에 대해서 '해당 투자로부터 얻을 수 있는 세후 원리금 합계가 투자 기간 동안 최초 투자금을 적당한 이율로 보유했을 때의 구매력보다 더 높은지'를 기준으로 평가해야 합니다. [305]

개별 투자 건이 미래에 구매력을 충분히 증가시킬 수 있을 것이라는 합리적인 기대에 더해서, 우리는 이러한 투자 건을 여러 개 찾아서 분산투자해야 합니다. 미래는 불확실하므로 아무리 개별 베팅이 유리하다 해도 실패할 수 있으니 여기에 모든 재산을 걸면 안 됩니다.

이는 확률적 사고의 기본 원리이며, 그레이엄과도 공유하는 사고 체계입니다. '가치투자'를 신성시하는 사람은 "무슨 도박 같은 말이냐"라고 할 수도 있겠습니다. 그런 분께는 멍거의 다음 발언을 들려드리겠습니다. "진정한 투자는 패리 뮤추얼 베팅(수수료를 공제하고 판돈을 승자에게 모두 배분하는 내기)에서, 예컨대 확률은 50%인데 배당은 세 배인 곳에 돈을 거는 것과 같습니다. 가치투자는 '가격이 잘못 매겨진 도박mispriced gamble'을 찾아내는 행위입니다."[306] 확률 높은 게임에 판돈을 분산해서 거는 것이 승리의 기본 원칙입니다.

버핏의 저 경구를 엄밀한 용어로 다시 풀어보자면 다음과 같습니다.

• 개별 투자 건이 유리한 확률분포인지를 확인하고 투자하라.
• 개별 투자 건이 실패했을 때 다시는 게임에 참여할 수 없는 구조를 만들지 마라.

우리는 첫 번째 요소가 충족되지 않았을 때, 즉 불리한 확률분포일 때 요행을 바라고 베팅을 하거나, 혹은 애초에 유리한 확률인지조차 살펴보지 않고 뛰어드는 경우가 많습니다. 그리고 첫 번째 요소가 충족되었다 하더라도, 즉 확률분포가 너무 매력적인 나머지 흥분해서 전 재산을 베팅해버리는 경우도 있습니다. 아무리 똑똑하고 열심히 정보를 수집한 투자자라도, 오히려 그럴수록 두 번째 함정에 빠질 수 있습니다. 혹은 싸게 잘 샀다가도 단기적인 주가 하락에 겁먹고 주식을 팔아서 영구적으로 구매력 손실을 확정시켜버리는 함정에도 우리는 너무나 쉽게 빠집니다.

버핏은 이런 상황을 경고하는 것이지, 원금손실이 없는 안전자산에 베팅하라고 '돈을 잃지 마라' 운운한 것이 아닙니다. 2022년 주주총회에서도 버핏은 '영구적인 손실permanent loss'에 대해서 '극단적인 회피extreme aversion' 성향을 가지고 있다고 언급했습니다.[307] 그냥 손실과 영구적인 손실을 우리는 구분해야 합니다.

영구 보유

위 경구 못지 않게 자주 인용되는 버핏의 말은 "우리는 주식을 영원히 보유한다Our Favorite Holding Period Is Forever"입니다. 이런 발언은 자주 등장하는데요. 예를 들어 1988년 주주서한에서 '프레디 맥'과 '코카콜라'를 언급하며 이런 발언을 했습니다. 전체 문장은 이렇습니다. "우리는 이 주식들(프레디 맥과 코카콜라)을 장기간 보유할 계획입니다. 사실, 훌륭한 경영진이 운영하는 훌륭한 사업의 경우 우리가 선호하는 보유 기간은 '영원히'입니다."[308] 2000년 주주총회에서는 이런 말도 했습니다. "(피셔의 매도 원칙에 대해) 피셔와 달리 나는 일부 주식은 영원히 보유할 수 있다고 생각합니다."[309] 이 외에도 여러 곳에서 주식을 '영원히' 보유하고 싶다는 발언을 했습니다. 그러다 보니 버핏이 주식을 매도하기만 하면 "영원히 보유하겠다더니 원칙을 깬 거냐"라는 질문이 나옵니다.

버핏은 한편으로 이런 말도 했습니다. "거품이 발생해 주가가 쌍코피 터질 정도로 지나치게 올랐을 때도 내가 수수방관한 행태는 비난받아 마땅합니다."[310] 주식을 팔 때는 팔아야 한다는 얘기죠. 2016년 주주서한에서는 모든 주식을 영구 보유하겠다는 이야기가 아니라고 명시적으로 이야기합니다. "버크셔는 어떤 시장성 증권에 대해서도 영원히 보유하겠다고 약속한 적이 없습니다."[311] 이어서 "1983년부터 삽입한 연차보고서 110~111페이지의 원칙을 대충too-casual 읽어서 오해가 생긴 것 같다"며, "해당 페이지는 시장성 증권이 아니라 종속회사에 대한 원칙"일 뿐이고, 오해를 없애기 위해 "시장성 증권은 언제든 팔 수 있다"는 문구를 추가했다고 합니다.[312]

'레슨 2'에서 살펴본 대로, 경제적 해자가 탄탄히 유지되는 회사는 꾸준히 가치를 늘려 나갑니다. 가치가 계속해서 성장하는 한 웬만해서는 주식을 팔 필요가 없습니다. 특히나 버크셔같이 덩치가 큰 회사는 샀다 팔았다 했을 때의 마찰비용이 어마어마합니다. 그러나 영구적으로 보유하는 것은 어디까지나 '희망'이고, '훌륭한 경영진'이 경영하는 '훌륭한 사업'이라는 전제를 달고 있습니다. 경영진이 훌륭하지 않거나, 훌륭한 경영진에도 불구하고 사업이 망가지면 언제든 매각을 고려할 수 있다는 거죠.

이와 비슷한 경구로 "10년간 보유할 수 없으면 10분도 보유하지 마라"는 말도 있습니다.[313] 이 또한 마치 무조건 모든 투자에 대해서 10년 이내에는 팔지 말라는 식으로 해석하는 경우도 있는데요(물론 그렇게 하는 게 단타 치는 것보다는 성과가 좋을 겁니다). 전체 맥락을 살펴보면 미묘하게 뉘앙스가 다릅니다.

"투자자의 목표는 단순하게 말하자면 이렇습니다. 5년, 10년, 혹은 20년 정도 후에 지금보다 이익이 막대하게 늘어나 있을 것으로 내가 쉽게 이해할 수 있는 사업을 합리적인 가격에 삽니다. 오랜 기간 실제로 이 기준을 충족하는 회사는 몇 안 됩니다. 그러므로 이런 회사를 발견하면 충분히 의미 있는 수량을 사야 합니다. 또한 다음 원칙으로부터 멀어지려는 충동을 참아내야 합니다. 주식을 10년간 보유할 수 없으면 단 10분도 보유해서는 안 됩니다. 수년에 걸쳐 포트폴리오의 합산 이익이 증가하면 포트폴리오의 시장가치도 그에 따라 증가합니다."

중요한 포인트는 앞서의 '레슨 1, 2, 3'과 동일합니다. 경제적 해자와 능력 범위를 충족하느냐입니다. 버핏이 하고자 했던 이야기는 이 조건을 만족하는 주식을 찾기는 상당히 어렵고 많은 노력이 들어가는데, 기껏 찾아놓고 미미한 수량을 사서 좋은 기회를 놓치거나, 단기간의 주가 상승 혹은 하락에 휘둘려서 장기간 큰 이익을 볼 기회를 놓치는 것을 경계하는 것입니다.

그리고 또 아주 중요한 포인트가 있는데요. 바로 '포트폴리오'입니다. 앞의 '돈을 잃지 마라' 경구에서도 이야기했듯이, 개별 투자 건에서는 실수를 할 수 있습니다. 그러나 그 실수가 진짜 실수라고 밝혀지는데에도 오랜 시간이 걸리니 사소한 일로 경거망동해서는 안 되며, 진짜 좋은 투자 건들을 잘 모아놨다면 한두 개 실수가 있어도 전체 포트폴리오로 보면 성공 사례가 실수 사례를 덮어줍니다. 장기간 누적될수록 성공 사례는 복리의 힘으로 어마어마한 수익을 주거든요(포트폴리오에 대해서는 8장 피터 린치에서 자세히 말씀드리도록 하겠습니다).

웬만하면 장기 보유하라는 말이 맞긴 맞는데, 장기투자를 해야 돈을 벌 수 있음을 강조한다기보다는 1) 장기투자를 해서 돈을 벌 수 있는 기업을 잘 발굴하였는가, 2) 그런 기업들로 포트폴리오를 구성하였는가. 이것이 핵심입니다. 대충 아무거나 사서 10년 들고 있으라는 말이 아닌 거죠. 장기간 보유해서 돈을 벌 수 있는 주식은 뛰어난 경영진이 훌륭하게 사업을 꾸려가는 경우에 국한됩니다. 또한, 뛰어난 경영진이 훌륭한 사업을 꾸려가는 주식에 투자한다 해도 단기적으로는 손해 볼 수 있고, 그 과실을 투자자가 높은 확률로 얻게 되는 건 꽤 긴 기간이 지나서입니다. 또한 개별 투자 건에서는 얼마든지 틀릴 수 있기 때문에, 포트폴리오를 구성해야 더 높은 확률로 돈을 벌 수 있습니다.

버핏은 DCF를 쓰는가

버핏을 조금 진지하게 연구해본 사람들 사이에서 은근히 논란이 되는 요소가 있습니다. '버핏은 기업의 가치를 평가할 때 DCF를 쓰는가' 입니다. 이 책에서도 종종 언급했듯이, 버핏은 사업의 가치는 사업이 벌어들일 미래 현금흐름의 현재가 할인의 합이라고 하였습니다. 이는 DCF의 사전적 의미에 정확하게 부합합니다. DCF는 Discounted Cash Flow, 즉 현금흐름할인의 약자거든요.

버핏은 1989년 주주서한에서 내재가치는 '사업이 창출하는 모든 현금 유입과 유출을 적절한 이자율로 할인하여 합산한 값'이라고 하였습니다.[314] 1992년 주주서한에서는 DCF의 창시자인 존 버 윌리엄스를 직접 언급하며 그의 가치평가 기법을 소개합니다. "주식, 채권, 혹은 어떤 비즈니스든 존속기간 동안 발생할 현금흐름과 현금 유출을 적절한 이자율로 할인한 값으로 가치를 구할 수 있습니다."[315]

한편 "나는 DCF를 하지 않습니다 don't do DCF[316]"라는 말을 대놓고 함으로써 버핏을 연구하는 수많은 투자자를 혼란에 빠뜨렸습니다. 그렇다고 버핏이 PER이나 PBR을 자주 언급한 것도 아니었거든요. 버핏은 분명 미래 현금흐름 개념으로 기업의 가치를 평가합니다. 그런데 미래 현금흐름으로 가치를 평가하는 그 '현금흐름할인법(=DCF)'은 쓰지 않는다니 이게 대체 무슨 말입니까.

1996년 주주총회에서 멍거는 "버핏이 현금흐름할인 이야기를 자주 꺼내지만 실제로 그걸 하는 건 한 번도 본 적이 없다"고 했습니다.[317]

2007년에 버핏은 이 일을 마음에 담아두었는지 "내가 (할인율) 이야기를 꺼낼 때마다 찰리는 내가 스프레드시트를 켜는 걸 본 적이 없다고 합니다. 사실은 나는 머릿속으로 합니다"라고 했습니다.[318]

혼란을 정리하려면 일단 이 말에 주목해봐야 합니다. 버핏은 DCF 기법이 "이론적으로는 옳지만 그 방법론에는 근본적인 어려움이 있다"고 했습니다.[319] DCF 방법론의 어려움이란 사실 한둘이 아닙니다. 미래의 현금흐름을 추정하는 건 당연히 어렵고,[320] 할인율을 정하는 것도 어렵습니다. 그리고 실제로 해보면 가슴으로 느껴질 텐데, CV(영구가치, 혹은 TV, 터미널 밸류)를 얼마로 두느냐에 따라서 가치가 천차만별로 바뀝니다. CV가 크게 요동치는 이유는 CV의 분모 공식이 'r−g', 즉 '할인율−영구성장률'이기 때문입니다. 할인율을 약간 낮추거나 영구성장률을 약간 높이면 이 값이 0에 수렴해서 CV가 무한대로 발산해버립니다.

어차피 미래의 성장을 전망하는 게 어려운 건 DCF만의 문제는 아니니 넘어간다 치고, 영구성장률은 대충 GDP 성장률로 해서 이견이 없도록 한다 치면, 남는 문제는 할인율입니다. 1년 후의 1달러는 현재 몇 달러의 가치를 지닐까요? 할인율이 10%라면 0.91달러, 5%라면 0.95달러, 15%라면 0.87달러가 됩니다.

할인율은 차선의 기대수익률입니다. 돈을 여기에 투자하지 않고 다른 데 투자했다면 얻을 수 있는 수익률입니다. 만약 은행에 돈을 넣어두기만 해도 5%의 이자를 준다면, 지금 고민하는 이 투자안을 평가할 때에는 최소한 5%는 할인율로 잡아야겠지요. 그리고 그보다 좀 더 위험하지만 이 투자안보다는 안전하다고 느끼는 다른 투자안의 기대수익률이 7%라면 7%로 할인을 해야겠지요.

문제는 이런 식으로 생각해버리면, 투자자별로 기업의 가치가 달라진다는 점입니다. 투자자 A는 5%짜리 대안을 갖고 있어서 5% 할인율을 사용하고, 투자자 B는 10%짜리 대안을 갖고 있어서 10% 할인율을 적용하면, 다른 가정이 모두 동일하다 하더라도 두 사람이 평가하는 기업가치는 크게 달라집니다.

이 문제를 해소하고자 학계에서는 CAPM이라는 이론을 만들어냈습니다. Capital Asset Pricing Model이라는 건데요. 여기서 이야기하는 할인율은 다음과 같이 구합니다.

$$K_e = R_f + \beta_i(R_m - R_f)$$

갑자기 당황스럽죠? 긴 이야기를 짧게 하자면, 대충 무위험이자율(은행 이자나 국채 이자처럼 위험을 짊어지지 않고도 얻을 수 있는 수익률)에다가 '위험 프리미엄'을 더한 값입니다. 주식은 위험한 자산이니까, 안 위험한 자산의 이자율에다 주식이 위험한 정도를 더해주면 적절하지 않겠느냐는 개념입니다. 뭐, 그렇다고 칩시다. 그럼 위험 프리미엄은 어떻게 구할까요? 이 자산이 속한 시장(주식이면 주식시장 전체, 채권이면 채권시장 전체)의 전체 위험에다 이 자산의 위험이 연동되는 정도를 곱해서 구합니다. '주식시장은 10% 정도 위험한데 이 주식은 전체 시장보다 1.5배 정도 더 위험하니까 15% 정도 위험하겠군!' 대충 이렇게 이해하시면 됩니다. 자세한 이야기는 경영대 강의실에 들어가면 들을 수 있을 겁니다.

문제는 이 '위험'이라는 게 대체 뭐냐는 거죠. 교과서에서는 변동성, 표준편차를 위험으로 간주합니다. 하루에 3%씩 주가가 움직이는 주식은 하루에 1%씩 움직이는 주식보다 세 배 위험하다는 거죠(거기에 더해서 베타라는 개념도 있는데, 거기까지 가면 어려워지니까 참읍시다).

앞서 우리는 위험이 뭐라고 했었나요? 영구적으로 구매력을 잃어버릴 가능성이었죠? 내가 건전한 마인드로 기업을 잘 분석하여 가치보다 싸게 사는 게 훌륭한 투자인데, 그 계산을 잘 해내지 못하고 비싸게 사거나, 싸게 샀더라도 단기간의 변동에 마음이 흔들려서 주식을 팔아버리는 그 가능성이 위험입니다. 즉 위험이란 투자자가 어떻게 하느냐에 따라 달라지는 것이고, 또한 회사의 미래가 얼마나 불확실하냐에 달려 있는 겁니다. 그런데 매일매일의 가격 변동과 이게 무슨 상관이 있는 거죠?

아, 아주 넓게 생각해보면 사실 관련이 있긴 합니다. 회사의 미래가 불확실하기 때문에 투자자들이 생각하는 가치도 시시때때로 바뀌고, 그래서 주가의 등락도 심합니다. 내가 굳은 마음으로 가치평가를 하고 장기적으로 보유할 생각이었다 해도, 주가의 등락이 심하면 내가 호들 갑을 떨면서 주식을 팔아버릴 '가능성'도 높아지니까, 이렇게 따져보면 단기 변동성은 위험이 맞긴 맞는 것 같습니다. 흠.

버핏은 "변동성은 절대로 위험이 아닙니다"라고 했습니다.[321] 버핏의 사고를 따라가 보자면 이렇습니다. 위험은 영구적인 구매력 손실의 가능성입니다. 변동성은 '정규분포를 가정했을 때 기대수익률이 10%, 표준편차가 10%라면 손실을 볼 가능성이 15.85%입니다'라는 식으로 손실 가능성을 측정해낼 수 있습니다. 변동성은 사실 위험을 나타내는 좋은 지표가 맞습니다. 문제는 여기에 들어간 가정입니다. 저 계산은 과거의 변동성이 전체 샘플을 포괄하고 수익률이 정규분포를 따른다고 가정합니다. 그리고 그 가정은 틀렸습니다. 과거의 변동성은 미래의 변동성을 예측해주지 않고, 주식의 수익과 손실 확률은 정규분포처럼 대칭적이지 않습니다.

알기 쉽게 이야기를 해볼까요. 어떤 주식이 상당히 저평가되어 있었고, 이후의 실적도 좋아서 기업의 가치가 상승하고 저평가도 해소되면서 주가가 많이 올랐다고 합시다. 그리고 투자자인 내가 판단하기에 아직도 상승할 여지가 많고, 내 판단이 맞다고 합시다. 그렇다면 이건 좋은 투자입니다. 하지만 변동성의 관점에서 보자면 이건 위험한 투자입니다. 최근에 주가가 많이 올라서 변동성이 커졌으니까요.

반대로, 시장이 다같이 상승하는데 어떤 회사는 이익을 제대로 못 내서 주가가 제자리에 머무르고 있다고 합시다. 실제로 펀더멘탈이 부실하여 앞으로도 계속 자본을 까먹을 전망이고, 그 전망이 맞다고 합시다. 그러면 여기에 투자하는 건 나쁜 선택이 되겠지요. 그러나 변동성의 관점에서는 안전한 투자가 됩니다. 주가가 변동하지 않아서 변동성(혹은 베타 값)이 낮으니까요.

앞서 6장의 '미스터 마켓'에서 이야기했다시피, 가치평가에 변동성이라는 요소를 넣는 이유는 이론 전개의 편의를 위해서일 뿐입니다. 교수님들 입장에서 그거 말고는 넣을 수 있는 요소가 별로 없습니다. 최근에 행동경제학이 발달하면서 새로운 시각을 보여주기는 하지만, 아직 가치평가 모델링에 들어갈 정도는 아닙니다.

갑자기 어려운 용어들이 나와서 당황하셨을 텐데요, 그냥 무시하시면 됩니다. 여러분의 삶에 별로 중요하지 않은 내용이라 상세한 설명 없이 휙휙 넘겼습니다. 앞으로 누군가 눈앞에서 화려한 그리스 문자(베타, 시그마, 감마, 델타 등등)가 섞인 용어를 남발하면서 투자 이론을 설명하면 그냥 흘려들으시기 바랍니다. 내가 가까이 하기에는 너무 똑똑한 사람들입니다.

실무적으로 사용하기 좋은 모델은 단순하면서 직관에 위배되지 않는 결괏값을 내놓으면 됩니다. DCF라는 모델은 이론적으로는 훌륭하지만, 할인율 계산에 CAPM(자본자산가격결정모형)을 사용한다는 점, 그리고 분자에 들어가는 FCF(잉여현금흐름)가 너무 변동이 심하다는 점 등으로 인하여 실무적으로는 사용하기 어렵습니다. 기업 M&A나 전략 컨설팅 등에서 일부 활용할 따름입니다. 일반적인 투자자들이 DCF에서 배울 점은 세부적인 계산법이 아니고, 할인율이나 현금흐름, 미래 예상 기간 등의 변수가 가치에 얼마나 민감하게 영향을 끼치는지 등 개념적인 요소들입니다. 이건 굉장히 중요합니다. 버핏이 '이론적으로 옳다' 라고 한 건 가치에 어떤 변수들이 어떤 식으로 영향을 미치는지 개념적으로 이해하기 좋다는 뜻이라고 생각합니다.

버핏은 어떤 할인율을 쓰냐는 질문에 그냥 '국채 수익률'이라고 대답했습니다.[322] 좋은 모델링은 가급적 단순한 변수를 넣고, 최종 단계에서 모델 자체에 대한 신뢰도를 따로 이야기합니다. 할인율이 위험을 반영하면 너무 복잡해집니다. 할인율은 그냥 '나'라는 한 투자자의 기대 수익률을 쓰고, 불확실성은 분자에 넣는 게 낫습니다. 분자, 즉 현금흐름에 대해서 좋은 경우와 나쁜 경우로 시나리오를 나누어서 가치평가를 하고 안전마진을 얼마나 확보할 수 있는지를 계산하는 게 훨씬 간편한 방법입니다.

BPS

버핏은 1992년 주주총회에서 가치평가와 관련, BPS(주당순자산, 자기자본을 발행주식수로 나눈 값)에 대해서 묘한 발언을 했습니다. "BPS는 내재가치 평가에 거의 쓸모가 없습니다. BPS는 기업에 이미 투입된 비용을 기록한 숫자에 불과하니까요. 내재가치 평가의 핵심은 그 기업의 미래 현금흐름이 얼마인지 알아내는 것입니다."[323] (여기서 또 '미래 현금흐름'이 나왔네요.) BPS는 장부에 기재된 투입비용일 뿐이니까, 기업의 가치를 드러내는 데에는 상당한 한계가 있습니다. 그리고 버크셔 해서웨이는 여러 기업을 종속회사로 거느리고 있고, 프리미엄을 지불하면서 인수하는 경우가 많았기 때문에 대체로 장부가보다 실제 가치가 높습니다.

장부가 대비 추가로 지불한 가격은 과거 GAAP 회계에서는 영업권으로 반영됩니다. IFRS의 연결회계에서는 별도의 영업권을 잡지 않고 모든 재무상태표 항목을 끌어와서 모회사에 합쳐버립니다. 버핏은 GAAP 기준에서는 영업권 상각 때문에 피곤해했는데, IFRS 회계에서는 가치 대비 장부가가 저평가되는 것 때문에 불편해할 것 같습니다 (GAAP, IFRS, 영업권 등은 지금 몰라서도 별로 상관없습니다. 넘어갑시다).

한편 2009년 주주서한에서는 BPS에 대해서 꽤 긍정적인 발언을 합니다. 이 발언은 매우 의미심장합니다.

"내재가치는 도저히 정확하게 계산할 수가 없습니다. 그래서 우리는 다소 조잡한 대용물로 BPS를 사용합니다. 물론 이 척도에도 나름의 단점이 있습니다. (중략) BPS는 이렇게 저평가되는 척도지만, 찰리와 나는 내재가치 변동을 추적하기에는 BPS가 가장 유용하다고 믿습니다."[324]

버핏은 다른 회사도 아니고 무려 본인의 버크셔 해서웨이를 평가하는 데 있어서 BPS를 사용하겠다고 했습니다. 'BPS는 내재가치보다 대체로 낮게 평가되는 지표지만, 변화 방향을 추적하는 데는 용이하다', 대체 무슨 말일까요?

〈그림 7-7〉을 한번 봅시다. BPS와 내재가치의 관계를 도식화해보았습니다.

1년 차에 기업의 내재가치는 대략 ⓐ 구간에 있을 겁니다. BPS보다 높겠지만 얼마나 높은지는 알 수 없죠. 혹은 BPS보다 낮을 수도 있습니다. 확률은 낮지만요. 5년 차가 되었을 때 BPS가 어느 정도 늘어나 있

그림 7-7

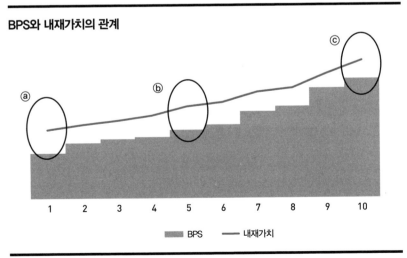

BPS와 내재가치의 관계

고, 여전히 사업 전망이 밝고 경영진이 훌륭하게 경영을 하고 있다면, 내재가치는 ⓑ 범위에 있을 겁니다. 예나 지금이나 마찬가지로 정확히 얼마의 가치인지 계산하기는 어렵지만, 적어도 ⓐ 구간 때보다는 늘어 있을 거라고 추론할 수 있습니다. 10년 차가 되어도 마찬가지입니다. '여전히 사업 전망이 밝고 경영진이 훌륭하게 경영을 하는 와중에 BPS 가 늘어나 있다'는 전제조건을 통과한다면, 기업의 가치는 ⓒ 범위에 있겠지요(6장의 '오해 2'와도 상통하는 이야기입니다).

BPS는 저평가되는 척도지만, 가치의 변화 방향을 추적하기에는 매우 용이합니다. 이 메시지는 사실, 그동안 모호하게만 설명하던 기업의 가치에 대해서 버핏이 가장 명확하게 제시해준 개념입니다. 우리는 여기에서 힌트를 얻어서 고유의 투자 전략을 세워볼 수 있을지도 모릅니다. [325]

그러려면 우리 스스로 기초 체력이 한참 더 쌓여야 합니다. 3부 마지막에 가서야 우리는 이 '기술'을 제대로 활용할 수 있을 겁니다. 그러기 전에 잠시, 친절한 우리의 이웃집 영웅 스파이더맨, 아니 피터 린치를 만나보고 갑시다.

"게임의 규칙이 바뀌었다고 말하는 사람들은 늘 있었다. 하지만 가까이에서 바라보기 때문에 그렇게 보일 뿐이라고 버핏은 늘 말했다."[326]

8 　　　　　린치, 단 한 명의 영웅

| "뮤추얼 펀드의 전설(Mutual Fund Legend)"
| _비즈니스 인사이더[327]

지금까지 그레이엄에서 버핏으로 이어지는 이야기들, 그들의 핵심 사고 체계와 현실 응용, 그리고 오해하기 쉬운 메시지들에 대해 살펴보았습니다. 재미있으셨는지요.

　버핏의 메시지는 훌륭하지만, 그에게서 배우는 데에는 한계가 있습니다. 여러 번 말씀드렸다시피 버핏은 평범한 인간의 범주를 아득히 넘어선 사람입니다. 그는 이미 두 번이나 은퇴한 사람이고, 웬만큼 실수를 저질러도 현재의 자리, 버크셔 해서웨이의 회장이라는 자리에서 해고당하지 않습니다. 그가 작성하는 주주서한은 자본시장의 귀감이 되는 말들로 넘치지만, 웬만한 내공이 아니고서는 비유와 유머 속에 들어 있는 사고 체계를 찾아내기 어렵습니다. 정작 궁금한 사항들을 은근히

302

빠뜨리기도 합니다.

한 가지 사례로, 1995년 아메리칸 익스프레스(아멕스)를 대거 매입하여 사람들은 그 이유를 궁금해했습니다만, 1996년 버크셔 해서웨이 주주서한에서는 사유가 나오지 않았고, 1997년 주주서한에서는 허츠의 CEO와 골프를 치다가 그가 아멕스의 법인카드 사업이 매우 훌륭하다고 해서 아멕스 주식을 사기로 했다고 설명한 게 다였습니다.[328] 주식 포트폴리오의 10%를 차지하는 투자였던 데다가, 발행주식수의 10.5%를 보유하는 투자 건이었음을 감안하면 좀 빈약한 설명이죠.[329]

버핏은 본인의 사고 체계를 전반적으로 설명해주는 책을 쓴 적이 없습니다. 버크셔 해서웨이 주주서한은 1966년부터 발간되어 50년 치가 넘게 쌓여 있습니다. 투자를 처음 접하는 사람이 이 방대한 분량을 직접 읽고 사고 체계를 재구성하기는 쉽지 않습니다. 주주서한을 편집하거나, 본인이 이해한 버핏의 투자법을 설명하는 책들이 있지만 어쨌거나 제3자의 각색이 들어갔으니 한계가 있습니다.

그레이엄은 개인투자자를 위하여 《현명한 투자자》라는 훌륭한 책을 발간했습니다. 그렇지만 그 책 또한 그가 사용했던 기법을 다 설명해주지 못합니다. 실제로 그가 사용한 기법은 일반적인 투자자가 따라 하기 어렵다고 그레이엄 스스로도 책에 밝혔습니다.[330]

피터 린치는 다릅니다. 그는 현대적 의미의 '펀드매니저'로서, 앞의 두 사람에 비해 상당한 제약을 안고 투자를 했습니다. 그가 사용할 수 있는 방법은 다른 투자자들도 다 사용할 수 있습니다. 그리고 그는 개인투자자를 위해서 책을 썼습니다. 그것도 세 권이나.

피터 린치는 엄청난 성과를 낸 전설적인 인물이면서도 일반투자자들이 투자에 실패하지 않도록 아주 친절하게 글을 썼습니다. 그의 글에서는 언제나 친절함, 배려, 유머가 묻어납니다. 그러면서도 진지함을 잃지 않고 중요한 내용을 잘 전달하고자 노력합니다. 투자의 세상에서 제가 온전히 보고 배울 수 있는 단 한 명의 영웅을 꼽으라면 저는 주저 없이 피터 린치를 꼽겠습니다.

성과를 보자

피터 린치는 '피델리티 인베스트먼트'라는 회사에서 1977년부터 1990년까지 '마젤란 펀드'를 운용하였습니다. 펀드의 연도별 수익률은 다음 〈표 8-1〉과 같습니다.

13년간 연환산 26.45%, 비교지수 S&P 500 총수익Total Return을 두 배 가까이 따돌리는 엄청난 성과입니다. 여러 매체에서 이야기하는 수익률은 연평균 29%입니다(피터 린치는 1977년 5월부터 1990년 5월까지 운용하

표 8-1

마젤란 펀드 수익률 vs S&P 500 총수익 비교

연도	마젤란 펀드(%)	S&P 500 TR(%)	초과수익(%p)
1977	14.46	-7.18	21.64
1978	31.71	6.56	25.15
1979	51.73	18.44	33.29
1980	69.94	32.42	37.52
1981	16.45	-4.91	21.36
1982	48.06	21.55	26.51
1983	38.59	22.56	16.03
1984	2.03	6.27	-4.24
1985	43.11	31.73	11.38
1986	23.74	18.67	5.07
1987	1.00	5.25	-4.25
1988	22.76	16.61	6.15
1989	34.58	31.69	2.89
1990	-4.51	-3.10	-1.41
누적	26.45	13.26	13.19

출처: 야후 파이낸스(https://finance.yahoo.com/quote/fmagx/performance/)

였는데, 월 단위까지 쪼개서 이 구간의 수익률을 보면 29%가 되는 것 같습니다).[331]

존 보글은 《모든 주식을 소유하라》에서 1970년에 존재했던 355개 펀드의 46년간 성과를 추적하였습니다.[332] 여러 책자에서 자주 인용되는 자료입니다(그림 8-1).

그림 8-1

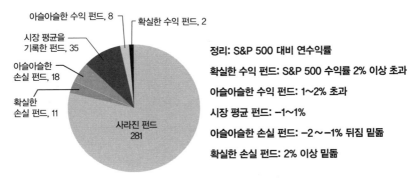

수익 펀드, 손실 펀드, 사라진 펀드: 뮤추얼펀드의 장기 수익률(1970~2016)

아슬아슬한 수익 펀드, 8 ┐ ┌ 확실한 수익 펀드, 2
시장 평균을
기록한 펀드, 35
아슬아슬한
손실 펀드, 18
확실한
손실 펀드, 11

사라진 펀드
281

정리: S&P 500 대비 연수익률

확실한 수익 펀드: S&P 500 수익률 2% 이상 초과

아슬아슬한 수익 펀드: 1~2% 초과

시장 평균 펀드: −1~1%

아슬아슬한 손실 펀드: −2~−1% 뒤짐 밑돎

확실한 손실 펀드: 2% 이상 밑돎

자료: 존 보글, 《모든 주식을 소유하라》

시장 수익률을 2% 이상 초과한 펀드는 단 2개였고, 시장 대비 +2~ -2% 수준의 아슬아슬한 펀드가 61개, -2%를 밑도는 성과를 낸 펀드가 11개였습니다. 나머지 281개는요? 사라졌습니다.

펀드매니저의 성과가 전반적으로 저조하다는 건 3장에서도 설명드렸으니, 여기서는 피터 린치 이야기에 집중해봅시다. 확실한 수익률을 낸 2개 펀드 중 하나가 바로 피터 린치의 마젤란 펀드입니다.[333] 피터 린치는 이 펀드를 1977년에 넘겨받아서 1,800만 달러였던 규모를 140억 달러까지 키웠습니다. 이는 당시 미국에서 최대 규모의 펀드였습니다.[334] 피터 린치가 은퇴하면서 과연 이 규모의 펀드가 초과수익을 낼수 있을까 우려가 많았으나, 피터 린치가 떠난 이후에도 이 펀드의 초

과수익은 한동안 유지되었습니다.[335]

1부에서 자주 언급한 제레미 시겔의 《주식에 장기투자하라》에서도 피터 린치의 성과가 언급됩니다. 그의 연구에 따르면 순전히 운이 좋아서 마젤란 펀드와 같은 성과가 나올 확률은 50만 분의 1에 불과하다고 합니다.[336]

한편 이 수익률에는 반론도 있습니다. 윌리엄 번스타인의 《투자의 네 기둥》에는 피터 린치의 수익률이 대단한 건 맞으나 그 수익률의 압도적인 부분은 초반부에 집중되어 있으며, 당시 펀드는 피델리티 가문의 사람들만 살 수 있는 폐쇄형 펀드였고 대중에게 개방된 건 1981년 중반부터였다고 합니다. 그리고 개방된 이후의 수익률은 여전히 높기는 하나, 해당 구간에서 그 정도 초과수익률을 올린 펀드는 그 외에도 꽤 있으며, 후반부로 갈수록 초과수익의 폭은 줄어들었다 합니다.[337]

그의 주장은 틀린 말은 아니지만 우리에게 큰 의미는 없습니다. 우선 대중에게 개방되지 않았다는 건 실력을 논하는 데 아무 의미가 없습니다. 그렇게 따진다면 비공개 펀드를 운용했던 벤저민 그레이엄이나 버핏 파트너십의 수익률도 모두 무용하다는 뜻이 됩니다. 소수의 고객만 대상으로 하는 헤지펀드들도 마찬가지고요. 그리고 1981년 중반 이후 피터 린치와 유사한 혹은 그 이상의 수익률을 올린 펀드매니저가 여럿 더 있다고 하는데, 그것은 오히려 실력 있는 펀드매니저가 다수 존

재할 가능성을 의미하는 것으로서, 초과수익이 불가능하다는 그의 주장에 모순됩니다.[338]

그의 주장 중 수용할 수 있는 부분은 다음과 같습니다. 1) 초과수익을 내는 건 엄청나게 어렵다. 2) 초과수익을 낼 수 있더라도 그 대부분은 마찰비용과 펀드수수료로 상쇄된다. 3) 마찰비용과 수수료를 뛰어넘는 성과를 낼 실력이 있다 하더라도, 그 성과는 펀드 규모가 커지면서 줄어든다.

1)과 2)는 이 책에서도 줄곧 말씀드려왔습니다. 3)은 피터 린치를 비롯한 모든 펀드매니저의 비애라고 할 수 있습니다.[339] 펀드 규모가 10억 달러가 넘어가면 액티브한 운용이 상당히 어려워집니다. 펀드의 1%만 사도 약 100억 원인데요. 시가총액 5,000억 원짜리 회사의 지분을 2% 보유하는 겁니다. 약간만 비중 있게 사려고 해도 시세에 영향을 미쳐서 원하는 만큼 수량을 사기가 어렵습니다. 매매를 하다 보면 소문이 나서 충분히 사기 전에 남들이 따라붙어서 가격을 급등시키고, 조금만이라도 팔려고 하면 가격이 급락하곤 합니다.

대형주를 사면 그런 효과를 덜 겪기는 합니다만, 반대급부로 초과수익의 가능성이 줄어듭니다. 아무래도 대형주보다는 중소형주가 초과 수익을 내기에 유리하거든요. 피터 린치가 펀드를 떠나던 시기에는 펀드에서 약 1,400개 종목을 보유하고 있었습니다.[340] 이렇게 과도한 분산투자를 피터 린치의 '스타일'이라고 생각하는 사람들이 많은데,[341] 큰 규모의 자금을 운용하면서도 초과 수익을 유지하기 위해서는 대형주 몇 개를 사기보다는 가능한 한 자금을 잘게 쪼개서라도 중소형주를 여럿 담는 게 유리하다는 판단이었지 않을까 합니다. 그의 고유한 스타일이라기보다는 일종의 고육지책이었던 것이지요.[342]

피터 린치가 '사이즈 효과'를 이길 수 없었다고 해서 그의 실력을 평가절하할 이유는 전혀 없습니다. 오히려 '사이즈 효과'에도 불구하고 그만큼의 초과수익을 낸 것이 너무나 대단합니다. 우리가 배워야 할 점은 어떻게 그런 실력을 갖출 것인가이지 않겠습니까? 10조 원을 운용하면서도 초과수익을 낼 수 있을지는 10조 원을 모은 다음에 고민해도 될 것 같습니다(너무 늦을 것 같다면 일단 1조 원이나 1,000억 원 정도 되었을 때부터 고민해보면 될 것 같습니다).

참 쉽죠?

피터 린치의 글은 쉽고 명확합니다. 공저자인 존 로스차일드의 덕인 것 같기도 합니다.[343] 피터 린치는 총 세 권의 책을 썼습니다. 1989년《월가의 영웅 One Up on Wall Street》, 1993년《이기는 투자 Beating the Street》, 1995년《투자 이야기 Learn to Earn》입니다. 《월가의 영웅》은 개인투자자들에게 투자의 기본 원리를 알려주는 책이고, 《이기는 투자》는 그 실제 사례 모음집 느낌입니다. 《투자 이야기》는 좀 더 기초적인 내용으로, 자본시장의 역사와 주식에 접근하는 태도 등을 다룹니다. 이 외에 워스 매거진 **Worth Magazine**이라는 매체에 1993년부터 1999년까지 기고하였는데, 홈페이지에서는 찾을 수 없습니다.[344]

저는 누군가 주식투자를 시작하겠다고 하면 일단 《월가의 영웅》을 추천합니다. 저 스스로도 너무나 많은 걸 배웠고, 여전히 다시 읽어도 새로운 깨달음을 주는 너무나 좋은 책입니다. 앞서 언급한 그레이엄이나 버핏의 여러 저작은 현대의 초심자가 접근하기에는 어려운 면이 상당합니다. 그레이엄과 버핏보다는 차라리 랄프 웬저나 앙드레 코스톨라니의 책이 더 나을 수 있습니다. 그런 여러 요인을 고려했을 때, 저에게는 여전히 《월가의 영웅》이 입문자에게 최선의 책이라고 생각합니다(물론 초과수익을 내고자 직접 주식투자를 시도하는 사람에게 한정해서입니다. 아무것도 모르겠다면 일단 존 보글의 《모든 주식을 소유하라》를 추천합니다).

《월가의 영웅》은 사실 별다른 해설이 필요없습니다. 명료하고 쉬워서 그냥 술술 읽으면 됩니다. 한 번 읽고 두 번 읽고 경험이 쌓일 때마다 또 읽으시기 바랍니다. 너무 좋은 말들이고, 너무 유익한 이야기로 가득 차 있습니다. 한편, 눈높이를 너무 낮추다 보니 오해를 살 법한 메시지들도 등장합니다.

대표적인 사례가 '아는 것에 투자하라'입니다. 피터 린치는 훌륭한 주식을 찾아내는 첫걸음으로 주변 환경을 훑어보라고 합니다. 집에서 나와 가족이 어떤 물건과 서비스를 쓰는지 살펴보고, 쇼핑몰에서 어떤 매장에 줄이 가득한지 눈여겨보고, 또 직장에서는 무엇을 쓰는지, 동료들은 어디에 관심을 기울이는지 등에서 아이디어를 찾아내라고 합니다.[345]

피터 린치는 월스트리트가 '똑똑한 바보들'로 가득 차 있으며, 개인투자자는 기관투자자가 겪어야 할 제약을 갖고 있지 않기 때문에 아마추어 투자자가 더 유리하다고 합니다.[346] 《이기는 투자》에서는 이렇게도 이야기합니다. "모든 산업, 모든 지역에서 위대한 성장 기업을 먼저 찾아낸 이들은 전문가들이 아닌 주의 깊은 개인투자자였다." "투자자로서의 강점은 월스트리트 전문가들로부터 얻는 것이 아니다. 당신이 이미 갖고 있는 것이다."[347]

사람들은 피터 린치의 조언을 따르겠다며 주변에서 자기가 좋아하는 물건과 서비스를 파는 회사를 찾아보고, 곧바로 매수에 나섭니다. 피터 린치는 이런 행태를 '오해'라고 합니다. 2015년의 인터뷰[348]에서 그는 이렇게 말했습니다. "스타벅스 커피가 마음에 든다고 당장 스타벅스 주식을 사라는 그런 식의 이야기를 저는 한 적이 없습니다." "사람들은 주식에 대해서 아무것도 모르면서 주식을 사곤 합니다. 그건 나쁜 도박일 뿐입니다."

'아는 것에 투자하라'는 말은 '모르는 것에 투자하지 마라'는 말입니다. 의사가 반도체 주식을 사고, 의류업 종사자가 바이오 주식을 사는 그런 행태가 위험하다고 말한 겁니다.

회사가 파는 물건이 마음에 든다고 해서 바로 그 회사의 주식을 사는 건 위험합니다. '생활 주변에서 아이디어를 발견하라'는 말은 투자 아이디어의 출발점을 생활 주변으로 삼으라는 말입니다. 그건 그냥 투자 아이디어의 첫 단추일 뿐입니다. 제대로 된 투자 아이디어로 연결하기 위해서는 할 일이 많습니다. 기업이란 무엇이고 주식이란 무엇인지, 투자자가 돈을 벌기 위해서는 무엇이 필요한지 등에 대한 깊이 있는 이해와 더불어, 내가 관심을 가지게 된 제품이 이 회사의 매출액에 얼마나 기여하는지, 전략적으로 어떤 의미가 있는지, 회사의 다른 사업부나 다른 제품은 어떠한지, 재무구조는 튼튼한지, 어떤 위험 요인이 존재하는지, 주식의 가격은 너무 비싸지 않은지 등등의 수많은 질문을 던진 이후에야 '사도 되겠다'라는 결론을 내릴 수 있습니다.

《월가의 영웅》 밀레니엄판 서문에서 피터 린치는 사람들이 한 가지 핵심을 오해하고 있다며 다음과 같이 이야기합니다. "당신이 어떤 상점에서 쇼핑을 즐긴다는 이유로 그 상점 주식을 사라고 권하지도 않고, (…) 음식이 맛있다고 그 식당 주식을 사라고 권하지도 않는다. (…) 이것만으로는 주식을 매수할 이유가 되지 못한다! 회사의 이익 전망, 재무 상태, 경쟁 상황, 확장 계획 등을 조사하기 전에는 절대로 투자하지 말라."

피터 린치의 '25개의 투자 황금률' 첫 번째는 이렇습니다. "투자는 재미있고, 흥분되지만 위험하다. 기업에 대한 분석을 제대로 하지 않는다면 말이다."

잘 모르고 막 매매할 때가 사실 가장 짜릿하고 즐겁습니다. 그리고 돈을 잃을 가능성이 크고요. 제품 하나를 이해한다고 해서 다 안다고 착각해서는 곤란합니다.

'아마추어 투자자가 유리하다'는 주장도 조금은 가려서 들어야 합니다. 기관투자자가 가지는 제약이 아주 많은 건 맞습니다. 저는 《월가의 영웅》 2장에서 이야기하는 '월스트리트의 똑똑한 바보들' 이야기가 진짜냐는 질문을 종종 받습니다. 네, 모두 진실입니다. 사실 그보다 더 많은 제약이 있습니다. 어쨌거나 그런 결과로 기관투자자들은 대부분 장기적으로 저조한 성과를 내지 않습니까.

그러나 기관투자자에게 가해지는 그런 제약이 개인투자자에게 없다 해서 개인투자자가 더 유리한 건 아닙니다. 투자로 돈을 버는 건 원래 어렵습니다. 그리고 기관투자자는 '돈'이 많고, '경험'이 많고, '운용에 쏟는 시간'도 많습니다. 정보도 어쩌면 더 많을 수도 있습니다.[349]

일반적으로 어떤 일의 성패를 점칠 때 지식도, 경험도, 가용자원도 부족하다면 성공 가능성이 크다고 하기 어려울 것입니다. 우리가 집중해야 할 부분은 '그 모든 불리한 점에도 불구하고' 개인투자자가 더 나은 성과를 낼 수 있는 길이 존재한다는 점입니다. 그냥 단순히 개인투자자가 유리한 게 아니라요.

흔히 생각하는 장점이 주식시장에서는 장점이 아니고, 단순히 누가 더 유리하냐 불리하냐보다는, 기관투자자의 장점으로 부각되는 요소가 어떤 이유로 장점이 아니게 되는지 그 메커니즘을 이해하는 게 중요합니다.

먼저, 돈이 많으면 오히려 불리합니다. 돈이 많으면 많을수록 포지션을 바꿀 때 움직임이 노출되고, 다른 투자자가 나보다 더 빨리 포지션을 갖춥니다. 한 번 거래를 할 때마다 감당해야 할 거래비용이 더욱 더 늘어납니다. 돈이 적을 때는 쉽게 투자할 수 있었던 기업이 돈이 많아지면 아예 투자 대상 자체에서 제외되어버릴 수 있습니다. 이 함정은 버핏도 린치도 피해갈 수 없었습니다. 그레이엄은 아예 운용자산을 크게 늘리지 않았고요.

그리고 정보와 경험이 많아 봤자 대단한 도움이 되지 않습니다. 많은 정보가 오히려 수익률에 독이 된다는 건 3장에서 말씀드린 바 있습니다. 그리고 경험도요. 경험은 물론 투자에 있어서 너무나 중요한 요소지만, 경험이 실력 향상에 도움이 되기 위해서는 좋은 피드백이 존재해야 합니다. 이 시장은 의사결정의 질을 검증받기가 어려워서 좋은 경험이 좋은 학습으로 이어지기 어렵다고 5장에서 말씀드렸습니다.

세 번째로, 투입할 시간이 많다 한들 어디에 투입하는 에너지가 효율이 높은지 구분하기도 어렵고, 특히나 기관투자자는 고객의 눈치, 직장 상사의 눈치, 사내 정치(?) 등의 영향으로 쓸데없는 데 쏟는 에너지가 상당히 많습니다. 그걸 없애버린 훌륭한 몇몇 회사가 있긴 하겠지만, 대부분의 회사는 그렇지 못합니다.

주식시장에서는 흔히 생각하는 장점이 장점이 아닙니다. 한 명의 투자자로서 '내가 어떤 무기를 갖추어야 할까'를 고민할 때에, 기관투자자가 가진 저런 환경을 '따라잡으려고' 노력하거나 혹은 '따라잡을 수 없다'고 해서 좌절할 필요가 없습니다.

필요한 이야기는 앞서 그레이엄-버핏을 이야기하면서 거의 다 했습니다. 돈을 벌 수 있는 사고 체계를 구축하고, 각자 현실에 맞게 잘 구현하는 것입니다. 그 연결고리가 바로 '능력 범위'입니다. 피터 린치가 강조하는 것도 바로 이 '능력 범위'입니다.

생활 주변에서 아이디어를 발견하라는 이야기는 그래야만 그 기업에 대해서 좀 더 잘 이해할 수 있고, 나중에 새로운 변수가 등장했을 때에도 다른 투자자보다 더 나은 판단을 할 가능성이 크다는 이야기입니다.

기관투자자니 개인투자자니 하는 구분은 크게 중요하지 않습니다. 기관이든 개인이든 한 명의 투자자로서 다른 투자자보다 잘할 수 있는 영역이 있고, 잘하기 어려운 영역이 있습니다. 모두가 다 다릅니다. 그 영역을 구분하고 그 안에서 투자하는 것이 좋은 성과를 내는 가장 핵심 요인입니다.

'그림을 그립시다The Joy of Painting'라는 TV 프로그램에서 밥 로스는 아주 간단한 몇 번의 터치로 멋진 풍경화를 그려내고는 "참 쉽죠That easy?"라고 합니다. 물론 밥 로스는 화가가 사용하는 기법 중에 아주 간단하게 사용할 수 있는 기법을 보여준 게 맞습니다.[350] 그러나 그 기법을 사용하기 위해서는 당연히 기본기가 필요합니다. 누구나 쉽게 그림을 그릴 수 있는 건 맞지만, 누구나 당장 밥 로스처럼 그림을 그릴 수 있는 건 아닙니다.

피터 린치가 세 번째로 펴낸 책은 《투자 이야기》입니다. 이 책에서는 《월가의 영웅》보다 훨씬 더 초심자를 대상으로 주식시장의 역사부터, 돈 관리를 어떻게 해야 할지 등등을 알려줍니다. 그렇게 초심자를 위한 책임에도 불구하고 마지막에는 재무제표 분석법을 이야기합니다. 주식투자는 누구나 쉽게 시작할 수 있지만, 기본기가 갖춰져 있지 않으면 결국 손실로 끝납니다. 아무리 피터 린치의 책이 쉽게 쓰였다고 하더라도, 우리는 절대 기본기를 간과해서는 안 됩니다.

"유망 기업을 찾아내는 일은 단지 첫 단계일 뿐이다."[351]

우리는 2권 3부에서 '기본기'에 대해서 이야기할 예정입니다. 1부를 마무리할 때 재무제표나 기업분석 등의 기초를 공부할 수 있는 책을 함께 읽으라고 말씀드렸는데요, 잘 진행되고 있을지 모르겠습니다. 이제 얼마 안 남았습니다.

그럼, 피터 린치로부터 우리는 무엇을 배울 수 있을까요? 《월가의 영웅》에서는 다른 책에서 배우기 어려운, 그러나 아주 의미심장한 몇 가지 포인트가 있습니다. 다른 배경 지식이 없다면 이 책은 그냥 주식 투자 '기법들'을 설명하는 책으로 읽힐 수 있습니다. 너무 쉽고 친절하게 설명하려다 벌어진 안타까운 모습입니다.

앞서 두 사람, 그레이엄과 버핏이 '주식'을 어떻게 바라보아야 할지를 알려주었다면, 피터 린치는 세상에서 가장 큰 규모의 자금을 운용하면서도 단기적인 성과 압박에 시달린 사람입니다. 그렇다면 전반적인 포트폴리오 운용에 있어서 앞의 두 대가와는 다른 특징적인 노하우를 가지고 있을 거라 기대할 수 있겠습니다. 세상에서 가장 큰 규모의 자금을 운용하면서도 단기적인 성과 압박에 시달린 경험에서 체화된 노하우라고 생각합니다. 이왕 여기까지 왔으니, '대가'의 포트폴리오 관리 노하우를 살펴보고 넘어가도록 하겠습니다.

레슨 1. 바텀업

"장세에 연연하지 마라. 이 한 가지만 이해해도 이 책을 다 읽은 것과 같다."[352]

이 문장은 제가 2003년 《월가의 영웅》을 처음 읽었을 때부터 지금까지 줄곧 뇌리에 박혀 있는 문장입니다. 린치는 다른 인터뷰에서 이런 말도 합니다. "경제를 분석하는 데 1년에 13분을 쓴다면 그중 10분은 버린 것이다."[353]

사람들은 언제나 '타이밍'을 묻습니다. 지금이 주식을 사도 될 때냐고. 이어지는 질문은 다양합니다. '바닥'은 어디냐, '바닥'을 잡은 다음에 들어가야 하지 않느냐. 만약 지금 주식을 사도 된다면 어떤 '업종'이 좋으냐, 혹은 어떤 '스타일'이 좋으냐 등등.

주식투자, 혹은 주식뿐만 아니라 대부분의 의사결정은 크게 두 가지 갈래가 있습니다. 하나는 '탑다운'이고 다른 하나는 '바텀업'입니다. 한국어로는 '하향식', '상향식' 의사결정이라고 합니다.

앞에서 묘사한 '장세에 대한 판단'을 먼저 묻는 방식은 탑다운 의사결정입니다. 이렇게 묻는 데에는 기본적으로 전체 시장이 상승할 것 같을 때 주식에 투자해야 한다는 가정이 깔려 있습니다. 어찌 보면 자연스러운 사고방식입니다. 전반적으로 시장이 유리한 국면일 때 들어가야 투자의 승률이 올라가지 않겠습니까.

얼핏 맞는 말이긴 하지만, 주식시장에서는 이런 상식이 통하지 않습니다. 어스워스 다모다란의 《투자 전략 바이블》 14장에서는 마켓 타이밍 전략, 즉 전체 장세를 전망하여 주식 비중을 늘렸다 줄였다 하는 전략의 성과를 검증해보았습니다. 결과는 처참합니다. 뮤추얼 펀드의 현금 비중, 전술적 자산배분 펀드의 성과, 자산배분 애널리스트의 조언 등 다양한 각도에서 검증해본 결과, 아무것도 안 하고 가만히만 있었던 전략에 비해서 훨씬 뒤떨어지는 성과를 냈습니다. [354]

버핏도 장세 예측에 대해서 부정적인 발언을 했습니다. 버핏은 "우리는 거시경제에 그다지 관심이 없습니다. 거시경제 전망을 잘한다고 해서 우리가 투자 실수를 피할 수 있다고는 생각하지 않습니다"라고 했습니다. [355] 또한 "장세 변화를 예측하고자 하는 사람들은 두 번 중 열 번 정도 틀립니다"라고 했습니다. [356]

장세 전망이 불가능하다면 우리는 어떻게 주식투자로 돈을 벌 수 있을까요? 혹시 주변 지인 중에 '바텀업으로 투자하세요'라고 조언하는 사람이 있다면 그 사람과 친하게 지내시기 바랍니다. 장세에 신경 쓰는 사람보다는 돈을 벌 확률이 월등히 높습니다.

1장부터 지금까지 쭉 이어지는 논의를 잘 이해하셨다면, 기업이 버는 돈이 많아지면 주가는 자연스레 따라 올라간다는 개념에 익숙해지셨을 겁니다. 물론 단기간에는 안 됩니다. 그리고 기업이 버는 돈이 10~20% 늘어난다고 주가가 올라가지 않습니다. 약 5년에서 10년 정도 기간에 걸쳐서 회사의 이익이 두세 배 정도 증가했다면 주가가 '노는 물', 즉 가격이 왔다 갔다 하는 범위 자체가 과거 대비 완전히 달라져 있습니다. 높은 확률로요.

그 오랜 기간 동안 거시경제에 아무 문제가 없었을까요? 금리가 높았던 기간과 낮았던 기간, 환율이 약세였던 기간과 강세였던 기간, 유가가 높았던 기간과 낮았던 기간, 전쟁이 일어났던 기간과 평화로웠던 기간 등등. 언제나 기업은 수많은 대외 변수에 노출되어 시달리고 있습니다. 오늘도 그랬고, 어제도 그랬고, 내일도 그럴 겁니다.

길게 보면 매크로 변수들은 돌고 돕니다. 어떤 국면에서든 회사는 돈을 벌기 위해 뭐라도 하려고 노력하고, 그 노력의 결실이 긴 기간이 지나면 전반적인 '이익 레벨'의 변화로 드러나고, '주가 레벨'의 변화도 그에 맞게 나타납니다.

투자에는 크게 두 가지 방법이 있습니다. 내가 환경 변화를 예측해서 열심히 매매를 반복하는 방법과 환경 변화에 잘 대응하는 기업을 찾아서 묻어가는 방법입니다. 전자의 방법은 엄청난 에너지를 소비하면서도 승률은 낮은 '제로섬 게임'입니다. 후자의 방법은 에너지를 별로 소비하지 않으면서도 승률은 높은 '논제로섬 게임'입니다.

아무리 생각해봐도 바텀업 투자, 즉 기업을 믿고 가는 투자가 유리한 게임입니다. 탑다운 접근을 취하려 하더라도, 바텀업 접근을 깔고 가면 탑다운도 더 여유롭게 할 수 있습니다. 그런데도 매일의 장세 변화를 다루는 매체에서는 바텀업 접근법이라는 게 애초에 존재하지도 않는 양 이야기합니다. 이유는 뻔합니다. 재미가 없거든요. 매일 자극적인 이슈가 나오고, 그걸 해설해주고, 뭐라도 해야 하는 것처럼 부추겨야 매체는 조회수가 올라가고 증권사는 거래수수료를 법니다.

저는 종종 영화 〈테이큰〉의 유명한 장면을 떠올립니다.[357] 영화 초반부, 여행을 간 딸은 아버지와 통화를 하다가 숙소에 누군가가 침입한 것을 알아챕니다. 아버지는 딸에게 침실로 가서 침대 아래에 숨으라고 한 다음 이렇게 조언합니다.

"자, 이제부터가 아주 중요해. 이제 너는 납치당할 거야."

영화를 본 분은 아시겠지만, 아버지는 딸에게 도망치는 방법을 알려주는 게 아니라, 일단 잡혀간 다음에 범인을 추적할 수 있는 흔적을 남기도록 조언했습니다.

시장의 변동성도 이와 같습니다. [358] 주식이 외부 변수에 노출되어 가격이 흔들리는 건 피할 수 없는 일입니다. 중요한 건 일어날 일을 일어날 일로 받아들이고, 해야 할 일을 묵묵히 하는 경영진을 찾아서 그들을 믿고 가는 것입니다. 정말 천재적인 트레이더는 모든 빗방울을 다 피해갈 수도 있겠지만, 저는 그런 천재가 아니므로 그냥 튼튼한 우산에 기대겠습니다.

바텀업 투자는 단순합니다. 어떤 기업이 훌륭한 기업인지 생각해보고, 그 조건에 맞는 기업을 찾고, 대단히 비싼 가격은 아닌지 검토해보고, 사고, 기업이 역경을 헤쳐 나가는 과정을 주의 깊게 지켜보면 됩니다. 물론 이 과정도 상당한 공부가 필요하지만, 탑다운 투자처럼 승률 낮은 게임에 에너지를 끝없이 쏟아붓는 일과는 전혀 다릅니다. 틀리더라도 배우는 게 있고, 시간이 갈수록 경험이 쌓입니다. 처음에는 경험이 부족하여 기업이 내놓는 낙관적인 전망을 그대로 믿고 따라가더라도, 몇 번 깨지고 나면 반성하고 균형 잡힌 시각을 갖추게 됩니다. 반대도 마찬가지고요.

'중요한 건 타이밍이 아니라 타임이다Time, not timing, is what matters'라는 격언이 있습니다. 타이밍을 재는 게 중요한 게 아니라 시간 그 자체, 즉 시간이 내 편이 되는, 시간이 갈수록 자연스레 돈이 불어나는 구조를 짜는 게 중요하다는 말입니다. 훌륭한 기업에 기대고, 훌륭한 기업을 찾아내는 안목을 키워 나가려고 노력하면, 결국 이기는 게임이 됩니다.

'장세에 연연하지 말라'는 피터 린치의 말을 이해할 수 있게 되는 건 정말로 축복받은 일입니다.

한편, 바텀업을 지향하는 투자자들은 거시경제 변수를 아예 쳐다보지도 않고 무시하는 경우가 있습니다. 이게 정말로 유익한 일인지는 좀 고민해볼 필요가 있습니다. 피터 린치는 경기순환주에도 많은 관심을 기울였습니다. 경기순환주는 거시경제의 흐름에 따라서 이익이 큰 폭으로 변하는 주식입니다. 경기순환주에 투자하면서 거시경제를 '전혀 모른다'라고 말할 수 있을까요? 그건 패를 보지 않고 포커를 치는 것과 마찬가지입니다.

바텀업 투자를 제대로 하기 위해서는 매크로를 안 볼 수가 없습니다. 기업의 실적이 좋아졌을 때 이 실적이 정말로 기업이 잘해서 잘 낸 실적인지, 그냥 환경이 좋아서 묻어가서 잘한 실적인지 구분할 수 없다면 잘못된 결정을 할 가능성이 큽니다. 지금껏 이 책에서 '대가'들의 성과를 평가할 때에도 늘 '초과수익'을 언급하지 않았습니까. 남들이 다 좋을 때 함께 잘한 건 큰 의미가 없습니다. 그리고 실적이 나쁠 때에도 정말로 이 회사가 무언가를 잘못해서 나쁜 실적이 나온 건지, 혹은 모두가 함께 힘든 과정을 겪는 중인지 정도는 구분할 수 있어야 합니다. 피터 린치의 결정적인 투자 건들은 죽을 듯하다가 살아나는 기업들, 소위 '턴어라운드주'에서 다수 나왔습니다. '크라이슬러'와 '팬 센트럴'은 절대금액 기준으로 피터 린치가 가장 크게 이익을 얻은 종목입니다.[359]

'장세에 연연하지 말라'는 건 매크로를 쳐다보지 말고 아예 무시하라는 게 아니라, 의사결정에 일대일로 직접 매칭시키지 말라는 뜻으로 저는 해석합니다. 연준이 금리를 인상한다고 하면 "와, 시장이 빠지겠다 주식을 팔고 도망가자"가 아니라, "내가 보유한 기업들은 금리 인상에 어떤 영향을 받는가, 최근 저금리 국면에서 과도하게 대출을 일으켜서 신규 투자를 하지 않았는가, 늘어난 이자비용을 감당할 수 있는가, 만약 그 때문에 주가가 하락한다면 추가로 매수할 자신이 있는가, 혹은 경쟁사들이 금리 인상의 타격을 입어서 위축될 때 내가 보유한 회사들은 오히려 기회를 맞이할 수 있지 않을까, 이 모든 것을 이 회사들의 경영진들은 현명하게 판단할 수 있을까?" 등을 물어본다는 거죠.

앞서 경기순환주와 회생주를 말씀드렸는데요. 《월가의 영웅》을 처음 읽으면 딱 눈에 띄는 게 '주식의 6가지 분류'입니다. 피터 린치는 주식을 '저성장주, 대형 우량주, 고성장주, 경기순환주, 자산주, 회생주'로 분류하였습니다. 혹자는 이런 분류법이 '지금도 유효한가', '한국에서도 유효한가' 등의 질문을 하는데요. 예, 뭐 저는 그렇다고 대답합니다. 그런데 중요한 건 그게 아닙니다. 분류법은 6가지가 될 수도 있고 7가지가 될 수도 있습니다. 비즈니스 라이프사이클(생존기, 성장기, 도약기, 성숙기)로 분류할 수도 있고, B2C와 B2B로 분류할 수도 있고, 브랜드가 있는 회사와 생산만 전문으로 하는 회사로 분류할 수도 있습니다. '가치주', '성장주', '배당주' 등 '스타일'에 대해서는 이미 이 책에서 여러 번 이야기하기도 했고요.

피터 린치의 빛나는 사고 체계는 '어떻게 분류했느냐'가 아니라, '주식을 유형별로 분류했다'라는 사고방식 그 자체에 있습니다. 피터 린치가 이렇게 주식의 유형을 분류한 이유는 어떤 유형의 주식이 좋고, 어떤 유형의 주식이 나쁘다고 조언하기 위함이 아닙니다. 피터 린치는 각 유형별로 우리가 주목해야 할 포인트, 간과하기 쉬운 포인트 등 '우선순위 요소'를 제시합니다. 다시 말해, 유형별로 주가가 오르내리는 원인을 파악하고, 그에 맞게 대응 방안을 짤 수 있게 한 거죠.

그레이엄과 버핏이 공통적으로 강조하는 표현이 있습니다. '가치'라고요? 네, 그게 맞긴 한데 또 있습니다. 바로 '확률'입니다. 그레이엄은 가치를 범위로 제시해야 한다고 했고, 버핏은 유리한 확률에서만 베팅해야 한다고 했습니다. 확률분포를 이야기하자면 해당 기업, 해당 주식이 미래에 어떤 길을 밟아나갈지, 좋을 때 어떤 모습으로 좋아질지, 나쁠 때 어떤 모습으로 나빠질지를 상상할 수 있어야 합니다.

피터 린치의 6가지 유형 분류는 이러한 확률분포 추론과 대응 방안의 사례집이라고 볼 수 있습니다. 저성장주는 업계 내의 구조조정 혹은 주주환원 정책의 변화로 일시에 주가가 급등할 수 있습니다. 이때는 매도 타이밍이 됩니다. 고성장주의 주가가 하락했다가 반등하는 건 성장 잠재력에 대해서 사람들이 실망했다가 다시 기대하기 시작한다는 겁니다. 그러면 주가가 다시 '가즈아'를 외칠 수 있으니 잠깐의 반등에 매도하지 말고 장기 전망이 여전히 유효한지를 다시 점검해야지요. 턴어

325

라운드주(회생주)에 투자할 때에는 재무구조가 악화되어 유상증자 가능성이 더 커졌는지, 혹은 가지고 있는 유휴자산을 팔아서 유상증자 가능성을 꺼뜨렸는지 등에 주목해야 합니다. 다른 멀쩡한 기업이라면 그다지 중요하지 않은 요인일지라도 이런 한계기업의 경우에는 주가가 크게 오르내리는 원인이 될 수 있습니다.

이렇게 유형별 분류를 하고 나면 포트폴리오를 관리할 때 매일의 일상에서 어디에 시간을 쏟아야 할지도 명확해집니다. 장기간 고성장할 기업에 투자했다면 당장의 매크로 변수, 주가 변동, 한두 분기의 실적에 일희일비할 필요는 없습니다. 그러나 산업 전체가 한계 상황에 있다가 부활하려고 한다면 경쟁사의 상황이나 핵심 원자재의 가격 동향 등을 면밀히 살펴야겠지요. 린치는 "브리스톨-마이어스를 좋은 가격에 매수했다면, 이 종목을 치워 놓고 20년 동안 잊고 지내도 상관없지만, 텍사스 항공을 매수했다면 잊고 지내서는 안 된다"라고 했습니다.

물론 린치도 선호하는 유형이 있습니다. 버핏과 그레이엄이 그랬듯이요. 그러나 버핏과 그레이엄이 선호하지 않는 유형의 주식은 아예 무시하고 선호하는 주식에만 집중했다면, 린치는 선호하지 않는 유형의 주식에서도 어떻게든 '이 주식으로 어떻게 돈을 벌 수 있을까'를 고민했습니다.

피터 린치는 성장주를 좋아하지만 숨겨진 자산을 보유한 주식도 샀

326

고, 대형 우량주도 샀습니다. 가장 큰 수익은 회생주에서 나왔습니다. "시장이 좋을 때나 나쁠 때나 장기간 보유할 주식으로는 비교적 이익률이 높은 종목을, 그리고 성공적인 턴어라운드주 중에서는 비교적 이익률이 낮은 종목을 발굴해야 한다"는 식으로 유연한 사고를 보여줍니다.

"이 주식이 앞으로 오를까요, 떨어질까요?"라는 질문보다는 "이 주식이 앞으로 오른다면 어떤 이유로 오를까요? 떨어진다면 어떤 이유로 떨어질까요?"라는 질문이 훨씬 유효합니다. 이런 식의 사고는 여러 사람의 다양한 투자 방식에 대해서 유연한 태도로 받아들일 수 있게 해주며, 자신만의 사고 체계를 쌓아 올리는 데 큰 도움을 줍니다.

피터 린치의 바텀업 접근법을 마무리하기 전에 '칵테일 파티 이론'도 짚고 넘어가겠습니다. 칵테일 파티 이론이란, 파티장에 가서 "저는 펀드매니저입니다"라고 소개했을 때 주변 사람들의 반응을 보고 장세를 판단하는 이론입니다. 사람들이 어색하게 이야기를 나누다가 잠시 후 핑계를 대며 자리를 뜨면 주식을 하기에 괜찮은 시기, 관심을 보이며 다가와서 주식투자를 잘하는 방법을 물어보면 시장이 약간 과열 국면에 진입하려는 시기, 주식투자를 시작한 지 얼마 안 된 사람이 오히려 투자를 잘하는 방법을 알려주겠다고 하면 '곧 추락한다는 확실한 신호'라고 합니다.

장세에 연연하지 말라고 그렇게 강조해놓고는 장세를 예측하는 이론을 내놓다니 혼란스럽습니다. 장난하는 건가요?

네, 맞습니다. 장난하는 겁니다. 이게 피터 린치의 장세 예측 모델이라고 진지하게 받아들이는 사람들이 많은데, 그러면 안 됩니다.《월가의 영웅》은 다양한 유머와 자기 비하로 분위기를 가볍게 가져가는 책입니다. 피터 린치는 칵테일 파티 이론을 소개하고는 이렇게 마무리합니다. "이 이론을 쓸지 말지는 마음대로 해라. 그러나 내가 칵테일 파티 이론을 가지고 베팅할 거라고 기대하지는 마라. 나는 저평가되고 소외된 훌륭한 회사를 산다."[360]

"경제를 예측하는 것은 사실상 불가능하기 때문에 경제가 어느 방향으로 갈지를 예상하는 것은 의미가 없다. 인플레이션도 언젠가는 제자리를 잡고 경기 침체도 끝나게 될 것이라는 믿음을 갖는 것이 중요하다."[361]

"투자에 성공하기 위한 중요한 비결 중 하나는 주식이 아니라 기업에 초점을 맞추는 것이다."[362]

레슨 2. 10루타

피터 린치는 '10루타 주식10 bagger'으로 유명합니다. 포트폴리오의 여러 종목 중 가격이 10배 오른 주식이 단 하나만 포함되어 있어도 전체 수익률을 엄청나게 견인한다는 겁니다. 무슨 당연한 소리냐고 하실 수 있겠지만, 그 효과는 생각보다 더 큽니다.

린치가 예로 든 두 포트폴리오를 비교해볼까요. 〈표 8-2〉는 1980년 12월 22일부터 다음과 같은 포트폴리오를 구성하고 1983년 10월 4일까지 보유했다고 가정했을 때의 종목별 수익률입니다. [363]

표 8-2

A, B전략 포트폴리오의 종목별 투자 수익률

A전략 포트폴리오

	매수	매도	증감률(%)
베들레헴철강(Bethlehem Steel)	25.13	23.13	-8.0
코카콜라(Coca Cola)	32.75	52.50	+60.3
제너럴 모터스(General Motors, GM)	46.88	74.38	+58.7
W. R. 그레이스(Grace)	53.88	48.75	-9.5
켈로그(Kellogg)	18.38	29.88	+62.6
매뉴팩처러스 하노버(Mfrs. Hanover)	33	39.13	+18.5
머크(Merck)	80	98.13	+22.7
오웬스 코닝(Owerns Corning)	26.88	35.75	+33.0
펠프스 닷지(Phelps Dodge)	39.63	24.25	-38.8
슐룸베르거(Schlumberger)	81.88	51.75	-36.8
주식분할 반영			+162.7

B전략 포트폴리오

	매수	매도	증감률(%)
스톱 앤드 숍	6	60	900.0

자료: 피터 린치, 《월가의 영웅》

329

A 포트폴리오는 3년간 총 수익률이 30.4%입니다. 나쁘지는 않지만 썩 자랑스럽지도 않고, 같은 기간 S&P 500의 수익률 40.6%에 비하면 오히려 하회했습니다. 펀드매니저가 이 정도 성과를 냈다면 자리가 위태로울 겁니다.

A 포트폴리오에 딱 한 종목을 추가한 B 포트폴리오는 총 수익률이 110.6%가 됩니다. 연환산 28%에 달하는 수익률은 워런 버핏과도 견줄 수 있는 수익률입니다. 어디 가서 어깨에 힘 좀 줘도 될 법합니다.

10루타가 전체 포트폴리오에 미치는 영향은 굉장합니다만, 이 메시지를 오해하면 안 됩니다. 잘못 이해하면 '한 종목에서 대박을 내라', '대박을 낼 수 있는 딱 한 종목을 어떻게든 찾아내라' 이런 식으로 생각할 수 있습니다.

일단 가장 중요한 건 주식이라는 자산의 수익률이 가지는 비대칭성입니다. 주식을 샀을 때 최대 손실은 -100%, 최대 이익은 무한대입니다. 무슨 당연한 소리냐고 하겠지만, 채권을 생각해볼까요. 최대로 돌려받는 돈은 '원금+이자'가 다입니다. 반면에 손실은 -100%입니다. 공매도는 어떤가요? 최대 이익은 100%이고 최대 손실은 무한대입니다. 린치는《월가의 영웅》에서도 이 점을 지적하였고,[364] 2013년의 인터뷰에서도 또 언급한 바 있습니다.[365] 주식은 기본적으로 잠재 이익의 폭이 잠재 손실의 폭보다 큰 '비대칭 자산'입니다. 웬만큼 잘못된 주식을 잡아도 반토막 정도로 끝나는 반면, 웬만큼 좋은 주식을 잘 잡으면 두세 배는 벌 수 있습니다. 이런 비대칭성을 누리기 위해서는 기본적으로 투자의 호흡을 길게 가져갈 필요가 있습니다. 짧게 끊으면 끊을수록 비대칭적인 수익률 분포는 대칭으로 바뀝니다.[366]

한편, 여러 종목 중 어떤 종목이 10루타가 될지는 사전에 알 수 없습니다. 그걸 알 수 있었다면 피터 린치도 10루타 주식만 샀겠죠. 반대로 10루타가 안 될[367] 주식의 유형은 있습니다. 업계 용어로 '캡(뚜껑)이 씌워진 주식'이라고 이야기하는데요. 가치가 더 이상 성장하지 않고 한계가 보이는 기업의 주식을 이야기합니다. 버핏의 표현을 따르자면 '담배꽁초 주식'을 뜻합니다. 린치의 분류법에 따르자면 '저성장주', '자산주'가 될 테고요. 이런 주식을 적정가격 대비 반값에 사봤자 최대 수익률은 100%입니다. 물론 이론적으로야 이런 주식도 아주 싼 값에 사면 10배가 되기도 합니다. 그런데 그건 아주 숙련된 사람들의 영역입니다. 예를 들어 기업이 거의 파산 직전 상태에 있어서 아무도 쳐다보지 않다가 회생 국면에 접어들면 10배가 나기도 합니다(피터 린치의 대박 종목에도 그런 유형이 많습니다. 린치는 그런 주식을 '회생주'라고 별도로 분류합니다).

비전문가인 개인투자자가 흔히 접할 수 있는 10루타 주식은 '가치가 성장하는 주식'에 '장기간 동행할 때'입니다. 기업의 매출액이 1,000억 원에서 1조 원으로 늘어나고, 이익이 100억 원에서 1,000억 원으로 늘어났다면 이후의 전망에 큰 문제가 없는 이상 주가는 대충 5배나 10배 정도는 올라 있을 겁니다. 그 정도의 변화가 있으려면 대체로 적어도 5년 이상의 오랜 기간이 걸려야 하고요.

피터 린치는 생활 속에서 기업을 발견하고, 적절한 분석을 통해 튼튼한 회사인지, 가격이 과하진 않은지를 체크하고 주식을 사면 된다고 했습니다. 이때 산 주식은 '장기 성장 가능성을 기대했다면' 대부분 10루타의 씨앗을 품고 있습니다. 사전에 미리 구분할 수 없을 뿐입니다.

문제는 그다음입니다. 10루타로 향하는 길은 험난하며, 그 전에 10루타의 싹을 잘라내 버리는 행동을 투자자 스스로 하는 경우가 많습니다. 피터 린치가 10루타의 중요성을 강조한 건 10루타를 잘 짚어내기보다는 10루타가 될 주식을 찾아놓고는 스스로 그 싹을 잘라버리는 행동을 하지 말라고 경고한 것에 가깝습니다.

린치의 10루타 개념을 이해하려면 '화단에서 꽃을 뽑아내고 잡초에 물을 주는 행위'[368]라는 개념을 함께 보아야 합니다. "어떤 사람들은 기계적으로 오르는 주식을 팔고 내리는 주식을 보유한다. 이것은 꽃을 뽑아내고 잡초에 물을 주는 것처럼 분별없는 행동이다." 제가 이 책을 처음 읽었을 때에 머리를 맞은 듯한 충격을 준 문장이었습니다. 워런 버핏도 이 문장이 마음에 들었는지, 피터 린치에게 전화를 해서 연차보고서에 인용해도 되겠느냐고 허락을 구한 적이 있습니다.[369]

이 말 또한 오해의 소지가 있습니다. 오르는 주식을 팔고 내리는 주식을 보유하는 행위를 '화단에서 꽃을 뽑아내고 잡초에 물을 주는 행위'라고 하였으니, "아, 그럼 오르는 주식을 사고 내리는 주식을 팔아야 하겠구나"라고 잘못 이해할 수도 있습니다. '달리는 말에 올라타라', '손절매 원칙을 철저히 지켜라'는 격언도 있으니 그럴싸해 보입니다. 증권가의 격언들은 단편적으로 이해하면 서로 충돌하는 경우가 많습니다.[370] 피터 린치는 바로 다음 문장에서 이렇게 이야기합니다. "또 어떤 사람들은 기계적으로 내리는 주식을 팔고 오르는 주식을 보유하는데, 이것 역시 크게 다를 바 없다. 두 전략 모두 실패한다."

그럼 우리는 뭘 보고 꽃과 잡초를 구분해야 하는 걸까요? 대답은 앞에서 이미 다 이야기했습니다. 얼마나 유리한 확률이라고 판단하고 있느냐에 따라 달라집니다. 그렇다고 그냥 넘어가면 재미없으니, 이번에는 표를 곁들여서 좀 더 상세하게 이야기해보겠습니다. 〈표 8-3〉을 봅시다.

표 8-3

포트폴리오 기업들의 매력도와 목표비중

	가격	업사이드	다운사이드	상승폭	하락폭	매력도	목표비중
기업 A	10,000	15,000	8,000	50.0%	-20.0%	2.5	40.0%
기업 B	5,000	20,000	1,000	300.0%	-80.0%	3.8	60.0%
합계						6.3	

가상의 어떤 투자자가 A와 B 두 회사의 주식을 사기로 결정했다고 합시다. 이 투자자는 두 주식의 향후 1년간 업사이드와 다운사이드 폭을 위와 같이 계산했다고 합시다(그 계산을 어떻게 하느냐고는 제발 묻지 마시기 바랍니다. 이 책 전체가 그 질문에 하나씩 대답하는 과정입니다.).

A주식은 현재 가격이 1만 원이고, 앞으로 1만 5,000원까지 올라갈 수도 있고 8,000원까지 하락할 수도 있다고 판단했군요. '매력도'라는 수치는 업사이드, 다운사이드를 동시에 봤을 때 이 주식이 얼마나 매력적인지를 하나의 수치로 객관적으로 표현하고자 한 값입니다. 여기서는 상승폭의 절댓값에서 하락폭의 절댓값을 나눈 것으로 매력도를 산정했습니다(50/20=2.5). 어떤 공식으로 매력도를 표현할지는 각자의 마음입니다.[371]

B주식은 같은 로직으로 상승폭은 300%, 하락폭은 -80%네요. A보다 좀 더 업사이드 포텐셜도 크고 다운사이드 포텐셜도 큽니다. 잘되면 대박, 안 되면 쪽박 주식인가 봅니다. 같은 공식으로 계산한 매력도는 3.8입니다.

매력도에 따라 각 종목을 얼마씩 사겠다고 결정한다면 그 비율은 40:60이 될 겁니다. 두 주식의 매력도의 합은 6.3이니, A주식은 2.5/6.3=40%, B주식은 3.8/6.3=60%입니다.

그리고 6개월이 지났습니다. A주식은 가격이 9,000원으로 하락했고, B주식은 가격이 8,000원으로 상승했다고 해봅시다. A는 -10% 손실, B는 +60% 수익입니다. 그럼 이제 둘 중에서 무엇을 팔고 무엇을 사야 할까요? 무엇이 꽃이고, 잡초일까요? 손실난 A를 '과감히' 쳐내고, '달리는 말'인 B를 더 사야 할까요? 아니면 B는 이제 업사이드 포텐셜이 줄었으니 '수익실현'을 하고, A는 좀 더 '저평가'되었을 테니 '물타기'를 해야 할까요?

대답은 '이 정보만으로는 의사결정을 할 수 없다'입니다. 6개월이 지났으니 펀더멘탈에도 변화가 생겼을 것이고, 업사이드와 다운사이드를 다시 추정해보아야 합니다. 〈표 8-4〉를 봅시다.

기업 A에는 무언가 문제가 생긴 것 같습니다. 6개월 전 추정한 업사이드 1만 5,000원은 좀 낙관적이었다고 판단하여 업사이드를 1만 3,000원으로 낮추었습니다. 그리고 예전에는 8,000원이면 충분히 싼 가격이라고 생각했지만 다시 생각해보니 6,000원까지는 내려가야 안

표 8-4

시나리오 1. 펀더멘탈에 변화가 생겼을 경우

	가격	업사이드	다운사이드	상승폭	하락폭	매력도	목표비중	실제비중
기업 A	9,000	13,000	6,000	44.4%	-33.3%	1.3	19.5%	27.3%
기업 B	8,000	30,000	4,000	275.0%	-50.0%	5.5	80.5%	72.7%
합계						6.8		

심할 수 있을 것 같습니다. 이에 따라 매력도는 1.3입니다.

기업 B에는 예상보다 더 좋은 일이 벌어졌습니다. 업사이드는 3만 원까지도 볼 수 있을 것 같습니다. 새로 시작한 사업이 어느 정도 좋은 성과를 보였습니다. 과거에는 그 사업이 폭삭 망했을 때를 가정하여 다운사이드를 1,000원까지도 가능하다고 보았었는데, 이제 그 가능성은 접어두어도 될 것 같습니다. 다운사이드를 4,000원으로 상향시켰습니다. 다시 산정한 매력도는 5.5입니다.

실제 내 포트폴리오 비중은 어떠한가요? 앞에서 4:6 비율로 주식을 샀었고, 한 주식은 -10%, 한 주식은 +60%가 되었으니 현재 포트폴리오는 대략 27:73이 됩니다. 새로 산정한 매력도를 기준으로 권장하는 비중은 얼마인가요? 〈표 8-4〉의 '목표비중'은 대략 20:80이네요. A는 가격이 하락했음에도 불구하고 펀더멘탈이 악화되어 상대적인 매력도가 떨어졌습니다. B는 반대고요. 그렇다면 오히려 A를 줄이고, B를 더 사야 합니다.

혹은 반대로, 회사의 펀더멘탈에 변화가 전혀 없고, 변한 건 가격밖에 없다면 어떻게 해야 할까요? 〈표 8-5〉를 봅시다.

A주식은 가격이 하락하여 매력도가 상승했습니다. B는 업사이드를 꽤 소진한 반면 하락폭은 더 커졌습니다. A의 상대적인 매력이 커졌기

표 8-5

시나리오 2. 가격만 변했을 경우

	가격	업사이드	다운사이드	상승폭	하락폭	매력도	목표비중	실제비중
기업 A	9,000	15,000	8,000	66.7%	-11.1%	6.0	77.8%	27.3%
기업 B	8,000	20,000	1,000	150.0%	-87.5%	1.7	22.2%	72.7%
합계						7.7		

때문에 A의 목표비중이 훌쩍 올라간 반면, 실제 비중은 A가 더 떨어졌습니다. 이 경우에는 B를 줄이고, A를 더 사야지요.

만약에 옆에서 누군가가 이 과정을 지켜보고 있었다면 이 투자자에 대해서 뭐라고 평했을까요? 시나리오 1의 경우 떨어진 주식을 팔고 오른 주식을 추가 매수했으니 "모멘텀 투자를 하는군"이라고 표현했을 것입니다. 시나리오 2의 경우 오른 주식을 팔고 떨어진 주식을 추가 매수했으니 "물타기를 좋아하는군"이라고 표현했을 겁니다.

둘 다 이 투자자를 묘사하기에는 적절하지 않습니다. 이 사람의 머릿속에서 업사이드와 다운사이드에 대한 재평가가 어떻게 이루어졌는지를 모르니까요. 가격의 변화와 매매 행태만 가지고는 투자자의 의사결정 체계를 평할 수 없습니다.

자, 다시 10루타 이야기로 돌아가봅시다. 10루타가 되려면 '시나리오 1' 같은 상황이 누적되어야 합니다. 기업의 가치가 상승하고 그에 따라 계속 업사이드와 다운사이드를 재평가한 결과 여전히 매력적이어서 포지션을 유지하는 선택을 하고, 그러다 보니 '결과적으로' 10루타가 된 거죠.

'화단에서 꽃을 뽑아내고 잡초에 물을 주는 행위를 경계하라', 그리고 '10루타를 찾아라'는 이야기는 종합해보면 기업의 가치를 범위로 평가하고 상황이 변할 때마다 재평가하라는 말입니다. 앞서 꾸준히 해온 이야기와 일맥상통합니다. 다만 린치는 이것을 개별 기업을 넘어서 전체 포트폴리오 관리 측면에서도 중요하다고 알려준 것이지요.

10루타로 가는 과정에서 투자자는 여러 난관을 겪습니다. 빨리 수익을 실현하고 싶은 심리적인 욕구도 있고, 가치가 1년 사이에 그렇게 크게 바뀌진 않았을 테니 가치 기반 사고를 하는 관점에서도 업사이드 폭이 줄어들었을 가능성이 더 큽니다. 가격이 오른 주식을 파는 게 합리적인 선택일 수 있는 거죠.

그러나 가치가 장기적으로 상승할 주식에 대해서는 이렇게 매매했을 경우 여러 위험이 있습니다.

첫 번째는 마찰비용입니다. 주식을 한 번 사고파는 데에는 꽤 많은 비용이 듭니다. 당장 눈에 보이는 거래수수료와 세금뿐 아니라, '슬리

피지'라는 비용이 있습니다. 이게 상당히 큽니다.[372]

두 번째로 심리적인 비용도 존재합니다. 어떤 주식을 팔고 나서 주가가 하락할 때 느끼는 즐거움보다는 팔고 나서 주가가 상승할 때 느끼는 고통이 훨씬 큽니다. '행동의 후회'와 '비행동의 후회'라고 하는데요. 장기적으로는 비행동의 후회가 더 크지만 단기적으로는 행동의 후회가 더 큽니다. "그냥 가만히만 있었어도 저 돈을 벌 수 있었는데…"라는 아쉬움은 견디기 어렵습니다.[373]

이때 심리적으로 흔들려서 다급하게 다시 주식을 사면, 그 이후에는 주가의 단기적인 변동에 취약해집니다. '나는 이 주식으로 돈을 많이 번 사람인데'라는 생각이 머리를 지배하고, 내가 '잘 아는 주식'이기 때문에 '진입 타이밍'도 정확할 거라고 믿으며, '매수단가'가 리셋되었기 때문에 단기 수익률에 계속 신경이 쓰입니다. '과거의 영광'을 훼손하지 않으려는 마음에 잠깐의 주가 하락에 또다시 매도를 해버리고, 이후에 다시 주가가 상승할 때 또 '행동의 후회'를 느끼면서 또 매수에 나서다가 수익률이 완전히 망가집니다.[374]

세 번째는 리서치의 효율성입니다. 장기적으로 가치가 성장하는 기업은 많은 공부가 필요합니다. 초창기부터 회사에 투자해온 투자자라면 그때그때 새로 나오는 정보만 업데이트하면 되고, 또한 그 정보를 해석하는 데에도 과거 맥락을 함께 고려할 수 있기 때문에 다른 투자자보다 유리합니다. 한편 이런 기업의 가치는 장기적으로 복리로 성장하기 때문에, 투자를 시작한 지 3~4년이 지나면 리서치 노력은 급격히 감소하면서도 수익률은 복리로 늘어나는 경험을 할 수 있습니다. 〈그림 8-2〉의 왼쪽과 같은 느낌입니다. 가치가 성장하는 기업에 장기투자한 경우 왼쪽 그림처럼 수익률과 투입 에너지의 갭이 엄청나게 커집니다. 반면에 계속 종목을 교체하는 경우 수익률이 꾸준히 쌓일 수는 있겠지만 투입하는 에너지가 장기적으로 감소하지 않습니다. 〈그림 8-2〉의 오른쪽처럼 계속 많은 에너지를 쏟아야만 수익률을 낼 수 있습니다.

또한 기업에 오래 투자하고 함께하는 행위 자체가 투자자의 '능력 범위'를 넓혀가는 일이라고 할 수 있습니다(버핏도 초창기에 아메리칸 익스프레스에 대해서 잘 몰랐지 않습니까). 만약 이런 주식을 다 팔아버리고 나면

그림 8-2

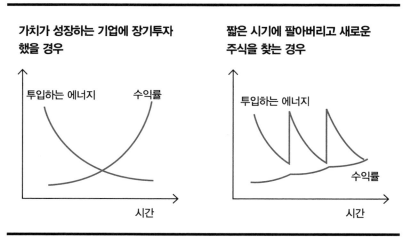

가치가 성장하는 기업에 장기투자
했을 경우

투입하는 에너지   수익률

시간

짧은 시기에 팔아버리고 새로운
주식을 찾는 경우

투입하는 에너지

수익률

시간

투자자로서 향후에 키워나갈 수 있는 능력 범위에 공백을 만들게 됩니다. 그러므로 장기적으로 가치가 성장하는 기업을 빠르게 팔아버리는 행위는 투자자의 에너지를 효과적으로 활용한다는 측면에서 기회비용이 어마어마합니다.

정리해보겠습니다. 피터 린치의 '10루타'는 '10루타 종목을 잘 찾아서 한 방 대박을 노려라'는 뜻이 아닙니다. 다음과 같은 의미입니다.

1. 우리가 사는 종목들 중 일부는 10루타의 씨앗이다.
2. 10루타는 장기간 보유했을 때 발현된다.
3. 10루타로 가는 동안 매도하고 싶은 충동을 굉장히 많이 받는다.
4. 단지 높은 수익률이 났다고 기계적으로 매도해버리는 행위는 포트폴리오의 장기 수익률을 크게 훼손한다.

레슨 3. 분산투자

피터 린치는 1990년 은퇴할 즈음 약 1,400개의 종목을 보유하고 있었고, 13년간 약 1만 5,000개의 주식을 매수했다고 합니다. 이런 엄청난 종목 수가 워낙 인상적이어서, 피터 린치의 '스타일'이라고 하면 가장 강하게 떠오르는 이미지가 분산투자입니다. 버핏도 린치를 언급하면서 본인이 이름을 댈 수 있는 회사 수보다 그가 보유한 종목 수가 더 많

다고 할 정도였습니다.[375]

피터 린치는 모두가 이렇게 많은 종목을 보유해야 한다고 주장하지 않았으며, 막대하게 큰 자금을 운용하는 펀드매니저로서 어쩔 수 없는 선택이었던 면이 강합니다. 그러나 그런 맥락을 제외하더라도 그의 분산투자에서는 배울 점이 분명히 존재합니다.

피터 린치는 《월가의 영웅》 19장 '포트폴리오 설계'에서 본인이 성공한 원인이 성장주에 전문화되었기 때문이라고 많은 사람이 생각하지만, 이는 부분적으로만 옳은 말이며, 성장주에 펀드 자금을 30~40% 이상 배분한 적이 전혀 없다고 했습니다.[376] 그는 "보유종목이 늘어날수록, 종목별 자금 배분에 유연성이 높아진다. 이것은 내 전략의 중요한 부분이다"[377]라고 하였습니다. 이 말이 어떤 의미인지 생각해볼 필요가 있습니다.

일단 피터 린치의 분산투자가 실제로 어떤 모습이었는지 디테일하게 살펴봅시다. 《월가의 영웅》 19장에는 포트폴리오가 어떻게 구성되어 있는지 설명해줍니다. 원고를 쓰던 1989년경 1,400개 종목을 보유하고 있긴 하나, 펀드 자금의 절반은 100개 종목, 3분의 2는 200개 종목에 배분되어 있으며, 후보 종목 500개가 자금의 1%를 차지한다고 하였습니다. 이를 그림과 표로 나타내 보면 〈그림 8-3〉과 같습니다.

그림 8-3

피터 린치 포트폴리오 구성

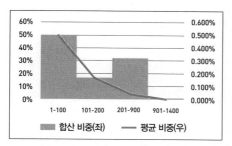

포트폴리오 순위	합산 비중	평균 비중
1~100	50%	0.500%
101~200	17%	0.170%
201~900	32%	0.046%
901~1,400	1%	0.001%

　　1,400종목 중 상위 100종목의 각 종목별 평균비중은 평균 0.5%씩인데 반해, 200위까지는 평균 0.17%, 900위까지는 평균 0.046%, 그 아래는 0.001% 언저리입니다. 《이기는 투자》에 따르면 1983년 중반에 마젤란 펀드의 보유 종목은 450개였고, 가을에 900개로 늘어났습니다. 이 시기에도 900개 중 700개를 합산해도 비중은 10%가 되지 않았습니다. 종목들을 동일한 비중으로 배분한 게 아니라 포트폴리오의 핵심 종목군이 따로 있고, 나머지 대다수는 관심에서 벗어나지 않도록 붙잡아두는 용도였습니다.[378] 피터 린치의 대박 종목 중 하나인 '패니 메이'도 초기 비중은 0.1%였습니다.[379]

　　그리고 피터 린치의 포트폴리오는 스타일별로도 다양하게 분산되었습니다. 성장주가 30~40%로서 주력을 차지하긴 했지만, 대형우량주에 10~20%, 경기순환주에 10~20%, 나머지를 회생주에 배분하였습니다

(저성장주와 자산주를 언급하지 않았는데, 저성장주는 대놓고 선호하지 않는다고 밝혔고,[380] 자산주는 자산만 가지고 있는 걸로는 큰 매력을 못 느끼고 회생주 등 다른 유형으로 변화할 때 좋은 투자 기회로 삼은 것으로 추측합니다[381]).

이렇게 다양하게 분산하는 이유는 '종목별 자금 배분의 유연성' 때문이라고 하는데요. 이건 무슨 의미이며, 왜 중요할까요?

피터 린치는 공모펀드를 운용한 펀드매니저였기 때문에 수시로 자금의 입출입이 있었습니다. 자금이 들어오면 원치 않는 상황에서도 어느 정도는 주식을 사야 했고, 고객이 환매를 요청하면 좋아하는 주식이라도 팔아야 했습니다. 또한, 시장은 단기적으로 업종별·스타일별로 유행이 있는데, 펀드매니저로서 단기 수익률 평가에 뒤처지지 않으려면 여러 유행이 오가는 국면에서 꾸준히 좋은 수익률을 내야 하는 압박이 있습니다.

장기적으로 높은 수익을 줄 수 있는 몇 개 종목에 집중한다면 당연히 더 높은 수익을 낼 수 있겠지만, 그 몇 종목이 고평가되어 있을 때 추가 가입이 들어온다거나, 급락한 상황에서 고객이 환매를 요청하면 곤란해집니다. 수익률이 가능한 한 평탄해야 고객의 자금 유·출입 시 불편한 상황이 덜 발생합니다.

그럼 개인투자자 입장에서는 이러한 '수익률 평탄화'가 필요할까요?

그럴 수도 있고, 아닐 수도 있습니다. 저는 '그렇다' 쪽에 약간은 손을 들고 싶습니다.

먼저, 개인투자자라도 돈이 필요해서 빼서 써야 할 때가 있습니다. 한두 종목에 집중투자했다가 급하게 돈이 필요한 상황에서 그 종목의 주가가 급락해 있으면 곤란해집니다. 집중투자를 하는 투자자는 대체로 그 종목의 저평가 정도에 큰 확신을 가지고 있습니다. 따라서 그 종목을 팔기는 어려운데, 그렇다고 부동산 등 유동성이 떨어지는 다른 자산을 처분하기도 어렵기는 마찬가지입니다(유동성이 좋은 다른 자산이 여럿 있다면 여기에는 해당하지 않습니다).

둘째는 심리적인 요인입니다. 한두 종목으로 압축하면 당연히 특정 스타일로 압축될 수밖에 없습니다. 앞서 말씀드렸듯 시장에는 스타일이 유행처럼 돌고 도는데, 그 유행이란 게 3~4년 혹은 5년 이상 지속될 수도 있습니다. 아무리 남의 눈치를 안 보는 사람이라 하더라도, 그 정도 시장에 뒤처지고 나면 자존감도 낮아지고, 가족들 앞에서 면이 안 서기도 합니다. 그러다 보면 뒤늦게 다른 스타일의 투자를 시도할 수도 있고, 보통은 그럴 때가 유행이 끝날 무렵이 됩니다. 앞의 '레슨 2'에서 행동의 후회와 비행동의 후회를 말씀드린 바 있는데요. 개별 종목 매매뿐 아니라 스타일 변화에서도 단기적으로 행동의 후회가 비행동의 후회보다 더 고통스럽습니다.

셋째는 장기적인 성장을 위해서입니다. 비숙련자가 한 종목에 10년간 집중투자해서 좋은 성과를 낼 수 있습니다. 문제는 그다음입니다. 해당 종목에 대한 투자 아이디어가 소멸되고 더 이상 투자할 건이 없을 때, 투자자는 기존보다 더 질 낮은 의사결정, 즉 별로 좋은 종목이 아님에도 억지로 투자해버릴 수 있습니다. 성공에는 언제나 운이 함께 따르게 마련인데, 이를 실력으로 착각하고 급하게 투자 아이디어를 짜내다 보면 결국 나쁜 성과를 냅니다. 혹은 기존의 성공 경험만을 유일한 것으로 인식하고 의사결정의 허들을 너무 높이다 보면, 전혀 새로운 투자 건을 찾아내지 못하고 그걸로 투자 경력이 끝날 수도 있습니다. 투자자로서 장기적으로 성장하기 위해서는 다양한 스타일, 다양한 산업군, 다양한 종목에 대해서 투자 경험을 쌓을 필요가 있습니다.[382]

피터 린치는 "어리석은 분산투자는 소액투자자들을 괴롭힐 뿐이다. 그렇더라도 단 한 종목만 보유하는 것은 안전하지 않다. 최선의 노력을 기울였더라도, 당신이 선택한 종목이 예기치 못한 상황에 희생될지도 모르기 때문이다"라고 하였습니다.

워런 버핏도 집중투자자로 유명하며, 일생에 한두 종목만 잘 고르면 된다고 주장하였지만, 사실상 버크셔 해서웨이의 포트폴리오는 상당히 분산되어 있습니다. 2021년 기준, 공시된 상장종목만 15종목이고 공시되지 않은 상장종목, 그리고 종속회사를 합하면 훨씬 더 많이 분산되어 있습니다.

그레이엄도 종목 수가 많았으니 2부에서 소개한 세 명의 대가는 모두 분산투자를 많이 했다고 볼 수 있겠습니다. 세 사람 중 누구도 한두 종목의 성공으로 명성을 얻지 않았습니다. 여러 개의 투자 건을 뿌려놓고, 실패했을 때의 손실보다 성공했을 때의 이익이 더 컸기 때문에 지금의 자리에 오른 것입니다.

중요한 건 종목의 개수가 아니라 각 종목을 편입할 때의 허들입니다. 버핏은 능력 범위 밖에서 투자하면 안 된다고 강하게 경고했고, 그레이엄도 적절한 분석과 계산 없이 투자에 나서면 안 된다고 했습니다. 린치 또한 "1) 당신에게 강점이 있고, 2) 모든 조사 기준을 충족하는 흥미로운 전망을 발견했다면, 해당하는 종목을 모두 보유하는 것이 최선이다"라고 했습니다.[383]

문제는 우리가 쓸 수 있는 에너지가 유한하다는 겁니다. 앞서 '레슨 2'에서 '리서치의 효율성'을 강조해서 말씀드렸습니다. 새로운 기업을 찾아다닐 때마다 에너지 소비가 상당히 심합니다. 물론 장기적으로 능력 범위 확대를 위해서 새로운 공부를 해나가는 건 좋지만, 그것도 정도껏이어야죠.

여기서 도움이 되는 개념이 린치의 '2분 연습2 minutes drill'입니다. 피터 린치는 주식을 매수하기 전에 "주식에 흥미를 느끼는 이유, 회사가 성공하려면 무엇이 필요한가, 앞길에 놓인 함정은 무엇인가"에 대해 "2분

347

동안 혼잣말하기"를 좋아한다고 합니다.[384] "10살짜리 아이에게 2분 이내에 주식을 보유한 이유를 설명할 수 없다면 그 주식을 소유해서는 안 된다"고도 하였습니다.

2분 연습은 포트폴리오를 운용하는 데 있어서 아주 중요합니다.

주가를 움직이는 요인은 그때그때 다릅니다. 한 기업을 깊이 공부하다 보면 해당 기업의 강점과 약점, 기회 요인과 리스크 요인 등에 대해서 다양하게 열거할 수 있게 됩니다. 그러나 대부분의 투자자는 그렇게 깊게 공부하지 않고 매매하기 때문에, 실제 주가의 움직임은 굵직한 한두 개의 이슈로 인하여 움직입니다. 2분 연습을 하다 보면 향후 주식의 미래에 영향을 미칠 수 있는 요인들을 우선순위를 두어서 생각하게 됩니다. 이 연습을 반복하면 사고를 유연하게 할 수 있고, 다양한 유형의 종목을 동시에 보유하면서도 에너지 소비를 줄일 수 있습니다. 2분 연습을 하는 행위 자체가 투자자의 '능력 범위'를 판가름하는 리트머스지로 작용하는 것이지요.

또한 수익률 자체에도 도움이 됩니다. 거듭 말씀드리지만 대부분의 투자자는 깊이 고민하지 않고 매매합니다. 2분 연습을 통과한 주식은 투자 아이디어가 복잡하지 않고 단순하다는 뜻입니다. 그만큼 다른 투자자가 이해하기 쉽고, 입소문이 나기 쉽다는 뜻입니다. 본인이 투자한 주식을 주위 사람에게 설명하다 보면 대번에 느낄 수 있습니다. 2분 정도 이야기하고 납득시킬 수 없다면 무언가 약간은 잘못된 것입니다. 내가 잘못 판단하고 있거나 상대방이 이해를 못하고 있다는 건데, 전자의 경우는 그냥 잘못된 것이고, 후자의 경우도 주가가 쉽게 오르지 못할 가능성이 큽니다.

'지식의 저주'라는 용어가 있습니다. 다른 사람들과 의사소통을 할 때 내가 알고 있는 배경지식을 다른 사람도 알고 있다고 무의식적으로 가정하는 편향입니다. 어벤져스 3편 〈인피니티 워〉에서 타노스가 토니 스타크에게 이 말을 했는데요. 두 사람 모두 본인은 중요하다고 생각하는 무언가가 있었지만 타인의 공감을 얻지 못해서 비극을 겪었습니다.[385]

주식도 마찬가지입니다. 짧은 시간에 이 주식의 매력과 위험을 설명할 수 있어야 당장의 포트폴리오 관리에도, 장기적인 성장에도 도움이 됩니다.

"주식의 스토리를 가족, 친구, 개, 어린애도 이해할 정도로 쉽게 설명할 수 있다면, 당신은 상황을 적절하게 파악한 셈이다."[386]

"90초면 주식에 대해 설명하기에 충분한 시간이다."[387]

피터 린치의 '기법'들

피터 린치의 책은 유독 '기법'을 많이 소개합니다. 그레이엄은 그의 책에서 가치를 계산하는 몇 가지 방법론을 소개하긴 했지만 실제 투자에 사용한 '전략'을 소개할 때에는 '주저하면서' 여러 가지를 나열하는 선에서 넘어갔습니다. 버핏 또한 가격과 가치의 관계라든가, 훌륭한 기업의 조건 등에 대해서는 언급하지만 '기법'을 이야기하지는 않습니다. 그레이엄의 기법들을 파트너십 시절에 많이 썼었다고 언급만 할 뿐, 실제 어떤 기법을 사용하였는지는 독자가 추측해야 합니다. 반면에 피터 린치는 개인투자자가 바로 써먹을 수 있도록 상세하게 여러 기법을 소개합니다. 제가 피터 린치를 처음에 '친절한 이웃'이라고 표현한 이유도 그 때문입니다.

《월가의 영웅》과 《이기는 투자》는 실전에 써먹을 수 있는 기법들로 가득 차 있고, 언제든 읽어보시면 도움이 될 겁니다. 그런데 몇 가지는 추가 설명이 필요한 것 같아서 여기에 별도로 언급합니다.

GARP와 PEG

피터 린치는 '10루타 발굴'로 유명하기 때문에 사람들은 그의 '기법'에서 'GARP'나 'PEG' 등에 주목합니다. 'GARP'는 'Growth at a Reasonable Price'의 약자로, 성장주를 적정가격에 투자한다는 의미이며, 'PEG'는 'PER to Earnings Growth'의 약자로서 PER과 주당순이익 성장률을 비교한 값입니다.[388]

GARP부터 이야기해봅시다. 피터 린치의 책에는 'GARP'라는 표현이 명시적으로 나오지는 않습니다.[389] 그러나 《이기는 투자》 등 몇 군데에서 상당히 유사한 표현을 발견할 수 있습니다. "주식에 투자할 때는 첫째, 주당매출액과 주당순이익이 만족스러운 수준으로 증가하고 있는지 살펴보라. 둘째, 그 주식을 합리적인 가격에 살 수 있는지 판단하라." "주식을 살지 말지 결정할 때는 기업의 성장세가 당신이 세운 목표에 부합하는지, 주가는 합리적인 수준인지 살펴보라."[390]

앞서 7~8장을 주의 깊게 읽어왔다면 '성장하는 기업을 적절한 가격에 매수'하는 방법은 피터 린치만의 특별한 방법이 아님을 알 수 있을 것입니다. 기업에는 가치가 존재하고, 가치는 딱 떨어지는 하나의 값으로 합의되기 어렵고, 따라서 가치가 성장해야 '가치에 기반한 투자법'이 높은 확률로 좋은 수익을 거둬줄 수 있습니다. 그러나 대부분의 투자자는 성장에 열광하기 때문에 미래의 성장 전망이 가격에 많이 반영되어 있다면 조금만 악재가 나와도 큰 손실을 입기 때문에 주의해야 합니다. 여러 번 반복했던 이야기지요?

중요한 건 얼마만큼의 성장에 얼마만큼의 가격을 지불해야 '합리적이냐'입니다. 사실 이건 정답이 있는 이야기입니다. 가치는 미래 현금흐름의 현재가 할인이며, 할인율과 성장률이 주어지면 적정가격, 즉 가치를 계산해낼 수 있습니다. 반대로 할인율과 가격이 주어지면 성장률을 역산할 수 있고, 성장률과 가격이 주어지면 할인율을 역산할 수도 있습니다.

피터 린치는 와튼 스쿨을 졸업했기 때문에 이 방법론을 당연히 알고 있었을 것입니다. 그러나 버핏도 언급했듯이 DCF 방법론은 실무적으로 쓰기 대단히 난감하기 때문에, 그는 PER을 주로 사용하였습니다.

《월가의 영웅》13장에서 린치는 어느 정도의 PER이 적절한지를 직접 이야기합니다. 우선 "공정하게 평가된 회사의 PER은 회사의 성장률과 같다"고 말문을 연 다음, "PER이 성장률의 절반이라면 매우 유망하며, 성장률의 두 배라면 매우 불리하다"고 합니다. '조금 더 복잡한 공식'으로는 배당수익률까지 감안하여 '(장기 성장률+배당수익률)/PER'이라는 공식을 제시하고, 이 값이 1보다 작으면 별로이고, 1.5면 그럭저럭 괜찮고, 2 이상인 주식을 찾아야 한다고 합니다.

이 공식이 유명한 'PEG'라는 개념으로 알려지게 되는데요. 피터 린치가 이 공식을 전가의 보도처럼 사용하였는지는 고민해볼 필요가 있습니다.

그는 "모든 유형의 주식에 고루 적용되는 보편적인 공식을 찾아내기는 불가능"[391]하다고 하였습니다. 그리고 "지나치게 PER에 연연하는 것은 어리석은 일이지만, 무시해서도 안 된다"[392]고도 했습니다. 기업의 이익은 변하게 마련이고, 중요한 건 미래의 이익인데 미래는 불확실하니까 현재의 이익으로 주가를 나누는 PER이라는 공식은 불완전합니다. 회사의 상황에 따라, 유형에 따라, 업종에 따라 적정한 PER은 천차

만별이고, 이를 상세히 논의하려면 결국 미래 현금흐름 공식을 펼쳐야 합니다. 쉽게 쓰고자 한 책에서 그런 전개를 할 수는 없었을 것이므로, 피터 린치는 "PER에 대해서 단 한 가지만 기억해야 한다면, PER이 지나치게 높은 종목을 피해야 한다는 점이다"라며 긴 언급을 삼가합니다.

피터 린치는 미래의 성장에 지나치게 비싼 가격을 지불하는 것을 경계하라는 말을 하고 싶었던 것이고, 지나치게 비싼 가격이 얼마냐 하는 예시를 들고자 여러 가치평가 지표 중 가장 쉬운 개념인 PER을 가져와서 설명한 것이라고 볼 수 있습니다. 그는 '맥도날드'와 'EDS', '에이번 프로덕츠' 등의 사례를 들면서 해당 PER을 '지탱하기 위한 이익 수준'이 얼마인가를 묻습니다. 이게 핵심입니다. 가격에는 미래 이익이 반영되어 있고, 가격으로부터 미래 이익을 역산해서 그만큼의 이익을 낼 수 있는 미래를 합리적으로 추정할 수 있는지를 묻습니다. 여기에 '그렇다'라고 대답할 수 있으면 '합리적인 가격'이 되는 것입니다.

PER이 10배나 12배라면 회사는 시장평균 수준으로 적당히 성장해도 됩니다. PER이 20배라면 꽤 빠른 속도로 성장해야 이 PER을 정당화할 수 있겠죠. PER이 30배를 넘는다면요? 이익 성장 전망이 가격에 상당히 반영되어 있고, 조금이라도 예상을 하회하면 큰 손실을 볼 수 있음을 각오하고 투자해야 합니다. 대충 이 정도로 받아들이면 될 일이지, 린치의 공식을 세세하게 적용하면서 'PER이 16.2배인데 배당은 없고 성장률이 24%니까 린치의 기준에 부합하지 않아서 매도!' 이럴 필요는 없습니다.

또 한 가지 고려해야 할 점이 있습니다. 피터 린치가 활동하던 시기는 시장 전반적으로 PER이 매우 낮았던 시기였습니다. 앞서 6장에서 보여드렸던 S&P 500의 12개월 포워드 PER 그래프를 〈그림 8-4〉에 다시 그려보았습니다.

피터 린치가 활동한 1977년부터 1990년은 PER이 바닥을 찍고 꾸준히 상승하던 시기였습니다. 그 이전 광란의 1960년대를 겪고, 그 여파로 주가가 장기간 정체되어 모두가 주식을 싫어하던 시기에 피터 린치

그림 8-4

S&P 500의 12개월 포워드 PER

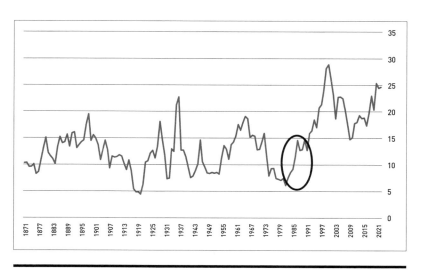

는 펀드매니저 커리어를 시작했습니다. 버핏이 '주식을 사야 할 때'라며 이례적으로 마켓 타이밍을 논했던 때가 이때였습니다.[393]

그레이엄이 1940년대와 1950년대에 청산가치에도 못 미치는 가격의 '담배꽁초' 주식으로 재미를 보았듯이, 피터 린치의 1980년대도 성장성이 유망한 기업들의 주식을 엄청나게 싼 가격에 주워 담을 수 있었습니다(버핏은 '피셔의 성장주를 그레이엄의 가격에 살 수 있는 시기'라고 했습니다). 그가 제시한 성장률과 PER 기준이 지금 관점에서 지나치게 엄격해 보이는 건 어쩔 수 없습니다.

피터 린치의 PEG 기준이 현대에도 통하느냐 아니냐는 지엽적인 질문입니다. PER의 결정변수가 성장률이라는 것만 이해하면 됩니다. 어느 정도의 성장률에 어느 정도의 PER을 지불할지는 각 투자자가 평생에 걸쳐 고민해야 할 사항입니다.

따분하고 우스꽝스러운 이름 등

《월가의 영웅》 8장에서는 피터 린치가 좋아하는 종목의 특징들을 쭉 나열합니다. 회사 이름이 따분하다거나, 사업이 재미가 없거나 혐오스럽다거나, 분할된 회사, 기관투자자와 애널리스트 커버리지가 없는 회사, 불미스러운 소문이 있는 회사 등등 세세한 기준들을 언급합니다.

실제 기업을 골라서 이 기준들을 일일이 체크해서 채점해보는 식의 시도는 굳이 할 필요가 없습니다. 이 기준들은 '일반 이론'이라기보다는 다양한 경험에서 우러나온 '사례집'이라고 보시면 됩니다. 이 기준들의 공통점은 바로 '저평가되는 사유'입니다. 나중에 우리는 초과수익을 낼 수 있는 일반 원칙을 찾아볼 텐데요.[394] 초과수익의 핵심 메커니즘은 남들이 무언가를 간과하고 있다가 나중에 인정하게 되는 과정입니다.

예를 들어, 사업이 재미가 없으면 별로 관심이 안 갑니다. 갓 분할된 회사는 정보가 부족합니다. 기관투자자나 애널리스트는 평판이 중요하기 때문에, 괜히 혼자 독특한 종목을 커버했다가 손해를 보면 커리어에 타격을 입습니다. 이는 《월가의 영웅》 2장에서 상세히 언급하고, 랄프 웬저의 《작지만 강한 기업에 투자하라》에서도 자세히 다룹니다.[395]

세부 사례가 많이 나열된 건 그저 피터 린치가 독자들에게 친근하게 다가가기 위해 다양한 메뉴를 마련해준 것이라 생각합니다. 우리는 각자의 상황에 맞게 취향껏 그가 준비한 메뉴를 골라 먹으면 됩니다. 중요한 건 초과수익을 낼 가능성, 즉 남들이 무언가 간과하고 있을 가능성 및 뒤늦게 눈치챌 가능성입니다.

진짜 '기법'들

지금까지 피터 린치의 '기법'이라고 알려졌지만 실상은 기법이 아니라 핵심 사고 체계의 쉬운 표현이었던 사례를 살펴보았습니다. 다음으로는 피터 린치가 실제로 유용하게 사용했다고 밝히지만 독자들의 눈에 잘 드러나지 않는 기법들을 한번 모아봤습니다.

• 곡괭이와 삽[396]

《월가의 영웅》밀레니엄판 서문에 등장하는 기법입니다. 아직 이익이 나지 않는 신기술 업종은 신중한 투자자에게 고역입니다. 특히 기관 투자자라면 투자를 할 수도 없고 안 할 수도 없는 상황에 처합니다. 피터 린치는 골드 러시 때 청바지를 팔아서 돈을 번 리바이스처럼, 신기술 회사에 직접 투자하는 데 확신이 없을 때 그 신기술 회사들에게 무언가를 팔아서 돈을 버는 회사에 투자했습니다.[397] 린치는 이후에 바이오 산업 투자에도 이 기법을 사용했습니다.[398] 인터넷 서비스 회사가 늘어날 때 서버 유지비를 유연하게 조절할 수 있게 해주는 AWS 같은 클라우드 서비스는 최고의 곡괭이와 삽입니다. 한국으로 치면, 서버향 디램을 만드는 반도체 회사가 될 수도 있겠습니다.

• 경쟁사에게 물어보기

《월가의 영웅》11장에 등장하는 방법입니다. 보통 회사들은 경쟁사에 대해 부정적으로 말하기 마련인데, 긍정적으로 이야기하는 경쟁사라면 훌륭한 회사일 가능성이 매우 큽니다. 여러 업종에서 일하고 있는 친구가 많다면 누구든 이 방법을 사용할 수 있습니다. 필립 피셔의 '사실 수집'이 이에 해당합니다.

• 이익추세선[399]

여기부터는 《이기는 투자》에 등장하는 방법입니다. 지난 12개월간의 주당순이익 합계와 주가를 약 10년 이상의 장기간에 걸쳐 비교해봅니다. 피터 린치는 이 방법을 통해 기업의 이익 추이가 어떻게 변해왔고, 시장의 평가는 어떠했는지를 직관적으로 이해할 수 있었습니다. 한편 1991년경에는 이 기준에서 대부분의 기업이 고평가되었다는 신호를 보냈기 때문에 시장이 전반적으로 고평가되었다는 판단을 내렸습니다. 요즘에는 기업의 장기 재무 데이터와 주가 데이터를 시각화해서 보여주는 서비스[400]가 나와 있기 때문에, 누구나 이런 차트를 쉽게 그려볼 수 있습니다.

• 쇼핑몰 둘러보기[401]

소비자가 어떤 제품을 선호하는지 빠르게 파악할 수 있습니다. 요즘에는 쇼핑몰뿐만 아니라 온라인 트래픽, 구글 트렌드, 인스타그램 해시태그, 음원 스트리밍 순위 등 소비자의 관심사를 실시간으로 파악할 수 있는 여러 채널이 있습니다.

• 불황 산업의 일등주[402]

산업이 악화되고 있다는 의견이 대세가 될 때까지 기다렸다가 그 산업의 선도적인 주식을 사는 방법입니다. 산업이 악화되고 있다는 의견이 대세가 되었다 함은 부진한 업황이 가격에 반영되었다는 뜻입니다. 업종 내에서 일부 기업이 퇴출되고 업황이 돌아선다면 이후에는 살아

남은 기업들이 과거보다 더 많은 파이를 먹을 수 있습니다. 그럴 가능성이 가장 큰 회사는 당연히 산업 내에서 가장 규모가 크거나 재무구조가 튼튼한 기업일 겁니다.

• IPO 이후 주가가 하락했을 때 매수[403]

《투자 이야기》에 나오는 기법입니다. 기업이 상장할 때에는 보통 최대의 이익을 뽑아낼 수 있는 상태로 만들어서 상장합니다. 그리고 임직원 등 특별한 관계가 있는 사람들이 주식을 팔지 않기로 약정한 '보호예수' 기간이 끝나기 전까지 열심히 이익을 만들어내다가, 그 기간이 끝난 이후에 실적이 망가지는 경우가 많습니다. 상장 시점에는 투자자들의 관심이 많은데, 이때의 가격은 펀더멘탈 대비 상당히 부풀려져 있을 가능성이 큽니다. 상장 이후에 그냥 열기가 식거나, 혹은 실적이 예상을 하회하는 등의 이유로 주가가 하락해 있으면 이때부터는 관심을 가져도 될 법합니다.

• 탑다운을 고려한 바텀업

명시적으로 나오는 기법은 아니지만 여러 사례를 통해 알 수 있습니다. 바텀업 투자자들이 매크로 변수를 무시하고 기업만 보는 건 아닙니다. 바텀업 관점에서 괜찮은 기업을 탑다운 관점에서 좋은 시기에 공격적으로 매수할 수도 있습니다. 피터 린치는 1993년, 의료제도 개혁 법안에 대한 공포로 주가가 급락한 존슨앤드존슨을 추천했습니다. 1995년 2월에는 전년의 시추공 수가 감소했다는 뉴스를 보고 석유 채굴 서비스 기업인 슐룸버거에 투자했습니다.

• 실패하는 기법

피터 린치는 '실패하는 기법'도 두 가지 언급했습니다. 하나는 "그저 그런 전망을 가진 회사를 그저 싸다는 이유만으로 사는 것"이고, 다른 하나는 "엄청나게 빠른 성장을 보이고 있는 회사를 약간 비싸다는 이유로 파는 것"입니다.

휴우. 이제 한숨 돌리도록 합시다. '거인의 어깨'로 가는 긴 여정의 첫걸음을 함께했습니다. 다음 단계로 넘어가기 전에 여기서 배운 대가들의 사고 체계를 한번 요약해보겠습니다.

벤저민 그레이엄

1. **주식의 가치**: 주식은 사업에 대한 소유권이다. 가치가 존재한다.
2. **미스터 마켓**: 가치는 하나의 값으로 합의되지 않는다. 투자자의 심리 상태에 따라 가격 변동이 심하며, 이는 가치를 기반으로 사고하는 투자자에게 좋은 기회 요인이 된다.
3. **안전마진**: 개별 투자 건은 언제나 실패할 수 있으므로, 가능한 한 유리한 확률에서 베팅하며, 다양한 투자 건으로 분산해야 한다.

워런 버핏

1. **기업의 가치**: 기업은 유기체다. 외부 환경의 변화에 주체적으로 대응하는 존재다.

2. **경제적 해자:** 기업은 가치를 창출하는 방향으로 움직이기도 하고, 가치를 파괴하는 방향으로 움직이기도 한다. 자본비용 이상의 초과이익을 내고 그 이익을 주주를 위해 활용하는 기업이어야 가치가 있다.

3. **능력 범위:** 기업이 가치를 창출하고 있으며, 앞으로도 그러할 수 있는지 믿을 수 있는 기업을 찾아야 한다. 믿음을 갖기 위해서는 투자자가 기업의 역량을 파악할 능력이 있어야 한다.

피터 린치

1. **바텀업:** 거시경제나 전체 시장의 흐름을 전망하는 것보다는 개별 기업에 초점을 맞추는 것이 훨씬 유리하다.

2. **10루타:** 주식은 상승 잠재력이 하락 잠재력보다 비대칭적으로 큰 자산이다. 이 비대칭성을 이용하기 위해서는 기업의 장기적인 성장에 집중하고 신중하게 매매해야 한다.

3. **분산투자:** 특정 유형의 몇 개 기업으로 투자를 한정하는 것보다는 능력이 닿는 한 다양한 기업을 공부하는 것이 단기적으로나 장기적으로나 유리하다.

이제 거장들의 세계에서 인간계로 내려가봅시다. 거장들의 사고 체계를 내 것으로 만들 수 있으려면 내가 그 정도의 기본기를 갖춰놓아야 합니다. 다음 권에서는 기초 체력부터 실전 연습까지, 내가 실제로 투자 의사결정을 하는 데 필요한 요소들을 차곡차곡 쌓아나가보도록 하겠습니다.

투자자의 서재

벤저민 그레이엄

단연 《현명한 투자자》가 1순위 필독서입니다. 《증권분석》도 여력이 된다면 읽어보는 것이 좋습니다. 《증권분석》의 쉬운 버전이 《현명한 투자자》입니다. 롤프 모리엔의 《벤저민 그레이엄》은 그레이엄의 생애에 대해서 간략히 잘 설명해줍니다. 그레이엄의 회고록 《벤저민 그레이엄》은 그레이엄의 생애에 대해서 좀 더 깊이 알아볼 수 있습니다. 어빙 칸Irving Kahn 의 《벤저민 그레이엄, 금융 분석의 아버지The Father of Financial Analysis》는 국내에는 정식 출간이 안 되었는데, 킨들에서 무료로 구매할 수 있습니다. 그레이엄의 수익률을 상세히 분석해놓았습니다. 프레더릭 마틴이 쓴 《벤저민 그레이엄의 성장주 투자》도 상당히 재밌습니다. 《증권분석》 후기 버전에서 사라진 성장주 공식을 상세히 소개해주며, 성장주 투자의 기본적인 사고 체계도 잘 알려줍니다. 그레이엄에 관심 있는 사람이라면 꼭 일독을 권합니다.

워런 버핏

버핏은 직접 쓴 책은 없지만 관련 문서가 상당히 많습니다. 일단 직접 쓴 문서는 버크셔 해서웨이 주주서한과 버핏 파트너십 주주서한이 있습니다. 버크셔 해서웨이 주주서한은 회사의 홈페이지에 게재되어 있습니다. 버핏 파트너십 주주서한은 구글에 'buffett partnership letter'라고 검색하면 여기저기 저장되어 있습니다. 버핏이 직접 한 말은 주주총회의 Q&A가 가장 유명합니다. CNBC의 웹페이지(https://buffett.cnbc.com/annual-meetings/)에 1994년부터의 미팅 내역이 영상과 스크립트로 보관되어 있습니다. 그 외 포춘, 포브스, 월스트리트저널, 뉴욕타임스, CNN 등에 기고문과 인터뷰가 있습니다.

'1차 사료'가 너무 방대하다 보니 그것들을 편집한 문헌들도 많습니다. 리처드 코너스의 《워런 버핏 바이블》과 로렌스 커닝햄의 《워런 버핏의 주주 서한》이 한국에서는 가장 유명합니다. 주주총회의 Q&A만 별도로 편집한 《워런 버핏 라이브》가 《워런 버핏 바이블》과 세트로 있습니다. 《워런 버핏 바이블》은 2017년 주주총회까지, 《워런 버핏 라이브》는 2018년 주주총회까지 업데이트되었는데, 이후의 연차보고서와 주주총회는 《워런 버핏 바이블 2021》이라는 책으로 별도로 나왔습니다. 버핏FAQ라는 웹페이지(http://buffettfaq.com)에는 주주총회 Q&A를 주제별로 정리해놓았습니다. 2010년까지 업데이트되어 있습니다. 파트너십 시절의 주주서한을 편집한 책으로 제레미 밀러의 《워런 버핏, 부의 기본 원칙》도 있습니다.

버핏과 측근들을 인터뷰하여 쓴 책도 있습니다. 앨리스 슈뢰더의 《스노볼》은 버핏의 삶에 대해 가장 상세하게 알 수 있는 전기입니다. 책이 출간된 이후 버핏과 소원해졌다는 이야기도 있지만, 상당히 풍부한 내용을 담고 있습니다. 로버트 P. 마일스의 《워런 버핏이 선택한 CEO들》은 독특한 책인데요. 버크셔의 피지배 회사들의 대표이사들을 인터뷰해서 엮은 책입니다. 버핏은 훌륭한 경영진을 중시한다고 수없이 이야기하는데, 실제로 그가 선택한 CEO들은 어떤 사람인지 살펴볼 수 있습니다. 2000년까지의 사례만 실려 있어 아쉽지만 충분히 읽을 가치가 있습니다.

그 외 버핏의 투자법을 해설한 책은 아주 많습니다. 여러분이 읽고 계신 이 책도 어쩌면 그런 유형에 해당할지도 모르겠네요. 처음에는 이런 해설서로 시작하는 게 오히려 나을지도 모르겠습니다. 앞서 이야기한 버핏의 1차 사료는 너무 방대하고, 편집본들은 별도의 해설이 간접적으로 드러나다 보니 경험자 입장에서는 유익하지만 초심자 입장에서는 약간 어렵게 느껴질 수 있습니다.

가장 유명한 건 로버트 해그스트롬의 《워런 버핏의 완벽투자기법》입니다. 버핏의 사고방식과 실제 투자 사례를 잘 정리해놓았습니다. 로저 로웬스타인의 《버핏》도 유명합니다. 시대순으로 주요 에피소드를 정리해놓았습니다. 최근에 나온 책으로 캐럴 루미스의 《포춘으로 읽는 워런 버핏의 투자 철학》도 아주 재미있습니다. 당시 언론의 시각에서 버핏이 어떻게 비추어졌는지, 당대 금융계의 여러 이슈와 함께 살펴봅니다. 1999년 연설 등 버핏이 긴 호흡으로 한 발언의 전문을 확인할 수 있는 점도 매우 좋습니다. 저자는 버크셔 해서웨이 주주서한의 편집을 담당하는 사람으로서, 어찌 보면 누구보다 버핏을 잘 아는 사람이라고 할 수도 있겠습니다. 예페이 루가 쓴 《워런 버핏 투자의 역사》도 흥미진진합니다. 버핏의 주요 투자 건들을 실제 펀드매니저의 입장에서 다시 분석합니다. 당시에 버핏이 입수할 수 있었던 정보를 바탕으로 버핏이 무슨 생각을 하고 의사결정을 했는지를 상세히 되짚어봅니다. 우리가 버핏으로부터 무엇을 어떻게 배워야 할지를 생생하게 알려준다고 볼 수 있습니다. 스콧 채프먼의 《더 레슨》은 근래에 나온 버핏 관련 서적으로서 아주 훌륭한 책입니다. 풍부한 자료 조사를 거쳐 버핏의 개별 투자 사례를 상세히 분석합니다. 피터 린치, 존 템플턴에 대해서도 잘 설명해놓았습니다.

제가 처음 투자 공부를 시작할 때 읽었던 버핏 관련 서적으로는 티머시 빅의 《워런 버핏의 가치투자 전략》, 마키노 요의 《나는 사람에게 투자한다》, 제임스 알투처의 《워런 버핏 실전 투자》, 로렌스 커닝햄의 《그레이엄처럼 생각하고, 버펫처럼 투자하라》, 메리 버핏의 《주식 투자 이렇게 하라》 등이 있습니다. 오래된 책들이지만 버핏의 투자 역사가 워낙 길다 보니 이 책들에서도 배울 점이 많습니다.

피터 린치

피터 린치는 간단합니다. 저술은 본인이 쓴 책 세 권, 워스 매거진 기고문이 전부입니다. 시기순으로 보자면 아직 은퇴 전인 1989년에 《월가의 영웅》을 썼고, 1990년 은퇴 후 1993년 《이기는 투자》를 썼습니다. 1995년에 《투자 이야기》를 썼고, 워스 매거진은 1993년부터 1999년까지 연재했습니다. 난이도로 치면 《투자 이야기》가 가장 쉽습니다. 《이기는 투자》는 어렵다기보다는 《월가의 영웅》의 사례집이라고 보면 될 듯합니다. 워스 매거진 기고문은 홈페이지에는 없는데 인터넷 어디선가는 찾을 수 있습니다.

그 외 언론 인터뷰는 상당히 많습니다. 블룸버그, 배런스, 월스트리트저널 등 다양한 인터뷰가 있고 동영상도 있습니다. 린치의 인터뷰 응답은 아주 간결하고 명쾌합니다. 여러 풍파로 마음이 흔들린다면 린치의 인터뷰 영상을 보면서 마음을 가라앉히는 것도 좋습니다.

부록

벤저민 그레이엄
수익률 구하기

6장에서 이야기한 벤저민 그레이엄의 수익률은 구하는 과정 자체가 흥미로운 일이었기에 별도로 수록한다. 다음 장들에 나온 워런 버핏이나 피터 린치는 수익률을 검색하면 바로바로 나온다. 그렇지만 벤저민 그레이엄의 수익률을 찾기는 쉽지 않다. 쉽게 찾을 수 있는 수익률과 출처는 다음과 같다(사실 이 수익률의 출처를 찾기도 쉽지는 않았다).

- 20년간 연평균 20%: 《현명한 투자자》 후기
- 20년 이상 시장 대비 2.5%p 초과수익: 《스노볼 1》 p.386, p.591
- 연평균 17%: 《월가의 스승 벤저민 그레이엄 회고록》 서문, p.24, 세이모어 차트만

운 좋게 어빙 칸이 쓴 《벤저민 그레이엄-재무 분석의 아버지》에서는 그레이엄의 수익률을 상당히 촘촘하게 구해놓았다(비매품이다).

펀드매니저로서 그레이엄의 커리어는 크게 세 시기로 나눌 수 있다.

- '그레이엄 코퍼레이션' 시기 1923~1925년
- '벤저민 그레이엄 조인트 어카운트' 시기 1926~1935년

• '그레이엄-뉴먼 코퍼레이션' 시기 1936~1956년

해리스 형제의 자금을 운용한 1923년 7월부터 1925년까지는 회고록에서 '성공적', '높은 수익률'이라는 표현밖에는 찾을 수 없다.

어빙 칸의 《벤저민 그레이엄-재무 분석의 아버지》(p.85)에는 벤저민 그레이엄 조인트 어카운트 시기의 수익률을 연도별로 〈표 A-1〉과 같이 구해놓았다. 이 자료는 어빙 칸이 그레이엄의 회고록에서 부분부분 나온 숫자들을 모아서 지수화한 것이라고 한다(비교지수는 배당 재투자를 가정한 수치다).

표 A-1

벤저민 그레이엄 조인트 어카운트 시기 연도별 수익률

각 연도 말	벤저민 그레이엄 조인트 어카운트	S&P 500	다우
1925	100	100.00	100.00
1926	110	111.60	104.40
1927	150	153.56	138.10
1928	250	220.83	208.73
1929	200	202.05	177.80
1930	100	151.54	125.73
1931	80	85.62	65.93
1932	75	78.51	54.63
1933	115	121.15	94.16
1934	120	119.33	101.51
1935	180	176.13	145.06
연 수익률 (%)	6	5.80	3.80

1929~1932년 대공황 시기에 -70%를 겪었다. 얼마나 힘들었을지, 참. 이 시기 수익률을 다시 정리해보면 〈표 A-2〉와 같다.

여기 나온 S&P 500은 배당을 재투자했다고 하는데, 배당 재투자를 감안한 'S&P 500 TR' 지수와는 조금 차이가 있다. 일단 책에 나온 S&P 500 지수를 그대로 따라 수익률을 계산하였다. 어빙 칸도 밝히다시피,

표 A-2

1926~1935년 수익률

기간(연환산)	수익률	S&P 500	초과수익	다우	초과수익
대공황 이전 (1926~1928)[404]	35.7%	30.2%	5.5%p	27.8%	7.9%p
1926	10.0%	11.6%	-1.6%p	4.4%	5.6%p
1927	36.4%	37.6%	-1.2%p	32.3%	4.1%p
1928	66.7%	43.8%	22.9%p	51.1%	15.5%p
대공황 시기 (1929~1932)[405]	-26.0%	-22.8%	-3.2%p	-28.5%	2.5%p
1929	-20.0%	-8.5%	-11.5%p	-14.8%	-5.2%p
1930	-50.0%	-25.0%	-25.0%p	-29.3%	-20.7%p
1931	-20.0%	-43.5%	23.5%p	-47.6%	27.6%p
1932	-6.3%	-8.3%	2.1%p	-17.1%	10.9%p
대공황 극복기 (1933~1935)	33.9%	30.9%	3.0%p	38.5%	-4.6%p
1933	53.3%	54.3%	-1.0%p	72.4%	-19.0%p
1934	4.3%	-1.5%	5.9%p	7.8%	-3.5%p
1935	50.0%	47.6%	2.4%p	42.9%	7.1%p
조인트 어카운트 (1926~1935)[406]	6.1%	5.8%	0.2%p	3.8%	2.3%p

회고록의 띄엄띄엄 떨어진 수치를 근거로 한 것이기 때문에 공신력은 떨어진다.

'그레이엄-뉴먼 코퍼레이션' 시기는 1946년부터 공시자료가 있어서 좀 더 공신력이 있다. 그런데 이 또한 정리하기가 쉽지는 않다.

컬럼비아 비즈니스 스쿨 웹사이트[407]에는 그레이엄-뉴먼 코퍼레이션의 1946년부터 1956년까지의 주주보고서가 있다. 그레이엄의 수익률 계산은 매 회계연도 시작 시점의 순자산이 결산 시점에 얼마나 변동했는지를 기준으로 계산한다. 급여를 포함한 각종 비용을 제한 수치이며, 순자산의 일부를 배당한 이후 남은 값이 차기 회계연도의 시작 시점 순자산이 된다.

1946년 연차보고서에서는 설립 이후 1945년까지의 수익률을 간략하게 언급한다. 회계연도fiscal year가 아닌 역년calendar year 기준으로 1936년부터 1945년까지의 수익률을 두 시기로 나누어서 설명한다. 1936~1941년은 하락기였는데, 비교지수인 S&P 90이 -0.6% 하락하는 동안 'our over-all gain averaged 11.8%'라는 수익을 올렸다고 한다. 다음 기간인 1942~1945년은 상승장이었는데, S&P 90의 26.0% 대비 26.3%의 평균 수익률을 냈다고 한다. 두 기간 합산으로는 'averaged 17.6%'로서, 비교지수인 S&P 90의 10.1%, 다우지수의 10%를 앞질렀다 한다. 여기서 'average'는 기하평균이 아닌 산술평균이다.[408]

1936~1945년 수익률

기간	수익률	S&P 90	초과수익
1936~1941 산술평균	11.8%	-0.6%	12.4%p
1942~1945 산술평균	26.3%	26.0%	0.3%p
1936~1945 전체 산술평균	17.6%	10.1%	7.5%p

표로 그려보면 〈표 A-3〉과 같다.

1945년부터의 매년의 수익률은 연차보고서를 참고하면 되는데, 이게 또 쉽지 않다. 보고서의 보고 항목은 펀드 전체의 재무상황으로서, 보유 중인 자산과 부채, 순자산, 그리고 수익비용 내역이다. 보고서에서 가끔 텍스트로 수익률을 말해줄 때가 있지만, 그렇지 않은 경우가 많다. 일단 순자산의 증가분에 배당을 더해주면 대략의 수익률을 추정할 수 있다. 감사하게도 어빙 칸이 그 작업을 이미 해놓았다. 〈표 A-4〉를 보자.

각 행의 '지수'열을 보면 된다. 1945년 1월 31일의 지수를 100이라고 하고 배당금을 재투자한다고 가정했을 때 100원의 재산이 얼마로 불어나는지가 각 행 '지수'열의 값이다. 펀드의 주주들은 1949년 결산기에 펀드 한 주당 가이코 1.08주를 받을 수 있었다. 이는 주당 28.00달러 가

그레이엄-뉴먼 코퍼레이션의 투자 실적(가이코 제외)

	그레이엄-뉴먼 코퍼레이션					S&P 500	
	자산가치	배당	신주인수권 가치	지수	총수익률 (%)	총수익률 (%)	지수
1945/01/31	140.84	31.18	4.08	100.00			100.00
1946/01/31	140.51	33.20	5.00	126.89	26.89	42.76	142.76
1947/01/31	116.84	12.20		116.53	-8.16	-11.85	125.85
1948/01/31	114.13	17.10		130.88	12.31	-0.86	124.80
1949/01/31	97.56	5.20	28.00*	149.95	14.57	9.94	137.21
1950/01/31	106.57	10.55		180.02	20.05	19.51	163.98
1951/01/31**	123.25	12.00		228.46	26.91	35.66	222.45
1952/01/31**	125.79	17.75		266.07	16.46	17.96	262.40
1953/01/31**	136.11	9.24		307.44	15.55	15.12	302.08
1954/01/31**	128.67	9.03		311.04	1.17	14.36	345.46
1955/01/31**	101.82	44.42		353.51	13.65	46.36	505.61
1956/01/31**	89.61	32.77		424.89	20.19	24.11	627.52
1956/08/20**	93.11	20.27		537.60	26.53	12.32	704.82

*가이코 1.08주당 시장가격 27.00달러 포함
**10 대 1 주식 병합 반영

자료: 빙 칸, 《재무 분석의 아버지 벤저민 그레이엄》

치였고, 펀드 자산가치의 27.2%에 달했다. 원문에서는 이 금액과 배당 등이 펀드에 재투자되었다고 가정하여 수익률 지수를 산출하였다.

1945~1956년 전체 구간의 연환산 수익률은 15.7%[409]다. S&P 500은 18.4%로서, 시장을 -2.7%p 하회했다.

1945~1956년 수익률

기간(기말 시점)	수익률	S&P 500	초과수익
1946-01-31	26.9%	42.8%	-15.9%p
1947-01-31	-8.2%	-11.8%	3.7%p
1948-01-31	12.3%	-0.8%	13.1%p
1949-01-31	14.6%	9.9%	4.6%p
1950-01-31	20.1%	19.5%	0.5%p
1951-01-31	26.9%	35.7%	-8.7%p
1952-01-31	16.5%	18.0%	-1.5%p
1953-01-31	15.5%	15.1%	0.4%p
1954-01-31	1.2%	14.4%	-13.2%p
1955-01-31	13.7%	46.4%	-32.7%p
1956-01-31	20.2%	24.1%	-3.9%p
1956-08-20	26.5%	12.3%	14.2%p
전체 기간 연환산	15.7%	18.4%	-2.7%p

연도별 수익률과 초과수익을 계산해보면 〈표 A-5〉와 같다.

세 구간의 수익률을 다 구했으니 이제 이어 붙이면 그레이엄의 생애 전체 수익률을 구할 수 있겠다. 음, 그런데 그게 그렇지가 않다.

첫 번째 문제는 1936~1945년의 수익률이 산술평균 수익률이라는 것이다. 수익률의 중간 경로에 따라 산술평균과 기하평균은 차이가 난다. 예를 들어, 10%를 벌고 10% 잃으면 -1%가 된다. 20%를 벌고 20%

를 잃으면 -4%가 된다. 둘 다 산술평균 수익률은 0%다. 우리가 얻고자 하는 건 기하평균 수익률이다. 중간에 수익률의 변동폭이 클수록 산술평균은 기하평균에서 멀어진다.

어차피 세부 구간별 수익률을 구할 방도가 없으므로, 오차를 인정하고 1936~1941 구간과 1942~1945 구간의 매해 수익률이 산술평균 수익률과 동일하다고 가정하고 지수를 산출하였다. 이 경우 수익률이 과대계상되는데, 비교지수도 마찬가지 방법으로 해당 구간 동안 산술평균 수익률을 매년 동일하게 냈다고 가정하면 비교지수도 과대계상되기 때문에 약간은 보정이 된다. 그러나 두 구간 모두 시장 대비 초과수익이 났기 때문에 초과수익의 폭이 과대계상되는 문제는 여전히 남는다.

두 번째 문제는 1936~1945 구간은 역년calendar year 기준이고 1945~1956 구간은 회계연도fiscal year 기준이라서 발생한다. 그레이엄-뉴먼 코퍼레이션의 회계일은 1월 31일이다. 따라서 공시자료의 첫 연도 수익률 26.89%는 1945년 2월 1일부터 1946년 1월 31일까지의 수익률이다. 그런데 이미 1942~1945년의 수익률 계산에서 1945년에 26.4%를 반영하였는데, 이 두 수익률을 이어붙이면 1945년 2월 1일부터 12월 31일까지 11개월간의 수익률이 중복으로 포함된다. 해당 11개월간의 수익률을 발라낼 수는 없으므로, 비교지수도 동일한 방식으로 중복 계산하였다. 해당 기간 수익률이 높아서 절대수익에는 긍정적으로 기여하였으나, 지수를 하회했으므로 상대수익에는 부정적으로 기여하였을 것이다.

1926~1956년 수익률

기간	그레이엄	S&P 500 총수익률[410]	초과수익
조인트 어카운트(1926~1935)	6.1%	5.8%	0.2%p
대공황 이전(1926~1928)	35.7%	30.2%	5.5%p
대공황 시기(1929~1932)	-26.0%	-22.8%	-3.2%p
대공황 극복기(1933~1935)	33.9%	30.9%	3.0%p
그레이엄-뉴먼 코퍼레이션 (1936~1956)	16.5%	12.3%	4.1%p
1936~1941 산술평균	11.8%	-0.6%[411]	12.4%p
1942~1945 산술평균	26.3%	26.0%	0.3%p
1945~1956 연환산	15.7%	18.4%	-2.7%p
전체 시기(1926~1956)	13.1%	10.2%	2.8%p

※ 각 시기의 수익률은 연환산 기하평균 수익률, 1936~1941, 1942~1945 시기는 산술평균 수익률

이런 가정을 가지고 수익률을 이어붙여 보면 〈표 A-6〉과 같다. 본문에 사용한 〈표 6-1〉이 이것이다.

전체 시기 수익률은 13.1%, S&P 500 대비 2.8%p 초과수익을 냈다. 앞서 언급한 대로 중간에 수익률을 이어붙이는 과정에서 초과수익의 폭이 소폭 과대계상되었을 가능성을 감안하면 버핏이 언급한 2.5%p 초과수익과 대략 일치하는 값이다.

그렇다면 《현명한 투자자》에 나오는 '20년간 20%'는 무엇일까? 20년은 딱 봐도 '그레이엄-뉴먼 코퍼레이션' 시절, 즉 1936~1956년 기간이

다. 이 시기의 수익률은 16.5%인데, 이 또한 약간 과대계상된 수치다. 그리고 회고록의 '17%'는 또 무엇인가? 1929년 대공황을 포함하는 수익률이라고 했기 때문에 1936~1956년의 16.5%는 비슷한 값이기는 해도 다른 시기다(1929년부터 1956년까지의 수익률은 연평균 11.8%다).

그레이엄이 근거 없이 수익률을 과장했을 가능성을 배제한다면, 여기서 두 가지 가설을 세워볼 수 있다. 첫 번째는 보수 차감 전 수치일 가능성이다. 그레이엄의 펀드는 보수가 5%가량 되니까, '그레이엄-뉴먼 코퍼레이션' 기간의 16.5%에 5%p를 더해주면 21.5%로 얼추 들어맞는다. 전체 기간 수익률도 13.1%였는데 5%p를 더해주면 18.1%가 된다. 중간 과대계상된 시기가 포함된 걸 감안하면 회고록의 17%가 이 수치라고 생각할 수도 있다.

그런데 보수 차감 전 수익률은 고객이 가져갈 수 있는 수익률이 아니다. 그레이엄이 5%라는 (현재의 기준으로는) 어마어마한 보수를 가져가 놓고서는 본인의 성과를 자랑할 때 그 비용을 다시 포함시켰을 거라고는 생각하고 싶지 않다.

다음 가설은 가이코다. 1948년에 그레이엄 코퍼레이션은 가이코에 법이 허용하는 한도 이상으로 투자해버렸다가, 해당 주식을 전량 주주들에게 배당하였다. 그레이엄 코퍼레이션 한 주당 가이코 1.08주를 배당했는데, 어빙 칸은 그 가치가 향후에 어떻게 변동했는지를 추적하였다.

1949~1976년 가이코 수익률

가이코			
	주식 수	가격(달러)	평가액(달러)
1949/01/31	1.08	28.50	51
1950/01/31	2.16	57.25	124
1951/01/31	2.52	39.75	100
1952/01/31	3.60	38.50	139
1953/01/31	3.60	58.50	211
1954/01/31	3.96	88.25	349
1955/01/31	7.92	70.50	558
1956/01/31	8.55	66.50	569
1956/08/20	9.20	55.00	506
1960/12/31	29.40	90.88	2,672
1965/12/31	46.34	105.75	4,900
1970/12/31	111.14	51.94	5,773
1972 고가	222.27	63.75	14,170
1976/12/31	231.16	7.31	1,690

자료: 어빙 칸, 《재무 분석의 아버지 벤저민 그레이엄》

배당 시점에 51달러이던 평가액은 펀드 청산 시점인 1956년 8월 20일에 506달러로 늘어난다. 1948년 1월 31일 시점에 그레이엄 코퍼레이션 보통주 1주는 114달러였는데, 여기에 가이코 51달러의 증분을 더해줘서 1956년까지 가이코를 보유하는 것으로 가정하면 1936~1956년 수익률은 20.5%로 늘어난다. 또한 1926~1956년 전체 구간 수익률도 15.7%로 늘어난다. 근거를 알 수 없던 수치들과 얼추 비슷하다.

그레이엄은 《현명한 투자자》 후기에서 가이코를 계속 보유했고 펀드 고객들도 대부분 계속 보유했다고 하였다. 이 한 건의 투자로 20년간의 다른 모든 투자에서 번 이익보다 많은 돈을 벌었다며 '아이러니'라고 표현했다. [412]

이 건은 그레이엄의 탁월한 혜안, 그리고 그레이엄의 '사고 체계'를 얼마나 유연하게 적용할 수 있는지 보여주는 사례는 되겠지만, 수익률을 이야기할 때 실제로 포트폴리오에 존재하지 않은 증권을 수익률에 가상으로 끼워 넣어서는 안 된다. '역사에 만약은 없다'는 말도 있듯이, 이런 계산을 허용하면 수많은 사후확증편향을 수익률로 인정해버리게 된다(그레이엄은 가이코가 1976년, 고점 대비 30분의 1 토막이 날 때까지도 보유하고 있었다). [413]

숫자에 철저한 버핏은 그레이엄의 수익률이 '2.5%p 초과수익'이라고 하였고, 이는 내가 한 계산과 상당히 맞아떨어진다. 근거가 애매한 다른 두 수치는 그레이엄 본인의 저서에 등장한다. 둘 중에 골라야 한다면 제3자인 버핏의 손을 들어주어야 할 것 같다.

두 가설 중 첫 가설이 맞다고 하면 버핏의 주장과도 일치시킬 수 있다. 사모펀드는 GPGeneral Partner와 LPLimited Partner로 구성되는데, GP는 실제 운용을 하는 사람, LP는 돈만 맡기는 사람이다. 전체 번 돈에서 일부는 GP가 보상으로 가져간다. 버핏이 쓴 '그레이엄-도드 마을의 위대한 투자자들'에는 GP와 LP를 포함한 전체 수익률과 LP 수익률을 구분해서 표시한다. 이 책 본문에는 고객이 가져가는 돈인 LP 수익률만을 인용했는데, 전체 수익률을 함께 적어보면 〈표 A-8〉과 같다(빌 루안은 GP와 LP를 구분하지 않아서 생략).

6명의 샘플에서 평균적으로 5.72%p 차이가 난다. 앞서 그레이엄의 수익률 계산은 LP 수익률이므로, 여기에 단순하게 5.72%p를 더하면 GP 수익률을 대충 추측할 수 있다. 1936~1956 기간은 22.2%, 1926~1956 기간은 18.8%가 된다. 대략 모든 조각이 맞아떨어진다.

표 A-8

'그레이엄-도드 마을의 위대한 투자자들'의 수익률

투자자	기간	LP 수익률	비교 지수	초과 수익률	GP 수익률	GP-LP 차이
월터 슐로스	1956~1984	16.1%	8.4%	7.7%p	21.3%	5.2%p
톰 냅(트위디 브라운)	1968~1983	16.0%	7.0%	9.0%p	20.0%	4.0%p
워런 버핏(버핏 파트너십)	1957~1969	23.8%	7.4%	16.4%p	29.5%	5.7%p
찰스 멍거	1962~1975	13.7%	5.0%	8.7%p	19.8%	6.1%p
릭 게린(퍼시픽 파트너스)	1965~1983	23.6%	7.8%	15.8%p	32.9%	9.3%p
스탠 펄미터 (펄미터 인베스트먼츠)	1965~1983	19.0%	7.0%	12.0%p	23.0%	4.0%p

이 가설이 맞다면, 제3자인 버핏은 고객이 가져간 수익률을 기준으로 이야기했고, 본인인 그레이엄은 전체 펀드 수익률을 기준으로 이야기했다는 조금 씁쓸한 결론이 나온다. 어쨌거나 그레이엄도 사람 아니겠나.

남은 이야기

우리는 주식의 속성을, 그리고 대가들의 사고 체계를 해체하고 다시 조립했습니다. 주식이란 도대체 무엇인지부터 시작하여, 주식은 어떤 가치를 지니며, 가치와 가격의 관계는 어떠하며, 투자자로서 각 개인이 이 관계를 통해 돈을 벌기 위해서는 기업의 어떤 요소에 집중해야 하는지, 그리고 어떤 요소는 무시해야 하는지 공부했습니다. 나아가 여러 주식으로 구성된 포트폴리오는 어떻게 관리하는 게 좋은지도 배웠습니다.

이제 첫걸음일 뿐입니다. 대가들의 메시지를 단편적으로 받아들이는 것이 위험하기 때문에, 전반적인 체계를 재구성하는 과정이 이번 1권이었습니다. 사람이 머리로 이해하는 것과 몸으로 이해하는 건 다르죠. 실제 시장에 나가서 실제 기업들을 겪어보고, 깨져보고, 후회하고,

고통받는 과정을 겪지 않고서는 대가들의 사고 체계가 진정으로 어떤 의미였는지 느낄 수도, 나만의 사고 체계를 만들어낼 수도 없습니다.

인간의 학습 과정은 자본시장에 적합하지 않다는 이야기는 여러 번 했습니다. 그러나 변하지 않는 진실은, 인간은 경험을 통해 학습한다는 사실입니다. 연역적인 사고 체계는 경험 위에 존재하는 것이 아니라, 경험을 학습으로 만들기 위한 가이드라인, 쉽게 말하면 음식의 흡수를 도와주는 보조제 역할에 가깝습니다.

다음 책에서 우리는 실제 기업들을 어떤 관점으로 분석할 수 있을지, 기업의 가치는 어떻게 평가할 수 있는지를 알아볼 예정입니다. 이 과정을 거치다 보면 궁극적으로 기업의 경영진이 어떤 마음가짐으로 일하는지가 중요하다는 점으로 이어질 것이며, 경영진을 평가하는 기준에 대해서도 살펴볼 것입니다.

이 모든 과정의 최종 결론으로서, 필립 피셔가 등장합니다. 필립 피셔의 투자법은 단순히 '성장주 장기투자'라고 알려져 있습니다. 필립 피셔의 투자법을 깊이 이해하기 위해서는 아주 많은 '빌드업'이 필요합니다. 2권의 전반부를 쭉 이해하고 나면, 필립 피셔의 투자법에 대해서 완전히 새로운 시각으로 접근할 수 있을 것입니다. 필립 피셔의 투자법을 설명하기 위해서는 별도의 책 한 권이 필요하다고 입버릇처럼 말하곤 했었는데, 드디어 그 책을 썼습니다. 아마도 재미있을 겁니다.

주석

01. 굳이 열심히 해야 하나

1. 주식, 이 특이한 자산

1 제레미 시겔, 《주식에 장기투자하라》, 도표 5-1, 이레미디어, 2015

2 금융투자협회 2013. 1. 9 보고서, '무엇이 위험자산인가'

3 http://m.fundsolution.co.kr/upload/FOK/content/20180315012805233.pdf

4 같은 자료

5 배당수익률 자료를 1992년부터 구할 수 있어서 1992년부터의 배당수익률만 반영하였다.

6 https://www.berkshirehathaway.com/letters/2011ltr.pdf 버크셔 해서웨이 주주서한, 2011

2. 창의성과 정직함

7 경영에 관여하지 않고 단순 투자만 했을 경우다.

8 캐럴 루미스, 《포춘으로 읽는 워런 버핏의 투자 철학》, p.394, 비즈니스맵, 2022

9 앨런 그린스펀, 《미국 자본주의의 역사》, 4장 거인의 시대, 세종서적, 2020

10 앨런 그린스펀, 같은 책, 머리말 '시작하기에 좋은 시대'

11 스콧 채프먼, 《더 레슨》, p.235, 길벗, 2022

12 스콧 채프먼, 같은 책, p95

3. 항상 괴로운 투자자

13 게이머(게임 참여자)와 딜러를 합쳐서 한 시스템으로 보았으므로 '닫힘 시스템'이고 '제로섬 게임'이다. 딜러를 시스템 외부로 정의하고 게이머만 놓고 본다면 '열린 시스템'이고 '마이너스섬 게임'이다.

14 마이클 모부신, 《통섭과 투자》, 표 7.2, p71, 에프엔미디어, 2018

15 에헴

16 그나마 OECD 경기선행지표, 한국의 월간 수출 데이터 등은 주가지수에 꽤 선행성이 있는 것으로 알려져 있다. 이것만 가지고 투자 의사결정을 하기에는 초과수익의 폭이 미

미하기는 하지만.

17 실제로는 여기에 '슬리피지'라는 어마어마한 비용이 추가된다. 홍진채, 《주식하는 마음》, 1장 참고, 유영, 2020

18 https://cm.asiae.co.kr/article/2021082409513821824

19 이안 로버트슨, 《승자의 뇌》, 2장 '변신 물고기의 미스터리', 알에이치코리아, 2013. 이 외에도 사냥을 위해서 단기적인 움직임에 좀 더 민감하게 반응하도록 진화했기 때문이 아닌가 하는 가설도 세워볼 수 있다.

20 홍진채, 《주식하는 마음》, 2장 '사이클과 거짓 학습' 참고. 도파민은 인식된 패턴에 대한 확신의 정도를 높여준다.

21 김민기, 김준석, 코로나19 국면의 개인투자자: 투자행태와 투자성과. https://www.kcmi.re.kr/report/report_view?report_no=1243

4. 여기서 그만두셔도 됩니다

22 잭 슈웨거, 《초격차 투자법(Unknown Market Wizards)》, 리더스북, 2021

23 Andrew Mauboussin and Samuel Arbesman, *Differentiating Skill and Luck in Financial Markets With Streaks*

24 조던 엘렌버그, 《틀리지 않는 법》, 7장 주석 35, 열린책들, 2016

25 4년 연속 승리 횟수가 유일하게 시뮬레이션보다 실제 횟수가 낮았다는 점이 흥미롭다. 3년간 시장을 이기고 나면 자만심에 빠져서 4년 차에는 오히려 나쁜 성과를 내게 된다는 뜻일까? 그 자만심을 극복한 사람들만이 5년 차 이후까지 승리할 수 있다는 뜻일까? 혹은 산업의 사이클 혹은 시장의 중기적인 흐름이 3년 정도 주기로 반복되어, 그 이전의 실력이 이후에는 작동하지 않는다는 뜻일까? 실력도 3년 이내의 단기적인 실력과 5년 이상의 장기적인 실력으로 구분할 수 있다는 뜻일까?

26 켄 피셔, 《3개의 질문으로 주식시장을 이기다》 p.262, 비즈니스맵, 2018

27 블랙락의 'iShares MSCI ACWI', 한화자산운용의 'ARIRANG 글로벌MSCI'

28 VTI와 구분해야 한다. VTI는 'Vanguard Total Stock Market'이라는 '미국 주식시장 전체'에 투자하는 상품이다. 미국 시장에만 투자하고 싶다면 이 ETF도 좋다.

5. 어서 오게, 인간

29 호재가 터졌을 때 주식을 파는 걸 '셀 온 더 뉴스'라고 표현한다. 2021년, 이런 상황을 여러 번 겪은 투자자들은 "우리 새론이 또 왔냐"라는 우스개를 만들어내기도 했다. 비슷한 용어로 '선반영'을 풍자한 '킹반영'도 자주 쓰였다.

30 물론 운동에도 정체기가 있다. 정도의 차이가 유의미하게 있다. 여기에 대해서 상세하게 논의하고 싶다면 마이클 모부신 《운과 실력의 성공 방정식》(에프엔미디어, 2019)이라는 책을 참고하기 바란다.

31 버핏의 매매를 그대로 추종하고 싶다면 버핏이 관리하는 회사인 '버크셔 해서웨이'의 주식을 사는 아주 간단한 방법이 있다. 버크셔의 주식을 사지 않고 버핏의 투자법을 연구하는 이유가 도대체 무엇인가? 정말 진지하게 던져보아야 할 질문이다. 이 질문에 대한 대답이 이 책의 이후 내용 전체를 대변한다.

32 스콧 채프먼, 《더 레슨》, 서문

33 유럽의 개인투자자라서 〈표 5-1〉의 목록에서는 빠진 듯하다.

34 로버트 해그스트롬, 《워런 버핏의 완벽투자기법》, 서문, 세종서적, 2021

35 눈치챘겠지만, 서두의 인용구는 '사각형'이 '구'에게 하는 말이 아니라, '구'가 '사각형'에게 4차원의 존재를 부정하며 하는 말이다.

6. 그레이엄, 여전히 너무나 저평가된

36 '그레이엄-뉴먼 코퍼레이션'은 17년 후 워런 버핏을 직원으로 맞이한다.

37 벤저민 그레이엄, 《현명한 투자자》, p.370, 국일증권경제연구소, 2022(개정4판)

38 앨리스 슈뢰더, 《스노볼 1》, p.591, 알에이치코리아, 2021

39 벤저민 그레이엄이 활동하던 시기에는 S&P 500 지수가 존재하지 않았고, S&P 90 지수를 사용하였다. 현재 우리가 보는 S&P 500 지수는 1957년에 도입되었고, 그 이전의 수치는 시뮬레이션 자료이다. S&P 90 지수와 S&P 500 시뮬레이션 지수의 비교는 다음 사이트에서 확인할 수 있다. https://globalfinancialdata.com/the-sp-composite-before-1957#:~:text=Basically%2C%20the%20S%26P%2090%20was,indices%20between%201928%20and%201957

40 필립 피셔의 아들 켄 피셔가 운용하는 회사인 '피셔 인베스트먼츠'는 200조 원에 달하는 돈을 운용하면서 비교지수를 연평균 4%p가량 초과한 것으로 알려져 있다.

41 현재 헤지펀드들의 보수는 기본보수 2%에 성과보수 20%(허들은 5~10% 수준) 정도다. 5% 허들에 10% 수익률을 냈다면 원금 대비 3%를 보수로 가져간다.

42 어빙 칸,《벤저민 그레이엄-재무분석의 아버지》, p.30, 에프엔미디어, 2019

43 최초의 펀드는 1860년 영국에서 설립된 Colonial Investment Trust이고, 미국 최초의 펀드는 1893년 보스턴에서 설립된 Boston Personal Property 등이 있다.

44 아이러니하게도, 뮤추얼 펀드의 가장 과거의 성과까지 추적한 자료 중 하나가 벤저민 그레이엄의《현명한 투자자》다.《현명한 투자자》9장을 참고하라. 여기서도 1961년이 한계인 것을 보면, 1926년의 펀드 수익률이 기록으로 남아 있다는 건 기적에 가깝다.

45 "It was Graham who provided the first reliable map to that wondrous and often forbidding city, the stock market. He laid out a methodological basis for picking stocks, previously a pseudoscience similar to gambling." Roger Lowenstein, *Buffett*, Chapter 3 'GRAHAM'

46 로버트 해그스트롬,《워런 버핏의 완벽투자기법》, 2장 '워런 버핏의 교육'

47 1945~1956년 기간에 지수 대비 -2.7%p 하회하였다. 아주 나쁜 성과는 아니다. 비용 차감 전이라면 지수는 상회했을 것이다. 그러나 남의 돈을 받고 사업을 하는 중이라면 사업을 그만두기에 충분한 수익률이다.

48 어빙 칸,《벤저민 그레이엄-재무분석의 아버지》, p.58, 에프엔미디어, 2019

49 어빙 칸, 같은 책, p.87

50 이 목록에는 안 나오지만, 존 템플턴도 그레이엄의 제자였다. 스콧 채프먼《더 레슨》 p.75 참고

51 정말 엄밀하게 하려면, '그레이엄의 지적 체계를 공유하는 사람'의 전체 모수를 찾고, 이들의 수익률을 모조리 추적하여 초과수익을 내는 그 빈도가 귀무가설 대비 얼마나 높은지를 봐야 하겠지만 그건 다른 연구자의 몫으로 남겨두겠다.

52 글렌 아널드,《가치투자의 거장들》, p122, 국일증권경제연구소, 2011

53 글렌 아널드, 같은 책, p182

54 애덤 스미스의《국부론》에서 '보이지 않는 손'은 단 한 번 등장한다. 그 뉘앙스도 '의도치 않은 사이드 이펙트'를 비유적으로 표현한 것이지, 시장 원리가 만능임을 주장한 게

아니다. 애덤 스미스가 주장하고자 했던 바는 시장의 효율성이 아니라, '국가의 부유함이란 왕실 창고에 쌓인 금덩어리의 양이 아니라 국가 전체의 생산력이 높아지고 평범한 개인이 성실한 노동의 결과로 누릴 수 있는 제품과 서비스의 질이 높아지는 것'이다. 생산성을 높이는 수단으로서 국가 주도의 계획보다는 각 개인의 자유로운 거래에 맡기는 것이 더 뛰어날 수 있음을 이야기하면서 '보이지 않는 손'이라는 용어가 한 번 등장할 뿐이다. 자유방임을 주장하는 쪽, 그리고 그를 비판하는 쪽 모두 《국부론》을 실제로 읽어본 사람은 손에 꼽을 정도로 적을 거라고 확신한다.

55 Buffett had read Graham's new book, The Intelligent Investor, while at Lincoln, and had found it highly captivating. Wood, Buffett's housemate, said, "It was almost like he had found a god." Roger Lowenstein, *Buffett*, Chapter 2 'RUNAWAY'

56 버크셔 해서웨이 주주서한 2013. P21. "I can't remember what I paid for that first copy of The Intelligent Investor. Whatever the cost, it would underscore the truth of Ben's adage: Price is what you pay, value is what you get. Of all the investments I ever made, buying Ben's book was the best (except for my purchase of two marriage licenses)."

57 대니얼 피켓, 이건 역, 《워런 버핏 라이브》, 1995년 Q1, 에프엔미디어, 2019

58 이건 역, 《워런 버핏 바이블 2021》, 7장 시장에 대한 관심, 코로나19와 주식시장(Q2020-1), 에프엔미디어, 2021

59 티모시 빅, 《워렌 버핏의 가치투자 전략》, p.180, 비즈니스북스, 2005

60 이건 역, 《워런 버핏 바이블》, 1장 '주식 투자, 어떻게든 해보시죠'(2013), 에프엔미디어, 2017

61 대니얼 피켓, 이건 역, 《워런 버핏 라이브》, 1997년 Q4

62 벤저민 그레이엄, 《현명한 투자자》, p.356

63 앨리스 슈뢰더, 《스노볼 1》, p.290

64 실제로 많은 투자자가 ④번 구간에서 전량 매도를 한 이후에 주가가 두세 배 더 올라버리는 경험을 종종 한다. 그때의 멘탈을 다잡을 자신이 없다면 아주 소량은 남겨두는 게 정신건강에 좋다. '가치투자'를 지향하는 투자자들에게는 뺨 맞을 이야기지만.

65 벤저민 그레이엄 & 데이비드 도드, 《증권분석》 6판, pp.98~99, 리딩리더, 2012

66 https://www.berkshirehathaway.com/letters/1993.html 버크셔 해서웨이 주주서한

1993년

67 명확한 논의를 원하는 독자를 위해서 단서를 달자면, 각 주사위의 눈금이 나올 확률이 동일하고, 이겼을 경우의 이익과 졌을 경우의 손실이 동일하다고 가정한다.

68 벤저민 그레이엄 & 데이비드 도드, 《증권분석》 6판, p.124. "몬테카를로 카지노에서 룰렛은 19 대 18의 비율로 카지노에 유리하다. 따라서 판돈이 37달러 걸릴 때마다 카지노는 평균적으로 1달러씩 번다. (…) 참가자의 승리 확률이 19 대 18로 유리해졌다고 해보자." 《현명한 투자자》 20장에는 승리했을 때 버는 금액을 35달러와 39달러로 바꾸어가며 예를 든다.

69 벤저민 그레이엄, 《현명한 투자자》, 7장 '공격적 투자자의 포트폴리오 전략: 해볼 만한 투자'의 '성장주 투자'

70 벤저민 그레이엄, 《현명한 투자자》, "성장주에는 투기 요소가 많아서, 일반인이 단순하게 투자할 대상이 절대 아니다(p.88)." "성장주는 지나치게 불확실하고 위험하므로 방어적 투자에 적합하지 않다(p.89)." "따라서 나는 공격적 투자자에게 성장주 투자를 추천하지 않는다(p.118)."

71 프레더릭 마틴, 《벤저민 그레이엄의 성장주 투자법》, p.42, 부크온, 2022

72 벤저민 그레이엄, 《현명한 투자자》, p.360

73 국일증권경제연구소 2020년 새 번역 기준으로 추천사/부록 제외 69회 등장. 4판 원문에서 'growth stock'은 44회 등장. 'value stock'이 등장하지 않는 것은 동일

74 벤저민 그레이엄, 《현명한 투자자》, p.211

75 2022년 3월 17일 기준

76 이론적 배경은 좀 더 과거로 거슬러올라간다. 루이 바슐리에가 1900년 주가의 무작위 운동을 설명하는 박사 학위 논문 〈투기 이론(Theorie de la Speculation)〉을 발표했다. 이후에 폴 쿠트너(1964)와 폴 새뮤얼슨(1965)이 이 연구를 발굴하여 학계에 알렸고, 1970년 유진 파마가 박사학위 논문 〈주가의 무작위 운동(Random Walks in Stock-Market Prices)〉을 발표하면서 효율적 시장가설의 포문을 열었다.

77 Barr Rosenberg, Kenneth Reid, and Ronald Lanstein(1985), *Persuasive evidence of market inefficiency*

78 Fama & French(1992), *The Cross-Section of Expected Stock Returns*

79 Louis K.C. Chan & Josef Lakonishok(2004), *Value and Growth Investing: Review and*

Update

80 대니얼 피컷, 이건 역, 《워런 버핏 라이브》, 2000년 Q2

81 모건 하우절, 《돈의 심리학》, 12장 '한 번도 일어난 적 없는 일은 반드시 일어나게 마련이다', 인플루엔셜, 2019

82 벤저민 그레이엄, 《현명한 투자자》, p.142

83 과거에는 컨센서스 데이터가 없기 때문에 12개월 forward PER을 구할 수 없다. 12개월 trailing PER은 기복이 너무 심하여 의미를 뽑아내기 어렵다. 따라서 Multpl.com의 자료를 기반으로 12개월 forward PER을 재구성하였다. 과거 5년간의 평균 EPS를 구하고, 해당 EPS값을 기반으로 성장률 전망치 5.5%에 해당하는 멀티플(1.170882)을 곱하여 가상의 forward EPS를 산출하였다. 엄밀한 연구에서는 사용할 수 없는 나이브한 방법이지만 대략의 추이를 파악하는 데에는 도움이 되리라 본다.

84 https://www.multpl.com/s-p-500-earnings-growth/table/by-year

85 https://insight.factset.com/sp-500-earnings-season-update-february-11-2022

86 https://www.multpl.com/s-p-500-pe-ratio/table/by-year

87 https://insight.factset.com/sp-500-earnings-season-update-may-6-2022

88 보통은 PER의 결정변수로 금리를 이야기하는데, 그레이엄이 제시한 이 공식에는 금리도 들어가 있지 않다. 결정변수를 줄이고도 다른 공식과 유사한 값을 뽑아낼 수 있는 공식은 실무적으로 엄청나게 유용하다. 《현명한 투자자》에는 "더 정교한 공식으로 산출되는 결과와 매우 비슷하다"라고 하였는데, 더 정교한 다른 공식은 《증권분석》 4판(1962)에 나온다. 현재의 6판에서는 찾아볼 수 없으며, 프레더릭 마틴의 《벤저민 그레이엄의 성장주 투자법》에서 그 전문을 확인할 수 있다.

89 대니얼 피컷, 이건 역, 《워런 버핏 라이브》, 1997년 Q3

90 리처드 코너스, 이건 역, 《워런 버핏 바이블 2021》, 14장 학습과 삶의 지혜, 학습 기계와 소문(Q2017-51)

91 〈그림 6-6〉에서 보듯이, 1961년 이후 시장 PER이 고점을 찍은 이후 지속 하락한다. 거의 반토막이 난 PER은 1990년대가 되어서야 1960년대 수준을 회복한다. 그레이엄의 후예들이 '고점에서의 주가를 이론적으로 정당화한 사람'이라는 불명예를 안기지 않기 위해서 삭제해준 것 아닌가 추측한다. 그 이후의 주가 상승을 비롯하여 이 책을 쓰는 2022년 현재까지도 의미 있는 값을 뽑아내는 공식임을 생각하면 심히 안타깝다.

92 Common yardsticks such as dividend yield, the ratio of price to earnings or to book value, and even growth rates have nothing to do with valuation except to the extent they provide clues to the amount and timing of cash flows into and from the business. Indeed, growth can destroy value if it requires cash inputs in the early years of a project or enterprise that exceed the discounted value of the cash that those assets will generate in later years. Market commentators and investment managers who glibly refer to "growth" and "value" styles as contrasting approaches to investment are displaying their ignorance, not their sophistication. Growth is simply a component ¾ usually a plus, sometimes a minus ¾ in the value equation. - 버크셔 해서웨이 주주서한 2000. https://www.berkshirehathaway.com/2000ar/2000letter.html

93 한때 유행한 'PDR(Price to Dream Ratio)'에 대해서 이 책에서는 굳이 길게 논하지 않았다. 성장은 가치의 중요한 한 요소라는 명제를 납득할 수 있다면 PER이나 PDR이나 결국 같은 이야기라는 것을 알 수 있을 것이다. 자세한 논의를 원한다면 에프엔미디어에서 발간한 《버핏 클럽 이슈 4》의 기고문을 참고하기 바란다.

94 지폐는 국가가 보증하는 '채무 청산 수단(legal tender)'이다. 버핏은 2022년 주주총회에서 실제 지폐의 사진을 보여주면서 지폐에 적혀 있는 이 문장 때문에 지폐가 돈으로서 기능한다고 했다.

95 "The market may ignore business success for a while, but eventually will confirm it. As Ben said: 'In the short run, the market is a voting machine but in the long run it is a weighing machine.'" https://www.berkshirehathaway.com/letters/1987.html

96 강의에서 했다고 한다. https://www.albertbridgecapital.com/post/voting-machines-and-weighing-machines

97 평균회귀는 유전학에서 부모 세대의 특성이 평균에서 멀어져 있더라도 자식 세대의 특성은 높은 확률로 평균에 더 가까워지는 현상을 이야기한다. 예를 들어 부모의 키가 아주 큰 경우, 자녀의 키는 평균보다는 크지만 부모만큼 크지 않을 확률이 높다.

98 앤드류 로, 《금융시장으로 간 진화론》, 2장 '그렇게 똑똑한데 왜 부자가 못 됐습니까?', 부크온, 2020

99 흥미롭게도, 그레이엄도 이 질문을 받았다. 1955년 청문회에서 의장으로부터 "당신이 생각하는 가격대로 주가가 상승하는 과정이 어떻게 되느냐? 홍보라든가 무언가를 하

느냐?"라는 질문을 받았고, "그건 미스터리다. 아무도 모르고 나도 모른다"라고 대답했다. 'Stock Market Study - Hearings Before the Committee on Banking and Currency, United States Senate, Eighty-Fourth Congress, First Session on Factors Affecting the Buying and Selling of Equity Securities, March 1955' p.544 참고. 토비아스 칼라일은 《주식시장을 더 이기는 마법의 멀티플》에서 이를 두고 '경쟁' 때문이라고 해석하였다. 책 본문에서 곧 언급하겠지만, 실제로 그레이엄은 주가를 상승시키는 다양한 기술을 보유하고 있었다. 당시 그레이엄은 청문회에 금융시장 전문가로서 시장에 대한 이해를 돕기 위해 출석하였으므로, 자칫하면 주가 조작으로 오인받을 수 있는 본인의 '사업 기법'을 상세히 알려줄 필요는 없었을 것이다. 이 답변을 들은 의장은 "질문할 게 많지만 시간이 늦었으니 이만하도록 하겠다"며 청문회를 마무리했다.

100 헤지펀드의 창시자는 알프레드 윈슬로우 존스로 알려져 있으나, 벤저민-그레이엄이 그보다 조금 더 이른 시기에 헤지 전략을 기반으로 한 펀드를 운용하였다. 캐럴 루미스, 《포춘으로 읽는 워런 버핏의 투자 철학》, p.29. 존스의 'A. W. Jones & Co'는 1949년 시작했고, 그레이엄의 회사는 1936년 설립되었다.

101 벤저민 그레이엄, 《월가의 스승 벤저민 그레이엄 회고록》, 11장 '노던 파이프라인 전투', 굿모닝북스, 2004. 그레이엄은 록펠러 재단의 암묵적인 지원이 있었을 것이라고 추측하였다.

102 대니얼 피컷, 이건 역, 《워런 버핏 라이브》, 1990년 Q1. 1989년 주주서한에서도 동일한 내용이 나온다. "주식을 아주 싼 가격에 사면, 그 기업의 장기 실적이 형편없더라도 대개 근사한 이익을 남기고 팔 기회가 옵니다. (…) 그러나 청산 전문가가 아니라면 이런 기법을 쓰는 것은 바보짓입니다." (번역은 앨런 베넬로 저, 《집중투자》, 에프엔미디어, 2016에서 인용)

103 필립 피셔, 《필립 피셔의 최고의 투자》, p.147, 이든하우스, 2021

104 롤프 모리엔, 《벤저민 그레이엄》, 2부 6장 '담배꽁초 전략과 차익 거래 전략', 다산북스, 2022

105 The speed at which a business's success is recognized, furthermore, is not that important as long as the company's intrinsic value is increasing at a satisfactory rate. https://www.berkshirehathaway.com/letters/1987.html

106 송종식 님의 블로그에 가치와 가격이 작동하는 방식에 대하여 쉽게 설명한 탁월한 글이

있다. https://investor-js.blogspot.com/2019/09/feat.html

107 프레더릭 마틴, 《벤저민 그레이엄의 성장주 투자법》, p.42

108 홉스의 《리바이어던》, 스미스의 《도덕감정론》 등은 인간의 감각기관이 세계를 어떻게 인식하는지, 타인의 고통과 행복을 보고 무엇을 느끼는지 등으로부터 논의를 시작하여 사회의 옳고 그름을 논한다.

109 These are men who select securities based on discrepancies between price and value, but they make their selections very differently. (…) The overlap among these portfolios has been very, very low.

110 Fund consultants like to require style boxes such as "long-short," "macro," "international equities." At Berkshire our only style box is "smart." - 버크셔 해서웨이 주주서한 2010. https://www.berkshirehathaway.com/letters/2010ltr.pdf

111 벤저민 그레이엄, 《현명한 투자자》, p.16. 원서 전반에 걸쳐 'defensive investor'는 140회 등장, 'enterprising investor'는 68회 등장

112 벤저민 그레이엄, 《현명한 투자자》, p.38

113 인덱스 펀드의 개념은 1960년 에드워드 랜쇼(Edward Renshaw)와 폴 펠드스타인(Paul Feldstein)이 제창. 최초 구현은 1972년 7월 31일 인가된 Qualidex Fund이지만, 일반 대중이 투자할 수 있는 뮤추얼 펀드 형태는 뱅가드의 'First Index Fund'가 최초다.

114 대니얼 피컷, 이건 역, 《워런 버핏 라이브》, 2017년 Q13

115 이 말을 할 때마다 따라오는 질문이 있어서 다시 이야기한다. 나는 섹터/테마/스타일/액티브 ETF를 옹호하지 않는다. 시장 전체를 소유하는 것이 만인에게 권할 수 있는 좋은 투자법이고, 이를 구현하는 방법으로 특정 ETF 상품이 있을 뿐이다. 그 외의 세부적인 ETF는 초심자용이 아니라, 오히려 전문가에게 어울리는 상품이다.

116 "대부분 공격적 투자자들은 대상을 더 넓혀 과감하게 투자하는 편을 선호한다. 따라서 이들의 투자 영역은 (1) 보수적 기준으로도 확실히 고평가되지 않았으면서, (2) 전망이나 과거 실적 면에서 평균보다 확실히 더 매력적이라고 판단되는 모든 증권이 될 것이다. 그렇더라도 종목을 선정할 때에는 내가 방어적 투자자에게 추천한 다양한 질적 기준 및 가격 기준을 적용해야 한다." 벤저민 그레이엄, 《현명한 투자자》, p.267

117 But not for the careful investor who wants to be reasonably sure in advance that he is not committing the typical Wall Street error of overenthusiasm for good performance in earnings and in the stock market. 벤저민 그레이엄, 《현명한 투자자》, 13장 '상장회사 비교분석', 번역서 기준 p. 236

118 해당 페이지 제이슨 츠바이크의 주석, "Of the 'Nifty Fifty' stocks that were most fashionable and highly valued in 1972, Emery fared among the worst."

119 벤저민 그레이엄, 《현명한 투자자》, p. 264

120 벤저민 그레이엄, 《현명한 투자자》, p. 268

121 An investment operation is one which, upon thorough analysis, promises safety of principal and an adequate return. Operations not meeting these requirements are speculative.

122 나는 투자와 투기를 구분하는 것을 좋아하지 않는다. 일상생활에서 사용하는 투자와 투기의 구분은, 그레이엄처럼 엄밀하게 정의하고 이야기하는 것이 아니라 누군가를 비방하기 위한 의도로 하는 경우가 많다. 동일한 행위라도 건전하게 치장하고 싶으면 투자, 비난(혹은 자학)하고 싶으면 투기라고 부른다. 여기서는 그레이엄의 지적 체계를 이해하고자 함이니, 쓸데없는 고집은 접어두고 그레이엄의 정의에 따라 이야기를 진행하겠다.

123 신진오 저, 《현명한 투자자 해제》(국일증권경제연구소, 2020)에서 NCAV(순유동자산) 전략을 다룬다. 강환국 저, 《할 수 있다! 퀀트 투자》(에프엔미디어, 2017)에서도 NCAV를 비롯한 다양한 그레이엄 스타일 전략의 성과를 다룬다.

124 로렌 템플턴, 《존 템플턴의 가치투자전략》, pp. 74~75, 비즈니스북스, 2009

125 투자 능력은 해수면에 바짝 붙어 있다. 인간들은 얼른 주식 책을 덮고 코딩을 공부하도록 하자.

126 1993년 컬럼비아대학 강연에서 버핏은 한국 시장에서 1951년에 미국 주식을 보면서 받았던 그 느낌을 받았다고 한 적이 있다. 다음 링크 참고. https://www.quora.com/Warren-Buffett-does-not-do-DCF-according-Charlie-Munger-So-how-does-he-value-stocks

127 필립 피셔, 《필립 피셔의 최고의 투자》, p. 147

128 스콧 채프먼, 《더 레슨》, p. 76

129 《증권분석》에서는 125회, 《현명한 투자자》에서는 27회 등장한다. 《증권분석》이 기업분석과 가치평가에 대한 진지한 서적이니만큼 그 빈도가 급증하였으리라.

130 벤저민 그레이엄, 《현명한 투자자》, p. 146

131 벤저민 그레이엄, 《현명한 투자자》, p. 199

132 https://www.ifa.com/articles/impact_geico_benjamin_graham_warren_buffett_luck_gecko/

133 한편 버핏은 자서전에서 자기가 그레이엄보다 가이코를 더 제대로 평가했다고 주장했다. 앨리스 슈뢰더, 《스노볼 1》 p. 293에는 다음과 같은 문장이 나온다. "벤은 늘 가이코가 너무 비싸다고 했습니다. 그분의 기준으로 보자면 적절한 선택이 아니었습니다. 하지만 1951년 말까지 나는 내 순자산의 4분의 3에 가까운 금액을 가이코에 투자했습니다." 그레이엄은 가이코에 1948년에 투자하였고, 1976년 사망하는 해까지도 보유하였다. 버핏은 1952년에 매도했는데, 본인이 그레이엄보다 가이코를 더 제대로 평가했다는 버핏의 주장을 액면 그대로 받아들이기는 어렵다. 같은 책 P. 361에는 가이코를 워낙 좋아했지만 그보다 더 좋은 '웨스턴 인슈어런스'를 사기 위해 팔았다고 나온다.

134 워런은 화를 잘 내는 성격이 아니지만, 누군가 돈 문제로 자신을 속이려 든다는 생각이 들 때는 엄청난 고통과 분노를 느껴 눈에 불을 켜고 복수하려 들었다(앨리스 슈뢰더, 《스노볼 1》 p. 891). 1962년 버핏이 매수하기 시작했던 가격은 7. 60달러였고, 1965년에 당시 경영진 시베리 스탠턴에게 제시한 매각 가격은 11. 50달러였다. 경영진이 11. 375달러에 공개매수를 제시하자 '화가 난' 버핏은 평균 단가를 14. 86달러까지 올려가며 대량으로 추가 매수하여 1대 주주가 되었고, 경영진을 쫓아내고 회장 자리에 앉았다(스콧 A. 채프먼, 《더 레슨》, p. 259).

135 롤프 모리엔, 《벤저민 그레이엄》, 감수자 서문

136 앨리스 슈뢰더, 《스노볼 1》, p. 385. 이후 1956년 봄에 그레이엄은 버핏에게 파트너 자리를 제안하고 회사를 넘겨줄 구상을 했었다. 버핏이 이를 거절하면서 '그레이엄-뉴먼 코퍼레이션'은 청산 절차를 밟기 시작했다(같은 책, pp. 386~387)

137 1937년에 제자인 어빙 칸을 포함한 증권 애널리스트 18명과 함께 뉴욕증권애널리스트협회(NYSSA)를 설립하였다. 1940년에 CFA 시험 아이디어를 제안하였고, 1963년에 첫 시험이 실시되었다. NYSSA는 CFA 인스티튜트(1947년 설립) 산하 단체 가운데 회원이 가장 많다. 로널드 챈, 《가치투자자의 탄생》, p. 7 참고, 에프엔미디어, 2022

138 대니얼 피컷, 이건 역, 《워런 버핏 라이브》, 1997년 Q3

139 앨리스 슈뢰더, 《스노볼 1》, p. 364

7. 버핏, 범접할 수 없는 천재

140 https://buffett.cnbc.com/video/1997/05/05/afternoon-session---1997-berkshire-hathaway-annual-meeting.html 버크셔 해서웨이 주주총회 1997년, 오후 세션 챕터 32. It's what Newton said. He said, "If I've seen a little farther than other men, it's by standing on the shoulder of giants." And so Warren may have stood on Ben's shoulders, but he ended up seeing farther. And no doubt, somebody will come along in due course and do a lot better than we have.

141 https://www.forbes.com/billionaires/ 프로필 소개, "Known as the 'Oracle of Omaha', Warren Buffett is one of the most successful investors of all time."

142 https://www.bloomberg.com/billionaires/ 참고. 1위는 일론 머스크, 2위는 제프 베조스, 3위는 베르나르 아르노, 4위는 빌 게이츠, 5위는 워런 버핏, 6위는 래리 페이지, 7위는 세르게이 브린, 8위는 스티브 발머, 9위는 래리 엘리슨, 10위는 무케시 암바니다.

143 11개 파트너십을 설립했다가 1962년 1월 1일 '버핏 파트너십(Buffett Partnership)'이라는 이름으로 통합한다.

144 https://youtu.be/QozGSS7QY_U?t=4560. 10/3에 수정 TARP 법안이 미국 하원을 통과하였으나 별로 효과는 없었다. 10/13에 재무부는 9대 은행에 정부 지분 참여를 제안하였다. 버핏은 TARP 법안 통과 이후 폴슨에게 전화하여 채권 매입보다 자본 확충이 더 효과적일 것이라고 주장하였다. 제레미 시겔에 따르면 TARP 없이도 연준은 민간기관을 지원할 수 있었기에 TARP는 금융위기의 핵심이 아니며, 일종의 정치적 타협이었다고 한다.

145 https://archive.fortune.com/magazines/fortune/fortune_archive/2003/08/11/346814/index.htm

146 https://www8.gsb.columbia.edu/articles/columbia-business/superinvestors

147 https://www.ivey.uwo.ca/media/2975913/buffett-partnership-letters.pdf 여기서 파트너십의 주주서한 전체를 볼 수 있다. 본문의 인용은 1967년 10월 9일 서한이다.

148 I was younger, poorer and probably more competitive. Even without the three previously discussed external factors making for poorer performance.

149 1969년 5월 29일 서한. I hope limited objectives will make for more limited effort. It hasn't worked out that way. As long as I am "on stage", publishing a regular record and assuming responsibility for management of what amounts to virtually 100% of the net worth of many partners, I will never be able to put sustained effort into any non-BPL activity. If I am going to participate publicly. I can't help being competitive. I know I don't want to be totally occupied with out-pacing an investment rabbit all my life. The only way to slow down is to stop.

150 앨리스 슈뢰더, 《스노볼 1》, p.758. '은퇴'했다는 표현이 명시적으로 나온다. 그리고 사실 두 번째 은퇴다. 첫 번째 은퇴는 1956년, 그레이엄의 회사를 이어받지 않으면서 직장인으로서의 삶을 은퇴했다. 같은 책, p.388. "나한테는 약 17만 4,000달러가 있었고, 나는 은퇴를 했습니다."

151 앨리스 슈뢰더, 《스노볼 1》, pp.778~780

152 그러나 개인사는 상당히 어려웠다. 1975년에는 '웨스코'의 합병과 관련하여 불법행위를 하였다는 의심을 받으며 SEC의 조사를 받았다. 1977년에는 '버팔로 이브닝 뉴스'를 회생시키려다가 경쟁사로부터 반독점 소송을 당했다. 같은 해에 아내가 집을 떠났다.

153 앨리스 슈뢰더, 《스노볼 1》, p.780, 포브스 기고문 링크: https://www.forbes.com/2008/04/30/warren-buffett-profile-invest-oped-cx_hs_0430buffett.html?sh=520c2f956759(전문은 아님)

154 앨리스 슈뢰더, 《스노볼 1》, p.908, 포브스 기고문 링크: https://www.forbes.com/2008/11/08/buffett-forbes-article-markets-cx_pm-1107stocks.html?sh=53688e33765d(전문은 아님)

155 앨리스 슈뢰더, 《스노볼 1》, p.525

156 우리말로 하자면 '가즈아' 같은 느낌

157 버핏 파트너십 주주서한 1969.12.26, Q9

158 앨리스 슈뢰더, 《스노볼 1》, p.535

159 https://www.berkshirehathaway.com/letters/2021ltr.pdf

160 https://buffett.cnbc.com/video/2000/04/29/morning-session---2000-berkshire-hathaway-annual-meeting.html 버크셔 해서웨이 주주총회 2000년, 오전 세션 챕터 12

161 캐럴 루미스, 《포춘으로 읽는 워런 버핏의 투자 철학》, p.339

162 피셔 인베스트먼츠가 2,080억 달러, 오크트리 캐피털이 1,580억 달러, 브리지워터가 1,400억 달러, 르네상스 테크놀로지스가 1,300억 달러다. 1조 달러 위로는 블랙락, 뱅가

드 등 ETF 전문 운용사와 피델리티, 캐피털 등 종합자산운용사들 중에서도 최상위권 운용사들만이 남는다. 단일 수익률을 측정하는 게 의미없는 회사들이다.

163 2022년 현재까지 밝혀진 후계 구도는 이렇다. 보험업은 아지트 자인이, 기타 사업 운영은 그레그 에이블이, 투자는 테드 웨슐러와 토드 콤즈가 맡는다. 그리고 버핏의 아들인 하워드 버핏 등이 참여한 이사회가 경영진을 견제한다. 투자를 담당할 두 후계자가 많은 권한을 갖기는 하겠지만 버핏만큼의 권한은 아니다.

164 앨리스 슈뢰더, 《스노볼 1》, 8장 참고. 복리를 깨달은 것은 1941년이었고, 주식을 산 것은 1942년 봄이었다. 버핏은 1930년 8월생이므로 복리를 깨달은 때가 1941년 8월 이전이면 10살, 이후면 11살이다. 원문의 서술이 '이듬해(next year)'가 아니라 '1년 후(a year later)'인 것으로 보아 1941년 봄일 가능성이 크다.

165 존 롤스의 개념에서 따왔다. 스노볼, 1997년 주주총회와 1998년 주주총회 등에서 등장한다. https://www.sloww.co/ovarian-lottery/ 참고

166 https://www.nytimes.com/1932/06/16/archives/nations-birth-rate-showed-rise-1930-2203958-babies-were-born.html 출처에 따라 260만 명이라고도 한다.

167 대단히 부자였다는 언급은 없으나, 아버지 하워드 버핏이 명문고등학교를 나오고 로스쿨에도 진학한 점을 보면 부족하게 살지는 않았던 것으로 추측한다.

168 https://fifthperson.com/8-timeless-quotes-from-warren-buffett-about-life-business-investing/

169 1969년 10월 9일 버핏 파트너십 주주서한에서 빌 루안을 소개할 때 빌은 경영권 참여나 워크아웃 등의 기법은 사용하지 않았다고 하면서, 해당 기법은 버핏 파트너십의 주요 수익원이었다고 하였다. "Bill, of course, has not been in control situations or workouts, which have usually tended to moderate the swings in BPL year-to-year performance."

170 제레미 밀러, 《워런 버핏, 부의 기본 원칙》, 5장 '버핏투자조합 성공의 비밀', 북하우스, 2019.

171 티머시 빅, 《워렌 버핏의 가치투자 전략》, p.28

172 한국에서도 모 손해보험사가 비슷한 시도를 하였으나 성과가 좋지 않았다.

173 제레미 밀러, 《워런 버핏, 부의 기본 원칙》, 에필로그

174 1989년 말 매입하기 시작하여 1990년에 추가로 매입하였다. 1991년 연차보고서가 발표

되기 전까지는 아무도 그 사실을 알지 못했다. 앤드류 킬패트릭, 《워렌 버핏 평전 2》, 월북, 2008

175 버핏은 보험업을 담당하는 아지트 자인과 거의 매일 통화한다. 캐럴 루미스, 《포춘으로 읽는 워런 버핏의 투자 철학》, p. 425

176 한국에서는 펀드매니저나 개인투자자가 조금 수익률이 좋으면 '한국의 워런 버핏'이니 어쩌니 수식어를 붙이는데… 참 여러 생각이 든다.

177 현 세대의 펀드매니저는 뭐랄까, 규제에 갇혀서 보신만 추구하는 기형적인 형태가 되어 있다. 버핏이 1967년에 이야기한 '이 바닥은 원래 이렇게 흘러가는 건가' 싶은 한탄이 맞는 것 같기도 하다.

178 제레미 밀러, 《워런 버핏, 부의 기본 원칙》, 에필로그, 2011. 06. 25. 해당 문서에서 이야기하는 출처는 조 칼렌(Joe Carlen)의 《The Einstein of Money》다.

179 버핏은 방송 출연도 좋아하고 남을 가르치는 것도 좋아한다. 앨리스 슈뢰더, 《스노볼 2》 46장에는 IBM의 반독점 소송에 적극적으로 참여해서 증언하거나, 'Loving'이라는 드라마에 카메오로 출연하고 뿌듯해하는 모습이 나온다('Loving'이 아니라 동 작가의 다른 작품인 'All My Children'에 출연했던 것으로 보인다. CNBC의 관련 기사 https://www.cnbc.com/2008/03/20/warren-buffett-returns-to-daytime-tv-with-all-my-children-cameo.html와 'Loving' 비디오 카세트 판매 페이지의 설명 https://findingaids.library.northwestern.edu/repositories/6/archival_objects/499946 참고).

180 대니얼 피컷, 이건 역, 《워런 버핏 라이브》, 2000년 Q2. "가치주와 성장주의 차이는 뚜렷하지 않습니다. 기업의 가치는 그 기업이 창출하는 현금의 현재가치입니다. 그러므로 우리가 가치주와 성장주를 평가하는 방법은 다르지 않습니다."

181 시즈 캔디, 코카콜라, 아메리칸 익스프레스, 최근의 애플까지 가치가 성장하는 기업에 장기투자하여 큰 수익을 거둔 사례는 셀 수 없이 많다. 가이코에 마지막으로 투자했을 때에는 PER 19배였다. 스콧 채프먼, 《더 레슨》, p. 388

182 대니얼 피컷, 이건 역, 《워런 버핏 라이브》, 1997년 Q3

183 대니얼 피컷, 같은 책, 1997년 Q1

184 대니얼 피컷, 같은 책, 2014년 Q46. 괄호 안의 원래 내용은 "숲속에 있는 새가 몇 마리인지를 계산할 때"다.

185 https://www.berkshirehathaway.com/letters/1989.html 버크서 해서웨이 주주서한

1989. It's far better to buy a wonderful company at a fair price than a fair company at a wonderful price.

186 대니얼 피컷, 이건 역, 《워런 버핏 라이브》, 2003년 Q4

187 대니얼 피컷, 같은 책, 2014년 버크셔 창립 50주년 기념사

188 역자인 이건 선생님이 편역을 했기 때문에, 원서와는 구성이 다르다.

189 https://www.berkshirehathaway.com/letters/2011ltr.pdf 버크셔 해서웨이 주주서한 2011년, p.17. 'The Basic Choices for Investors and the One We Strongly Prefer'

190 번역하기가 의외로 까다로운데, 원문은 'denominated in a given currency'다. 캐럴 루미스 책에서는 '특정 화폐 기반의 명목가치가 부여된 투자 대상'으로, 《워런 버핏 바이블》에서는 '일정 금액으로 표시되는 투자'로 번역되었다. 예금, MMF, 채권, 모기지 등을 포괄하는 것으로 보아 고정된 원금에 약간의 이자가 붙는 형태의 자산, 즉 'fixed income'을 의미하는 것으로 보인다. '고정수익 자산'으로 번역하려니 MMF나 변동금리채권 등은 이자 금액이 변동하기 때문에 오해의 소지가 있다. '이자 발생 자산'이라고 해도 될 것 같은데 원문에서 너무 의역한 느낌이다. 예금도 엄밀히 말하면 채권이므로, 여기서는 '채권형 자산'으로 번역하였다.

191 윌리엄 번스타인, 《현명한 자산배분 투자자》, 3장, 에이지21, 2019

192 캐럴 루미스, 《포춘으로 읽는 워런 버핏 투자 철학》, p.626. 버크셔 주주서한 2011년 내용을 발췌한 기사의 요약

193 참고로, 주식이 일반적으로 인플레이션을 방어할 수 있는 자산이라고 확대 해석하면 안 된다. 주식이라는 전체 자산은 장기간으로 보면 인플레이션을 뛰어넘는 수익률을 보이긴 했지만, 2장에서 언급한 대로 이는 자본주의가 잘 기능한 결과이다. 인플레이션이 심각한 구간(예를 들어 미국의 1970년대)에서는 주식이 채권을 꽤 오랜 기간 하회하는 성과를 낸다. 버핏은 모든 주식이 일반적으로 인플레이션을 방어할 수 있는 것이 아니라, 인플레이션을 방어할 수 있는 '훌륭한' 특성을 가진 몇몇 기업에 투자함으로써 구매력을 보전한다. 캐럴 루미스의 《포춘으로 읽는 워런 버핏의 투자철학》 p.69에서 버핏은 주식을 선호하는 이유는 "부분적으로는 버릇이기 때문"이라고 하며, "기업을 소유하는 일은 금이나 농장을 갖는 일에 비해 훨씬 재미"있고, "주식은 이 인플레이션의 시대에서 최선의 대체품일지도 모릅니다"라고 하였다. 캐럴 루미스, 《포춘으로 읽는 워런 버핏의 투자철학》, p.70

194 https://www.berkshirehathaway.com/letters/2008ltr.pdf 버크셔 해서웨이 주주서한 2008, p.5, "Price is what you pay; value is what you get."

195 리처드 코너스, 이건 역, 《워런 버핏 라이브》, 2000년 Q2

196 리처드 코너스, 같은 책, 2014년 Q46. "당신이 내재가치를 계산하는 방식은 벤저민 그레이엄이 《증권분석》에서 제시한 방식과 어떻게 다른가요? (…) 내재가치는 기업이 문을 닫을 때까지 분배하는 모든 현금을 현재가치로 환산한 값으로 볼 수 있습니다. 그래서 '손 안의 새 한 마리가 숲속의 새 두 마리보다 낫다'라는 이솝의 말이 옳습니다. 투자자는 숲속에 새 두 마리가 확실히 있는지, 그 숲이 얼마나 멀리 떨어져 있는지를 따져보아야 합니다."

197 앨리스 슈뢰더, 《스노볼 2》, p.166, Ben Graham had always felt that if someone traded in stocks, this necessarily made him an outsider—because he had to be willing to displease a company's management. Buffett, who wanted to be liked by everyone, had been trying to bridge that gap since his earliest investing days when he became friends with Lorimer Davidson at GEICO.

198 메리 버핏, 《주식 투자 이렇게 하라》, p.325에는 그레이엄이 버핏에게 가르쳐준 차익거래 방정식이 등장한다. 기대수익률을 결정하는 주요 변수 중 '기대 보유 기간'이 분모에 들어가 있다. 회사와 싸워서 승패가 결정되기까지 기간이 길어질수록 기대수익률이 낮아진다.

199 https://www.berkshirehathaway.com/letters/2007ltr.pdf 버크셔 해서웨이 주주서한 2007. Charlie and I look for companies that have a) a business we understand; b) favorable long-term economics; c) able and trustworthy management; and d) a sensible price tag.

200 그레이엄의 1955년 청문회 증언에서 "경영진을 어떻게 평가하는가?"라는 질문에 "경영진은 선두기업을 평가하는 데 있어 가장 중요한 요소 중 하나지만 후발기업을 평가하는 데에는 그다지 필요하지 않다"고 답변하였다. 이후 이어지는 문답을 보면 오히려 경영진이 잘못된 경영을 하여 가치가 파괴된 경우에 개입하여 가치를 상승시키는 과정을 투자 기회로 활용함을 알 수 있다. 따라서 그레이엄은 본문의 3)이 투자해야 할 이유가 아니라 투자할 매력을 못 느낄 이유가 된다. 'Stock Market Study - Hearings Before the Committee on Banking and Currency, United States Senate, Eighty-Fourth Congress,

First Session on Factors Affecting the Buying and Selling of Equity Securities, March 1955' p. 520 참고

201 로버트 해그스트롬, 《워런 버핏의 완벽투자기법》, 2장 워런 버핏의 교육, '찰리 멍거'

202 대니얼 피켓, 이건 역, 《워런 버핏 라이브》, 2004년 Q27. 피셔를 소개해준 건 빌 루안이었다. 앨리스 슈뢰더, 《스노볼 1》, 26장 주석 36

203 엄밀히는 파트너십 시절인 1963년에 처음으로 투자했었고, 버크셔에서 투자한 시기는 1994년이었다.

204 아메리칸 익스프레스의 창고업 전문 자회사 하나가 뉴저지주 창고에서 샐러드 오일 탱크를 담보로 수령증을 발행, '얼라이드 크루드 오일 리파이닝'이라는 회사가 이 수령증으로 대출을 받았다. '얼라이드'는 사기 회사였고, 샐러드 오일 선물에 투자하다가 가격이 폭락하여 파산했다. 대출을 해준 은행은 아메리칸 익스프레스에게 1억 5,000만~1억 7,000만 달러가량의 손실 보상을 요구했고, 이에 대응하기 위해 담보로 잡았던 콩기름 탱크를 확인해보니 바닷물이었다. 앨리스 슈뢰더, 《스노볼 1》, p. 498부터 참고

205 예페이 루, 《워런 버핏 투자의 역사》, 4장 아메리칸 익스프레스 1964, 한스미디어, 2019

206 리처드 코너스, 이건 역, 《워런 버핏 바이블》, 14장 학습과 삶의 지혜, '학습 기계와 소문' [Q 2017-51]

207 이 과정은 버핏의 주식중개인이던 헨리 브랜트가 수행했다. 앨리스 슈뢰더, 《스노볼 1》, p. 497, p. 502

208 앨리스 슈뢰더, 《스노볼 1》, p. 508. "It is our feeling that three or four years from now, this problem may well have added to the stature of the company in establishing standards for financial integrity and responsibility which are far beyond those of the normal commercial enterprise."

209 캐럴 루미스, 《포춘으로 읽는 워런 버핏의 투자 철학》, p. 159

210 https://www.berkshirehathaway.com/letters/2021ltr.pdf 버크셔 해서웨이 주주서한 2021

211 2권 10장에서 자세히 다룬다.

212 논란의 여지가 있는 명제다. 버핏의 관점에서 할인율은 위험이 아니라 기회비용을 반영한다. 정통(?) 재무학의 관점에서 할인율은 위험이며, 위험은 변동성으로 측정한다. 여기에 대해서는 7장의 마지막 파트, 그리고 2권 10장에서 상세히 다룬다.

213 스콧 채프먼, 《더 레슨》, p.340

214 좀 더 친숙하게 표현하자면 "회산데 뭐라도 하겠지."

215 리처드 코너스, 이건 역, 《워런 버핏 바이블》, 1장 주식투자, '기적을 안겨준 기업' [Q2015-37]

216 리처드 코너스, 같은 책, 7장 버크셔의 기업 문화, '교통위반 딱지' [Q 2017-1]. 대니얼 피컷, 이건 역, 《워런 버핏 라이브》, 2018년 Q3에서는 재발 방지 대책을 세웠다며 좀 더 누그러진 모습을 보여주었다.

217 앨리스 슈뢰더, 《스노볼 1》, p.512

218 https://www.berkshirehathaway.com/letters/2007ltr.pdf 버크셔 해서웨이 주주서한 2007, p7

219 예페이 루, 《워런 버핏 투자의 역사》, 6장 내셔널 인뎀니티 컴퍼니

220 https://www.berkshirehathaway.com/letters/2007ltr.pdf 버크셔 해서웨이 주주서한 2007, p7. Just as Adam and Eve kick-started an activity that led to six billion humans, See's has given birth to multiple new streams of cash for us. 번역은 이건 선생님의 《워런 버핏 바이블》 번역을 그대로 사용

221 앨리스 슈뢰더, 《스노볼 1》, pp.663~664. 1991년 주주서한에는 순자산이 700만 달러였다고 나온다.

222 https://www.berkshirehathaway.com/letters/2007ltr.pdf 버크셔 해서웨이 주주서한 2007, p.7

223 https://www.berkshirehathaway.com/letters/1984.html 버크셔 해서웨이 주주서한 1984

224 버핏은 2007년 주주서한에서 "The capital then required to conduct the business was $8 million"이라고 하였다. 이 문장 전에는 "pre-tax earnings were less than $5 million"이라고 하였고, 이어서 "earning 60% pre-tax on invested capital"이라고 계산한다.

225 앞 주석에 이어, 800만 달러에 ROIC 60%를 곱하면 세전이익은 480만 달러. 그런데 앨리스 슈뢰더, 《스노볼 1》 p.663에서는 세전이익이 400만 달러라고 한다. 예페이 루의 자료를 참고하면 당시 법인세율은 48%였기 때문에, 순이익 208만 달러로부터 역산하면 세전이익은 400만 달러가 나온다. ROIC를 계산할 때의 R(이익)은 이자 지급 전 세전이익, 즉 EBIT를 사용한다. 버핏이 언급한 'pre-tax earning'은 EBT인데, 버핏의 실수였

다 치고 EBIT가 480만 달러, EBT가 400만 달러라고 하면 대략 맞아떨어진다. 그러나 순자산 500만 달러에 투하자본 800만 달러라면 300만 달러의 부채에 연 이자 80만 달러를 냈다는 건데, 아무리 고금리 시기라 하더라도 와닿지 않는다. 더 정교하게 모델링을 하려면 회사의 부채비율, 이자율, 실효세율 등을 알아야 하지만 그럴 수 없기 때문에 세전이익 400만 달러로 표에 기입하였다.

226 초과수익이 없다 함은 할인율만큼만 이익이 난다는 뜻이다. ROIC=WACC, ROE=COE가 되어 여기에 투하된 자기자본(순자산)은 경제적 부가가치가 발생하지 않고, 순자산 =CV가 된다.

227 2권 10장에서 자세히 설명한다.

228 대니얼 피컷, 이건 역, 《워런 버핏 라이브》, 2007년 Q15

229 대니얼 피컷, 같은 책, 1993년 Q3

230 https://www.youtube.com/watch?v=KIIEouO2yYM

231 https://www.berkshirehathaway.com/letters/1991.html 버크셔 해서웨이 주주서한 1991, "A Change in Media Economics and Some Valuation Math"

232 대니얼 피컷, 이건 역, 《워런 버핏 라이브》, 2018년 Q4.

233 리처드 코너스, 이건 역, 《워런 버핏 바이블》, 9장 버크셔 창립 50주년 기념사. "우리는 세금 등 마찰 비용도 부담하지 않으면서, 시즈가 창출하는 초과 현금으로 다른 기업들을 인수했습니다."

234 버핏은 실제로 이런 식으로 사고한다. 처음으로 집을 사면서 3만 1,500달러를 지불하고는 100만 달러쯤 되는 돈을 들였다고 느꼈고, 머리를 자를 때에는 "머리 자르는 데 30만 달러나 써야 한다고?"라고 하곤 했다. 앨리스 슈뢰더, 《스노볼 1》, pp. 420~421

235 https://buffett.cnbc.com/video/1997/05/05/afternoon-session---1997-berkshire-hathaway-annual-meeting.html 버크셔 해서웨이 주주총회 1997년, 오후 세션 챕터 17. 《워런 버핏 라이브》 1997년 Q9에도 해당 내용이 나온다. 원문은 "it's the first time we really stepped up for brand quality. And it was a very hard jump for us. We'd been used to buying dollar bills for fifty cents."

236 대니얼 피컷, 이건 역, 《워런 버핏 라이브》, 2014년 Q21

237 캐럴 루미스, 《포춘으로 읽는 워런 버핏 투자 철학》, pp. 147~148. 나머지 6개 회사는 버팔로 뉴스, 페치하이머 브라더스, 네브래스카 퍼니처 마트, 스콧 페처, 월드 북, 커비

238 https://www.berkshirehathaway.com/letters/2007ltr.pdf 버크셔 해서웨이 주주서한 2007

239 https://buffett.cnbc.com/video/1995/05/01/morning-session---1995-berkshire-hathaway-annual-meeting.html 버크셔 해서웨이 주주총회 1995년, 오전 세션 챕터 25. 이 챕터 'Economics of the moat and the castle'은 해자에 대한 강좌라고 해도 될 정도로 좋다.

240 https://www.berkshirehathaway.com/letters/2007ltr.pdf 버크셔 해서웨이 주주서한 2007

241 https://seekingalpha.com/article/4169027-tesla-tsla-q1-2018-results-earnings-call-transcript에서 전문을 확인할 수 있다.

242 First of all, I think moats are lame. It's nice sort of quaint in a vestigial way. If your only defense against invading armies is a moat, you will not last long. What matters is the pace of innovation. That is the fundamental determinant of competitiveness.

243 앤드류 로스 소킨(Andrew Ross Sorkin)은 질문자가 아니라 사전에 받은 질문을 읽어주는 사람이다.

244 가란(Garan Incorporated)의 의류 브랜드, 2002년에 버크셔가 인수했다.

245 멍거는 원래 성격이 안 좋다. 미팅 자리에서 남의 말을 듣는 둥 마는 둥 하고, 약속도 자주 어긴다(앨리스 슈뢰더, 《스노볼 2》, p.330 참고). (본인이 자초하긴 했지만) 살로먼 사건 당시 멍거와의 협상에서 학을 뗀 살로먼의 존 굿프렌드는 멍거를 '성격이 더럽고 저 혼자 잘난 척하는 인물'이라고 했다(《스노볼 2》, p.290).

246 "Then I'm going to build a moat & fill it w candy. Warren B will not be able to resist investing! Berkshire Hathaway kryptonite ⋯." 크립토나이트는 슈퍼맨의 약점이다.

247 https://www.cnbc.com/2015/03/31/buffetts-automotive-group-goes-shopping.html 2015년 테슬라의 직판 모델이 버크셔의 차량 딜러십 사업에 영향을 주지 못한다는 발언. https://lasvegassun.com/news/2016/may/02/buffett-vs-musk-the-clash-of-old-and-new-energy-ti/ 2016년 네바다주에서 NV 에너지와 솔라시티의 분쟁. 기타 "애플이 테슬라를 인수하는 것은 형편없는 아이디어"라든가, "공개매수 자금은 상세내역을 공시해야" 한다든가⋯.

248 https://www.youtube.com/watch?v=J1pkOYUG7_k "저는 일론 머스크에 대해서 나쁘

게 말한 적이 없습니다."

249 경제적 해자의 종류와 역할에 대해서는 팻 도시의 《경제적 해자》가 잘 설명해준다.

250 리처드 코너스, 이건 역, 《워런 버핏 바이블》, 1장 주식투자 '없애고 싶은 인물' [Q 2017-7]

251 https://www.berkshirehathaway.com/letters/2007ltr.pdf 버크셔 해서웨이 주주서한 2007

252 2020년 JD파워 IQS(초기품질조사)에서 테슬라는 250점으로 최하위를 기록하였다. 2021년에는 231점으로 최하위는 벗어났다(점수가 낮을수록 좋음). 최하위는 크라이 슬러와 아우디였다. 한편 테슬라는 JD파워의 샘플링 참여자 기준을 통과하지 못하여 35개 주에서만 측정된 비공식 기록이다. https://www.jdpower.com/business/press-releases/2021-us-initial-quality-study-iqs

253 https://www.berkshirehathaway.com/letters/1986.html 버크셔 해서웨이 주주서한 1986

254 감가상각이라는 용어가 익숙하지 않다면 2권 9장을 먼저 읽어도 좋다. 필립 피셔의 《위대한 기업에 투자하라》 p.163에서도 같은 맥락의 논의가 등장한다.

255 https://www.berkshirehathaway.com/letters/2007ltr.pdf 버크셔 해서웨이 주주서한 2007

256 2019년 1분기에 매수했다. 투자 부문 매니저인 토드 콤즈 혹은 테드 웨슐러의 결정 이라고 한다. https://buffett.cnbc.com/video/2019/05/06/morning-session---2019-berkshire-hathaway-annual-meeting.html 버크셔 해서웨이 주주총회 2019년, 오전 세션 챕터 20

257 리처드 코너스, 이건 역, 《워런 버핏 바이블》, 1장 주식 투자 [Q 2017-4]

258 대니얼 피컷, 이건 역, 《워런 버핏 라이브》, 1992년 Q8

259 시즈 캔디뿐 아니라 버팔로 뉴스에도 초창기에 가격에 개입했다. https://buffett.cnbc.com/video/2018/05/05/morning-session--2018-berkshire-hathaway-annual-meeting.html 버크셔 해서웨이 주주총회 2018년, 오전 세션 챕터 12.

260 김규식 변호사님은 증권신고서의 가치평가 항목에 할인율이 제시되는데, 이 할인율이 바로 기업이 주주에게 약속하는 수익률이라고 해석하였다.

261 교과서에 나오는 내용을 이야기해보자면, WACC(Weight Averaged Cost of Capital, 가중평균자본비용) 이상의 ROIC(Return on Invested Capital)를 내야만 EVA(Economic

Value Added, 경제적 부가가치)가 창출된다. 기업의 가치는 '현재 자기자본+회사가 미래에 창출할 EVA의 현재가 할인'이라고 볼 수 있다. EVA는 마이너스가 될 수 있으므로, 가치를 파괴하는 성장을 하면 기업의 가치는 장부가를 하회한다.

262 윌리엄 손다이크, 《현금의 재발견》, 8장 탁월한 CEO 투자자 _ 워런 버핏과 버크셔 해서웨이, 마인드빌딩, 2019

263 전문용어로는 한계기업

264 https://berkshirehathaway.com/letters/2020ltr.pdf 버크셔 해서웨이 주주서한 2020 p5. owning a non-controlling portion of a wonderful business is more profitable, more enjoyable and far less work than struggling with 100% of a marginal enterprise. (···) Whether Berkshire controls these businesses, however, is unimportant to us. (···) our conglomerate will remain a collection of controlled and non-controlled businesses. Charlie and I will simply deploy your capital into whatever we believe makes the most sense, based on a company's durable competitive strengths, the capabilities and character of its management, and price.

265 https://www.berkshirehathaway.com/letters/2007ltr.pdf 버크셔 해서웨이 주주서한 2007

266 https://buffett.cnbc.com/video/2020/05/04/berkshire-hathaway-annual-meeting-qa---may-02-2020.html 버크셔 해서웨이 주주총회 2020년, 파트 2 챕터 2

267 https://buffett.cnbc.com/video/2021/05/03/part-1---2019-berkshire-hathaway-annual-meeting.html 버크셔 해서웨이 주주총회 2021년, 파트 1 챕터 10

268 https://www.berkshirehathaway.com/letters/2007ltr.pdf 버크셔 해서웨이 주주서한 2007

269 https://www.newconstructs.com/3-reasons-amazons-cash-flow-trap-2/

270 대니얼 피컷, 이건 역, 《워런 버핏 바이블》, 1장 주식투자 [Q 2017-7]

271 앨리스 슈뢰더, 《스노볼 1》, p.361

272 앨리스 슈뢰더, 《스노볼 1》, p.495, Munger wanted Buffett to define the margin of safety in other than purely statistical terms.

273 버핏은 주식을 발행하여 기업을 인수하는 일을 매우 꺼린다. 1993년 덱스터 슈(Dexter Shoe)를 주식을 주고 인수했는데, 실패로 끝났다. 버크셔 주가가 상승할수록 덱스터 슈

를 매수하느라 치렀던 비용이 사후적으로 계속 더 커지는 느낌으로 다가왔을 것이다.

274 버핏의 아버지 하워드 버핏은 젊은 시절 보험을 팔기도 하였다. 앨리스 슈뢰더, 《스노볼 1》, p.89

275 앨리스 슈뢰더, 《스노볼 2》, p.399

276 앨리스 슈뢰더, 《스노볼 2》, p.302. 캐럴 루미스, 《워런 버핏의 투자 철학》 p.296에는 몇 백 주 샀다고 나온다. 원문은 'a hundred shares of stock'이므로 오역이다.

277 앨리스 슈뢰더, 《스노볼 1》, p.559

278 앨리스 슈뢰더, 《스노볼 2》, p.347

279 https://www.berkshirehathaway.com/letters/2007ltr.pdf 버크셔 해서웨이 주주서한 2007. To date, Dexter is the worst deal that I've made.

280 앨리스 슈뢰더, 《스노볼 2》, p.156. 이어지는 48~49장은 참 흥미롭다. 살로먼에서 시작 되어 LTCM까지 이어지는 일련의 과정은 영화 시나리오로도 손색이 없다. 해당 내용은 로저 로웬스타인이 《천재들의 실패(When Genius Failed)》(한국경제신문사, 2009)라는 책으로 펴냈다.

281 앨리스 슈뢰더, 같은 책, p.141. "So, Warren," he said. "You really want to invest in this, huh?" 버핏의 대답은 "흐음…"이었다.

282 〈그림 7-11〉의 왼쪽은 도식화하기 쉽게 '가치(min)'를 가격보다 낮게 그렸다. 안전마진 은 최소한의 가치보다 가격이 더 낮을 때 생기므로 예시의 그림에서는 안전마진이 마이 너스다. 그레이엄의 관점에서 투자 대상이 되려면 '가치(min)'가 '가격'보다 높아야 한다.

283 리처드 코너스, 이건 역, 《워런 버핏 바이블》, 1장 주식 투자. '세상이 아무리 바뀌어도' [Q2016-43]. "모든 투자 포지션에 대해 보유 근거를 지속적으로 재평가하고 있습니다."

284 캐럴 루미스, 《워런 버핏의 투자 철학》, p.76

285 리처드 코너스, 이건 역, 《워런 버핏 바이블》, 13장 버크셔 경영 실적 보고, '5년 단위 실 적 분석' [2010]

286 대니얼 피컷, 이건 역, 《워런 버핏 라이브》, 2010년 Q16. "관건은 능력 범위를 키우는 것 이 아니라 자신의 능력 범위를 정확히 파악하는 것입니다. 10~20년 후의 모습을 이해할 수 있는 기업 몇 개만 평가할 수 있으면 됩니다. 그러한 기업을 적정 안전마진에 매수하 면 좋은 실적이 나올 것입니다. 자신의 한계를 인식해 바보짓만 피하면 됩니다."

287 대니얼 피컷, 이건 역, 《워런 버핏 라이브》, 2013년 Q36

288 https://www.berkshirehathaway.com/letters/1989.html 버크서 해서웨이 주주서한 1989. It's no sin to miss a great opportunity outside one's area of competence. But I have passed on a couple of really big purchases that were served up to me on a platter and that I was fully capable of understanding.

289 빌 앤드 워런 쇼, 1998. 07. 20. https://archive.fortune.com/magazines/fortune/fortune_archive/1998/07/20/245683/index.htm Fannie Mae was one that was within my circle of competence. I made a decision to buy it, and I just didn't execute.

290 Investing is simple, but not easy

291 Defining what your game is-where you're going to have an edge-is enormously important. 출처: https://www.cnbc.com/2017/02/02/warren-buffett-simplifies-investing-with-a-baseball-analogy.html

292 대니얼 피컷, 이건 역, 《워런 버핏 라이브》, 1998년 Q3

293 리처드 코너스, 이건 역, 《워런 버핏 바이블》, 1장 주식투자 '어떻게든 해보시죠' [2013]

294 https://www.berkshirehathaway.com/letters/1989.html 버크서 해서웨이 주주서한 1989

295 https://www.berkshirehathaway.com/letters/1986.html 버크서 해서웨이 주주서한 1986

296 스콧 채프먼, 《더 레슨》, p.288. 원문은 2013년 CNN 인터뷰. "Marrying someone to change them is crazy, and I would say hiring someone to change them is crazy, and becoming partners with them to change them is as crazy."

297 캐럴 루미스, 《포춘으로 읽는 워런 버핏의 투자 철학》, p.376

298 포브스 인터뷰, 1969년 11월 1일

299 기사를 쓴 기자도 양적/질적으로 해석했다.

300 https://buffett.cnbc.com/video/1997/05/05/afternoon-session---1997-berkshire-hathaway-annual-meeting.html 버크서 해서웨이 주주총회 1997, 오후 세션 챕터 32. 주식을 사업으로 바라보고, 시장을 바라보는 적절한 관점을 가지고, 안전마진을 확보하면서 투자하는 법을 그레이엄으로부터 배웠다고 언급한다.

301 같은 자료, "Charlie did more of that than Phil did, actually."

302 의외로 출처를 찾기가 어렵다. 1985년의 TV 인터뷰가 원문인 것으로 보인다. https://

www.youtube.com/watch?v=vCpT-UmVf3g "The first rule of an investment is don't lose [money]. And the second rule of an investment is don't forget the first rule. And that's all the rules there are."

303 필립 피셔, 《보수적인 투자자는 마음이 편하다》, p.10, 굿모닝북스, 2005

304 "I mean that if you buy things for far below what they're worth and you buy a group of them, you basically don't lose money."

305 https://www.berkshirehathaway.com/letters/1993.html 버크셔 해서웨이 주주서한 1993

306 대니얼 피컷, 이건 역, 《워런 버핏 라이브》, 1993년 Q2

307 https://buffett.cnbc.com/video/2022/05/02/morning-session---2022-meeting.html 버크셔 해서웨이 주주총회 2022, 오전 세션 챕터 6. we have a — we have a — extreme aversion to incurring any permanent loss with your funds.

308 https://www.berkshirehathaway.com/letters/1988.html 버크셔 해서웨이 주주서한 1988. We expect to hold these securities for a long time. In fact, when we own portions of outstanding businesses with outstanding managements, our favorite holding period is forever.

309 대니얼 피컷, 이건 역, 《워런 버핏 라이브》, 2000년 Q1

310 리처드 코너스, 이건 역, 《워런 버핏 바이블》, 1장 주식 투자 '내 눈에 콩깍지' [2004]. Nevertheless, I can properly be criticized for merely clucking about nose-bleed valuations during the Bubble rather than acting on my views.

311 https://www.berkshirehathaway.com/letters/2016ltr.pdf 버크셔 해서웨이 주주서한 2016, p.20. Sometimes the comments of shareholders or media imply that we will own certain stocks "forever." It is true that we own some stocks that I have no intention of selling for as far as the eye can see (and we're talking 20/20 vision). But we have made no commitment that Berkshire will hold any of its marketable securities forever.

312 같은 문서. Confusion about this point may have resulted from a too-casual reading of Economic Principle 11 on pages 110~111, which has been included in our annual reports since 1983. That principle covers controlled businesses, not marketable securities. This year I've added a final sentence to #11 to ensure that our owners understand that we regard any marketable security as available for sale, however unlikely such a sale now seems.

313 https://www.berkshirehathaway.com/letters/1996.html 버크셔 주주서한 1996. "If you aren't willing to own a stock for ten years, don't even think about owning it for ten minutes."

314 https://www.berkshirehathaway.com/letters/1989.html 버크셔 해서웨이 주주서한 1989. What counts, however, is intrinsic value - the figure indicating what all of our constituent businesses are rationally worth. With perfect foresight, this number can be calculated by taking all future cash flows of a business - in and out - and discounting them at prevailing interest rates.

315 https://berkshirehathaway.com/letters/1992.html 버크셔 해서웨이 주주서한 1992

316 이 말도 유명하긴 한데 출처를 찾기가 어려웠다. 2005년 1월 28일 밴더빌트 대학 강연에서 했던 발언인 것으로 보인다.
http://www.tilsonfunds.com/BuffettVanderbiltnotes.pdf

317 https://buffett.cnbc.com/video/1996/05/06/afternoon-session---1996-berkshire-hathaway-annual-meeting.html 버크셔 해서웨이 주주총회 1996년, 오후 세션 챕터 29. 버핏은 "사람이 혼자 있을 때만 하는 일도 있지 않나, 찰리"라고 응수했다.

318 https://buffett.cnbc.com/video/2007/05/05/afternoon-session---2007-berkshire-hathaway-annual-meeting.html 버크셔 해서웨이 주주총회 2007년, 오후 세션 챕터 12

319 https://buffett.cnbc.com/video/2007/05/05/morning-session---2007-berkshire-hathaway-annual-meeting.html 버크셔 해서웨이 주주총회 2007년, 오전 세션 챕터 20.

320 앞서 소개한 1989년 주주서한의 문구에는 '미래를 완벽히 내다볼 수 있다고 가정했을 때(with perfect foresight)'라는 전제가 달려 있다.

321 리처드 코너스, 《워런 버핏 바이블》, 1장 주식투자 '우리 자신이 잘못' [2014]

322 대니얼 피컷, 이건 역, 《워런 버핏 라이브》, 1999년 Q5

323 대니얼 피컷, 같은 책, 1992년 Q8

324 리처드 코너스, 《워런 버핏 바이블》, 13장 버크셔 경영 실적 보고 '버크셔의 실적 평가 방법' [2009]

325 버핏의 이 발언은 버크셔 해서웨이의 성과를 측정하는 방안에 대한 이야기였다. 버크셔
는 배당을 거의 하지 않는다. 이 성과 측정 방식을 다른 기업의 가치평가에 일반화해서
적용하려면 배당금을 더해주어야 한다.

326 앨리스 슈뢰더, 《스노볼 2》, p.678

8. 린치, 단 한 명의 영웅

327 https://www.businessinsider.com/peter-lynch-charlie-rose-investing-2013-12

328 https://www.berkshirehathaway.com/letters/1997.html 버크셔 해서웨이 주주서한
1997

329 https://www.berkshirehathaway.com/letters/1996.html 버크셔 해서웨이 주주서한
1996. 1996년 연말 기준 보통주 투자 시장가액 277억 5,060만(27,750.6백만) 달러 중 아
멕스 27억 9,430만(2,794.3백만) 달러, 10.1%

330 벤저민 그레이엄, 《현명한 투자자》, p.267. "수많은 현명한 투자자들에게 내가 사용하는
기법을 설명하려니 망설여진다. 물론 지금까지 설명한 전문 기법들이 아마추어인 방어
적 투자자에게는 적합하지 않다. 그리고 이렇게 소수 종목에 엄격하게 한정해서 투자할
정도로 기질을 갖춘 사람은 공격적 투자자들 중에서도 소수에 불과할 것이다."

331 https://web.archive.org/web/20141226131715/http://www.ajcunet.edu/
story?TN=PROJECT-20121206050322 및 위키피디아. 위키피디아의 마젤란 펀드 항
목(https://en.wikipedia.org/wiki/Fidelity_Magellan_Fund)에 따르면 1977년 5월부터
1990년 5월까지 운용하였다. 본문의 자료에 사용한 수익률은 마젤란 펀드의 연도별 수
익률로서, 1977년 1~4월, 1990년 6~12월 수익률이 포함되었다.

332 존 보글, 《모든 주식을 소유하라》, p.161, 비즈니스맵, 2019

333 다른 하나는 윌 다노프의 '콘트라 펀드'다.

334 모닝스타(https://news.morningstar.com/classroom2/course.asp?docId=145664&page
=1&CN=)에 따르면 130억 달러가 되면서 미국 내에서 가장 큰 펀드가 되었다. 위키피디
아(https://en.wikipedia.org/wiki/Fidelity_Magellan_Fund)에 따르면 2000년 4월까지
전 세계에서 가장 큰 뮤추얼 펀드였다. 이후에 뱅가드의 S&P 500 인덱스 펀드가 그 자
리를 차지한다.

335 후임인 모리스 스미스(~1992년 7월), 제프 비닉(~1996년 6월) 시기까지 초과수익이

그럭저럭 유지되었다. 성과가 크게 나빠진 것은 1996년부터였다. 로버트 스탠스키가 2005년 10월까지 펀드를 운용하였다. 2022년 4월 현재 펀드 순자산은 137억 달러 수준이며, 수익률은 S&P 500과 거의 유사하다.

336 제레미 시겔,《주식에 장기투자하라》, 23장 일반 주식형 펀드와 인덱스 펀드 '일반 주식형 펀드의 실적'

337 William Bernstein, *The Four Pillars of Investing*, Chapter 3. The Market is Smarter than You are

338 윌리엄 번스타인은 궁극적으로 효율적 시장가설이 옳다는 것을 입증하고자 하였다. 이 또한 논리적으로 문제가 있다. 효율적 시장가설이 참이면 초과수익이 불가능하지만, 초과수익이 불가능하다고 해서 효율적 시장가설이 참이 되는 것은 아니다. 초과수익은 원래 어렵다. 시장이 효율적이고 아니고를 떠나서.

339 추측컨대 마젤란 펀드 초반 폐쇄형 시절은 아마도 '인큐베이팅' 과정이었을 것이다. 자산운용사는 여러 개 펀드를 출시해서 일단 굴려본 다음에 수익률이 저조한 펀드는 폐쇄시켜버리고 수익률이 좋은 펀드만 남겨서 열심히 파는 경우가 있다. 번스타인에 따르면 마젤란을 외부에 오픈하기 직전에 성과가 저조한 '에섹스'와 '세일럼'이라는 두 펀드를 마젤란에 합병시켰다.

340 피터 린치,《월가의 영웅》, 프롤로그 _아마추어 투자자가 유리하다, '놀라운 10루타 종목들'.《월가의 영웅》은 1989년 2월에 최초 출시되었고, 린치가 펀드를 떠나기 약 1년 전이었다.

341 버핏도 그렇게 생각했다. 1994년 주주총회(https://buffett.cnbc.com/video/1994/04/25/morning-session---1994-berkshire-hathaway-annual-meeting.html)에서 이렇게 말했다. "Peter, obviously, likes to diversify a lot more than I do. He owns more stocks than the names of companies I can remember. I mean, but that's Peter." 참고로 이 미팅에서 버핏은 린치를 'A High Grade Guy'라고 평했다.

342 피터 린치,《월가의 영웅》 밀레니엄판 서문에서 "나는 이제 수천 개 종목이 아니라 50개 종목만 추적한다"고 하였다.

343 영상 인터뷰에서의 린치는 조금 시니컬한 느낌이 있다. 워스 매거진의 기고문에서도 조금 건조한 맛이 난다.

344 누군가 저장해둔 버전이 인터넷 여기저기에 흩어져 있다.

345 피터 린치, 《월가의 영웅》, 6장 10루타 종목을 찾아라

346 벤저민 그레이엄도 개인투자자가 기관투자자보다 큰 이점을 갖고 있다고 하였다. 프레더릭 마틴, 《벤저민 그레이엄의 성장주 투자법》, p. 387 참고

347 피터 린치, 《이기는 투자》, 25개의 투자 황금률, pp. 521~524 15번과 2번

348 https://www.wsj.com/articles/peter-lynch-25-years-later-its-not-just-invest-in-what-you-know-1449459844

349 정보량에 대해서는 논란의 여지가 있다. 어떤 정보를 어떻게 수집해야 하는가에 대해서는 2권 9장의 '능력 범위 확인', 12장의 '사실 수집에 대하여' 파트를 참고하기 바란다.

350 마르지 않은 상태의 캔버스에 물감을 덧칠해 빠른 시간 안에 그림을 완성할 수 있는 '웨트 온 웨트(wet-on-wet)' 기법이라고 한다.

351 피터 린치, 《월가의 영웅》의 도입, 아마추어 투자자가 유리하다

352 피터 린치, 《월가의 영웅》, 5장 지금 시장이 좋은지 묻지 마라. "The market ought to be irrelevant. If I could convince you of this one thing, I'd feel this book had done its job."

353 PBS 인터뷰. https://www.pbs.org/wgbh/pages/frontline/shows/betting/pros/lynch.html. I've always said if you spend 13 minutes a year on economics, you've wasted 10 minutes.

354 어스워스 다모다란, 《투자 전략 바이블》, pp. 556~561, 에프엔미디어, 2021

355 대니얼 피켓, 《워런 버핏 라이브》, 1999년

356 앨리스 슈뢰더, 《스노볼 2》, p. 403. "Buffett thought those who were always out prophesying some turn in the market's direction usually wound up being wrong ten times out of two."

357 https://www.youtube.com/watch?v=uPJVJBm9TPA, https://www.youtube.com/watch?v=GtJZPWFCMIA

358 주식을 사려고 마음먹으셨나요? 자, 이제부터가 아주 중요합니다. 이제 당신은 고통받을 것입니다.

359 피터 린치, 《월가의 영웅》, 7장 주식을 샀다, 샀어. 그런데 어떤 유형인가?

360 Do what you want with this, but don't expect me to bet on the cocktail party theory. I don't believe in predicting markets. I believe in buying great companies —especially companies that are undervalued, and/or underappreciated.

361 피터 린치, 《투자 이야기》, 3장 기업의 탄생, 흐름출판, 2021

362 피터 린치, 《이기는 투자》, p. 176. "This is one of the keys to successful investing: focus on the companies, not on the stocks."

363 피터 린치, 《월가의 영웅》 도입, 아마추어 투자자가 유리하다

364 피터 린치, 《월가의 영웅》, 19장 선물, 옵션, 공매도

365 https://www.businessinsider.com/peter-lynch-charlie-rose-investing-2013-12 "When you're short you can only make 90%; when you're long you can make tenfold."

366 투자 시계열에 따른 성공 확률의 변화에 대해서는 나심 탈레브의 《행운에 속지 마라》 p. 108(중앙북스, 2016)을 참고하기 바란다.

367 엄밀히 표현하자면 '10루타가 될 가능성이 다른 유형보다 유의미하게 낮은'

368 피터 린치, 《월가의 영웅》, 16장 포트폴리오 설계. pulling out the flowers and watering the weeds

369 피터 린치, 《이기는 투자》, 4장 마젤란 펀드 초기, p. 158. 버크셔 해서웨이 1988년 주주 서한에 해당 인용구가 등장한다. 1993년에는 경쟁과 수익성에 대해 언급하면서 린치를 한 번 더 인용한다. "As Peter Lynch says, stocks of companies selling commodity-like products should come with a warning label: 'Competition may prove hazardous to human wealth.'"

370 전작 《주식하는 마음》 6장에서 서로 충돌하는 격언들과 해석 방법에 대해서 상세히 언급하였다.

371 상승폭과 하락폭의 평균값으로 할 수도 있고, 평균값을 하락폭 절대값으로 나눈 값으로 할 수도 있다. 혹은 상승폭과 하락폭의 편차를 분모에 넣어서 변동폭이 작은 주식에 더 큰 가중치를 둘 수도 있다. 정교하게 '켈리 기준'이라는 공식을 쓸 수도 있는데, 실제 투자에 적용하기에는 많은 고민이 필요하다. 일단은 '2:1 이상의 손익비에서만 투자한다' 정도의 원칙으로도 충분하다.

372 매수호가와 매도호가의 차이로 인하여 발생하는 손실. 《주식하는 마음》 1장에서 상세히 설명하였다.

373 장기적으로 비행동의 후회가 더 크다는 건 이런 의미다. 죽기 전에 지난 삶을 되돌아보면서 무엇을 후회할 것인가? 겁이 나서 무언가를 안 한 것보다는 실패하더라도 무언가

를 시도해본 게 후회가 덜하지 않겠는가. 무언가를 어떻게든 시도했다면 결과가 좋건 나쁘건 경험이 쌓였다. 한편 자본시장에서의 단기 행동은 명확한 피드백이 어렵다. 내가 무엇을 잘했는지 잘못했는지 평가하기가 어렵고, 따라서 스트레스만 계속 쌓여간다. 행동의 후회가 비행동의 후회보다 더 크다.

374 따라서 주식을 완전히 팔고 난 다음에는 초심자의 마음으로 원점에서 다시 접근해야 한다. 거꾸로 이야기하자면, 주식을 완전히 팔고 싶을 때에는 '이 주식이 앞으로 두 배 더 올라도 나는 연연하지 않을 자신이 있다. 그건 내 것이 아니다'라는 생각이 들 때에만 파는 게 멘탈 관리에 좋다.

375 https://buffett.cnbc.com/video/1994/04/25/morning-session---1994-berkshire-hathaway-annual-meeting.html 버크셔 해서웨이 주주총회 1994년, 오전 세션 챕터 61

376 피터 린치, 《월가의 영웅》, 16장 포트폴리오 설계

377 The more stocks you own, the more flexibility you have to rotate funds between them. This is an important part of my strategy.

378 피터 린치, 《이기는 투자》, pp. 202~204. 'tune in later' 종목이라고 표현한다. 요즘 한국에서 '정찰병'이라고 부르는 개념과 유사하다. 아직 확신은 없지만 그래도 좀 괜찮아 보이면 일단 아주 작은 포지션으로 보유해두고는 계속 업데이트하면서 좀 더 자신이 생길 때마다 비중을 높여가고, 아니다 싶으면 팔아버리는 방식이다. 버핏도 이런 개념으로 마이크로소프트를 100주 샀다.

379 스콧 채프먼, 《더 레슨》, p. 216

380 피터 린치, 《월가의 영웅》, 7장. "이익 성장이 회사를 부유하게 만들어 준다면, 게으름뱅이에게 시간을 낭비할 이유가 어디 있는가?"

381 '페블 비치'를 놓쳐서 아쉽다고 여러 번 언급하며, '텔레커뮤니케이션'은 충분히 많이 사지 못했다. '팬 센트럴'은 대박을 낸 종목이긴 한데, 회생주로 분류하였다.

382 https://novelinvestor.com/10-lessons-learned-peter-lynch/에서는 'Don't pigeonhole yourself into one investment style'이라고 정리했다.

383 피터 린치, 《월가의 영웅》, 16장 포트폴리오 설계, '적절한 종목 수는 몇 개인가?'

384 피터 린치, 《월가의 영웅》, 2분 연습

385 타노스는 인구 절반을 줄여야 한다고 했지만 거부당하고 고향 행성이 멸망했고, 토니 스타크는 외계인의 침공에 대비하려다가 울트론을 만들어내고, 시빌 워를 겪기도 했다.

386 피터 린치, 《월가의 영웅》, 11장 2분 연습

387 피터 린치, 《이기는 투자》, p. 182

388 https://web.archive.org/web/20160305012538/http://theguruinvestor.com/2009/09/18/garp-pegs-and-peter-lynch/

389 GARP는 랄프 웬저가 만든 용어로, 그의 저서 《작지만 강한 기업에 투자하라》 p. 81에 등장한다.

390 피터 린치, 《이기는 투자》, p. 58

391 피터 린치, 《월가의 영웅》, 7장 주식을 샀다, 샀어. 그런데 어떤 유형인가?

392 피터 린치, 《월가의 영웅》, 10장 이익이 가장 중요하다. 원문은 "It's silly to get bogged down in p/e's, but you don't want to ignore them." 한국어판 번역은 "PER의 수렁에 빠진다면 어리석은 일이지만, 그래도 PER을 무시해서는 안 된다." 'get bogged down'은 진창에 빠진다는 뜻인데, 어찌할 수 없는 어려운 문제에 깊이 빠져드는 상황을 의미한다. 피터 린치는 다양한 업종과 기업 유형별로 PER을 자세히 논의하기에는 지나치게 길고 재미없다는 맥락에서 이 용어를 사용하였다.

393 1974년 11월 포브스 기고문, "성욕에 가득 찬 남자가 하렘에 있는 기분입니다." 1979년 8월 포브스 기고문, "주식시장에서 모든 사람의 동의를 얻으려면 많은 대가를 치러야 한다."

394 아마도 3권에서

395 원제는 '사자 나라의 얼룩말(A Zebra in Lion Country)'인데, 눈에 띄는 리스크를 짊어지기 두려워하는 기관투자자의 성향을 잘 반영한 표현이다.

396 피터 린치, 《월가의 영웅》 밀레니엄판 서문

397 필립 피셔 또한 "진정으로 위대한 투자 기회 중 일부는 성장 산업의 핵심부가 아닌 변두리에서 찾을 수 있다"고 하였다. 필립 피셔, 《최고의 투자》, p. 336 참고, 이든하우스, 2021

398 Worth Magazine, 1993년 8월

399 피터 린치, 《이기는 투자》, p. 247

400 티커(tikr.com), 버틀러(butler.works), 빅파이낸스(bigfinance.co.kr), 플래닛(flanit.kr) 등

401 피터 린치, 《이기는 투자》, p. 263

402 상동, p. 279

403 피터 린치, 《투자 이야기》, 3장 기업의 일생 '기업의 탄생'

부록

404 롤프 모리엔,《벤저민 그레이엄》, 다산북스, 2022. '벤저민 그레이엄 컨소시엄과 위기의 세월'. 원문에는 1925년에서 1928년 사이 연평균 25.7%의 수익률을 달성했다고 언급되어 있다. 1926년에 새 사업을 시작했으므로 원문의 1925년이라는 표현은 1925년 연말 이후, 즉 1926년부터의 수익률을 뜻한다고 본다. 어빙 칸의 자료에서 직접 계산해본 연환산 수익률은 35.7%이므로, 롤프 모리엔 버전의 오기인 듯하다.

405 롤프 모리엔,《벤저민 그레이엄》, 7장 '검은 목요일과 그 여파, 그리고 재기'에도 같은 시기의 데이터가 나오는데, 미묘하게 수치가 다르다. 예를 들어 1931년의 수익률은 -20%가 되어야 하는데 -16%로 표기되어 있다. 롤프 모리엔의 자료는 출처가 어빙 칸의 책이라고 되어 있으므로, 어빙 칸의 자료에서 수익률을 직접 계산하였다. 원문은 그레이엄의 회고록을 통해 추정한 자료이기 때문에, 집계하는 사람에 따라 차이가 있다. 이 책에서는 어빙 칸의 자료를 따랐다.

406 어빙 칸,《재무 분석의 아버지 벤저민 그레이엄》, p.85

407 https://www8.gsb.columbia.edu/valueinvesting/node/187

408 원문에서 명시적으로 밝히지는 않지만, 두 구간의 수익률을 기간으로 가중평균하면 전체 구간 평균이 나오므로[(11.8×6+26.3×4)/10=17.6, (-0.6×6+26x4)/10=10.04] 산술평균을 사용한 것임을 알 수 있다.

409 1956년은 1월 31일부터 8월 20일까지밖에 없기 때문에, 연환산 수익률을 계산할 때 202/365=0.5534년만큼만 반영하였다.

410 조인트 어카운트 시기(1926~1935)와 그레이엄-뉴먼 코퍼레이션의 후반부(1945~1956)는 어빙 칸이 제시한 S&P 500 총수익률 지수를, 그레이엄-뉴먼 코퍼레이션 전반부(1936~1945)는 회사가 공시자료에서 제시한 벤치마크인 S&P 90을 사용하였다.

411 벤저민 그레이엄이 활동하던 시기에는 S&P 500 지수가 존재하지 않았고, S&P 90 지수를 사용하였다. 현재 우리가 보는 S&P 500 지수는 1957년에 도입되었고, 그 이전의 수치는 시뮬레이션 자료이다. S&P 90 지수와 S&P 500 시뮬레이션 지수의 비교는 다음 사이트에서 확인할 수 있다. https://globalfinancialdata.com/the-sp-composite-before-1957#:~:text=Basically%2C%20the%20S%26P%2090%20was,indices%20between%201928%20and%201957.

412 벤저민 그레이엄,《현명한 투자자》, p.371

413 앨리스 슈뢰더,《스노볼 1》, p.833